기형도 전집

기형도 전집 편집위원
박해현 / 박혜경 / 성석제 / 원재길

기형도 전집

초판 1쇄 발행 1999년 3월 2일
초판 37쇄 발행 2025년 10월 30일

지은이 기형도
엮은이 기형도 전집 편집위원회
펴낸이 이광호
펴낸곳 ㈜문학과지성사
등록번호 제1993-000098호
주소 04034 서울 마포구 잔다리로7길 18(서교동 377-20)
전화 02) 338-7224
팩스 02) 323-4180(편집) / 02) 338-7221(영업)
전자우편 moonji@moonji.com
홈페이지 www.moonji.com

© 기형도, 1999. Printed in Seoul, Korea

ISBN 89-320-1060-9 03810

이 책의 판권은 지은이와 ㈜문학과지성사에 있습니다.
양측의 서면 동의 없는 무단 전재 및 복제를 금합니다.

기형도 전집

시·소설·산문·자료 — 기형도 전집 편집위원회 엮음

문학과지성사
1999

▲ 시인이 20여 년간 살았던 집(현 경기도 광명시 소하동 701-6)
◀ 집안 풍경. 시멘트가 굳기 전에 그려넣은 그림이 보인다.

▲ 중학교 수학여행(맨 왼쪽)

▲ 신림중학교 졸업식에서(1976년)

▲ 고등학교 재학 시절 활동했던 중창단 '목동'의 공연 모습(왼쪽에서 네번째)

▲ 대학 시절 노천 극장에서(1979년). 교정에서 노래를 부르며 다니는 것도 시인의 취미였다.

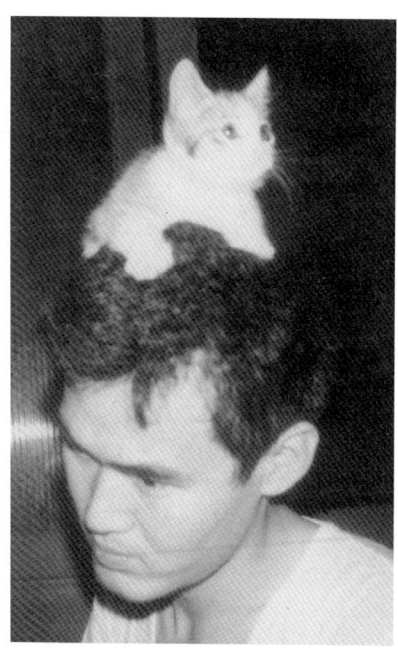
▲ 방위병 시절(1981년)

▲ 대학 교정에서(1982년)

▲ 시골에 사는 친구의 집을 방문하여(1982년)

▲ 대학 시절 시화전을 열던 논지당 앞에서(왼쪽에서 네번째가 기형도, 그의 오른쪽이 은사인 정현종 시인)

▲ 대학 졸업식(오른쪽이 둘째 누나 기애도, 그 뒤가 첫째 누나 기향도)

▲ 대학 졸업식을 마치고 문우들과 함께(1985년)

▲ 동아일보 신춘문예 시상식 후 가족과 함께(1985년)

▲ 유럽 여행 중(1987년)

▲ 「짧은 여행의 기록」을 쓸 당시, 광주 망월동 묘역을 뒤로하고 시인이 직접 찍은 사진(1988년)

▲ 신문사 동료들과 함께(1989년)

껍질

호수으로 솟구친 길을
그늘을 지고 돌아 왔고
아무 것 열지 못하는 그는
큰 춤 가슴을 버리고
떠났다.

무흠 안 쪽에 비쳐오는
낯선 거리엔
大理石 보다 차가운
내 幻影이 떠오른다.
아무 것 알려 하지 않는 그는
미련 없이 머리를 깎았다.

그는 나보다 앞선 歲月을 살았고
나와 同甲이었다.

감싸않은 두 발이
천정을 디디고 휘청거리는데
단단히 굳어버린 鋪道에 바람이 일고
이 밤은 어느 때 마냥 춥다

쓸쓸하고 장엄한 노래여

가자, 어느덧 황혼이다
살아있음도 살아있지 않음도 이제는 용서할 때
구름이여, 지루하다 어느 장백한 생애여
서럽지 않구나 억새떼 우는
잠시 늦게 악다 무시시 꺼지
던 검은 노을이었다
이제는 남은 햇빛 두어 폭마저
밤의 곁음 타래에 차곡히 감겨들고
골 어둠 뒤편에선 스산한 바람이 불어 올 것이다
우리는 그리고 차가운 풍성 위에
맑은 눈물 몇 잎을 부비면서 落下 아니라
그대도 바람은 불고 어둠 속에서
반이슬 맺힘을 날고 있는 흰 꽃들의 흔들림!
가자, 구름이여, 살아있는 것들을 위해
이제는 어둠 속에서 빈 몸으로 일어서야 할 때
그 후에 별이 지고 세상에 새벽이 뜨면
아아, 쓸쓸하고 장엄한 노래여, 우리는
서로 등을 떠밀며 씌어오르는 맑은 안개더미 속에 있다.

                                기 형 도

겨울, 우리들의 都市

지난 겨울은 빈털털이었다.
풀리지 않으려란 것을, 설수
풀어도 이제는 쓸모없다는 것을
무섭게 깨닫고 있었다. 나는
외투 깊숙이 의문 부호 몇 개를 구겨넣고
바람의 셀망을 젖으며 걸었다.

가진 것 하나 없는 이 世上에서 애초부터
우리가 빼앗긴 것은 無形의 바람 뿐이었다.
불빛 가득찬 흥성한 都市에서 우리의 삶이
환결같이 주린 얼굴로 서로 만나는 世上.
오, 서러운 모습으로 감히 수가 측면히 일어설 수 있는가.
나는 밤 깊어 얼어붙는 都市 앞에 서서
버릴 것 없어 부끄러웠다.
잠을 뿌리치며 얼어선 빙성의 훈천 角에 꺾이며
몇 타래 눈발이 쏟아져 걸음 막던 밤.
누구도 숨 가운데 理解의 불을 놓을 수는 없었다.

지난 겨울은 빈털털이었다.
숨어 있는 것 하나 없는 어둠 발뿌리에
몸부림치며 빛을 뿌려 놓는 에스컬레이트!
그 살(肉)에 적셔며 나 또한 한 점 어둠이 되어
익숙한 자세로 쓰러질 뿐이다.
그래, 그렇지 쓰러지는 法을 배우며 살아남을 수 있었다.
온몸에 시퍼런 절망의 채찍을 꺼붓던 겨울 속에서 나는!

시인은 생전에 자신의 습작들을 꼼꼼하게 정리해놓았다.
왼쪽 위: 고등학교 시절 정서한 시.
오른쪽: 대학 노트에 정서한 시.
왼쪽 아래: 대학 시절 타자한 시.
　　　　　시인은 타자한 시를 보면서 이제야 시처럼 보인다며
　　　　　좋아했다.

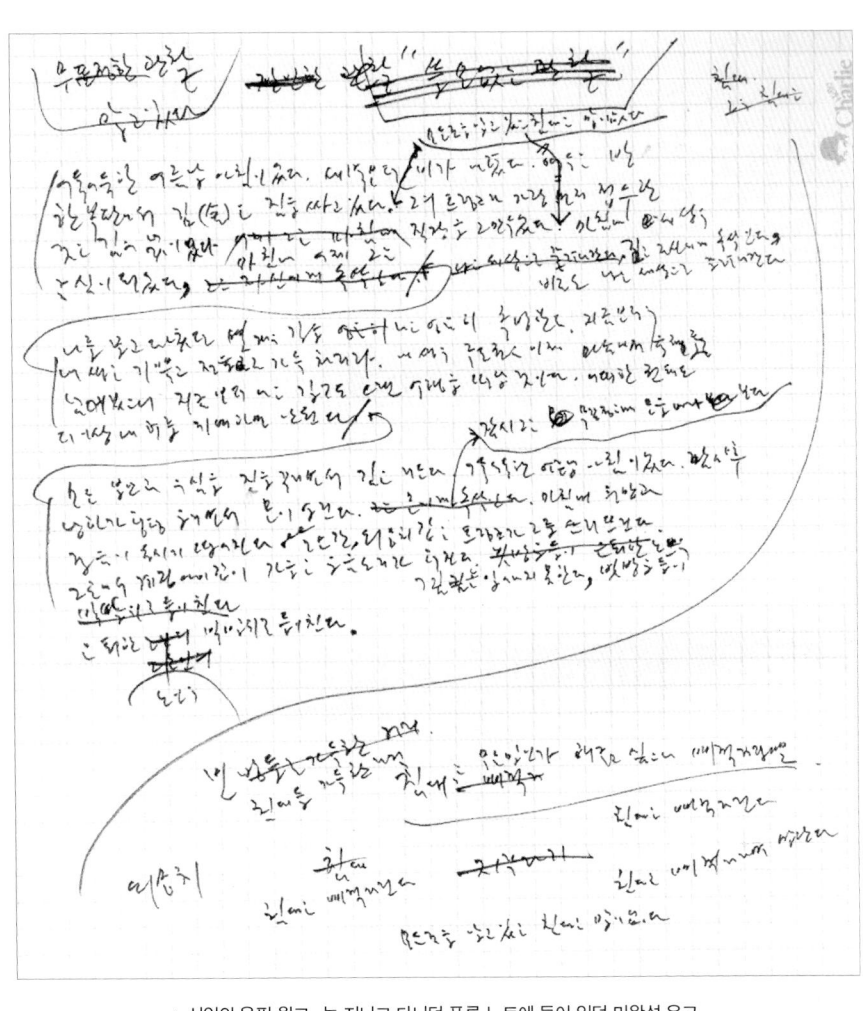

▲ 시인의 육필 원고. 늘 지니고 다니던 푸른 노트에 들어 있던 미완성 유고.

▲ 시인은 노래도 좋아했지만
작사·작곡에도 깊은 관심을 보였다.

기형도 전집

간행사

　소년 시절과 청년 시절을 온통 문학에 대한 열정에 사로잡혀 살아온 사람으로서, 자기 손으로 직접 자기 글을 책으로 묶는 일만 한 기쁨도 드물 것이다. 기형도는 그 기쁨을 누리지 못하고 이승을 떴다. 그리고 10년이 흘렀다.

　시기가 적절하다고 여겨지는 이 시점에서, 박해현·박혜경·성석제·원재길 네 사람으로 기형도 전집 편집위원회를 구성하고 그동안 그가 다른 사람들의 손을 빌려서 낸 책들을 한자리에 모으는 일을 하게 되었다. 유고 전집 편집 작업이라는 게 으레 그런 것이긴 하지만, 그가 활자화되는 걸 원치 않을 글들이 전집 속에 섞이는 일이 벌어질까 봐 우려하는 마음이 우리 네 사람의 편집자를 끝까지 괴롭혔다.

　이 전집을 읽는 독자들은 이런 문제에 유념해주었으면 한다. 만일 여러분이 편집위원이었더라면 절대로 포함시키지 않았을 거라고 생각되는 글이 눈에 뜨일 땐, 가차 없이 우리를 꾸짖어주기 바란다. 그럴 경우에 우리는 독자뿐 아니라 기형도에게도 동시에 용서를 구해야 옳을 것이다.

　이 전집 출간을 계기로 해서, 앞으로 기형도의 문학을 좀더 냉정하고 객관적으로 분석하는 작업이 활발하게 이루어지기를 희망한다. 진정한 관심과 사랑이란 뜨거움과 차가움, 주관과 객관이 어우러졌을 때 한층 폭과 깊이를 더할 수 있다고 믿는 까닭에.

1999년 2월
기형도 전집 편집위원회

편집자의 말

이 전집 작업은 이미 나와 있는 세 권의 책을 한데 묶음으로써, 이후의 독자와 연구자들에게 기형도 시인의 작품 세계에 용이하게 접근할 수 있는 기회를 제공하자는 의도를 담고 있다. 또한 그의 나머지 유고를 일괄 검토하여, 작품성과 완결성을 지니고 있으나 그동안 세 권의 책에서 누락되었던 작품을 추려냄으로써, 기형도 작품의 완결본을 내기 위한 목적을 지니고 있다.

지금까지 나온 기형도의 책은 모두 세 권이다. 첫번째 책은 시집 『입 속의 검은 잎』(문학과지성사)으로, 그가 유명을 달리한 해인 1989년 5월에 나왔다. 생전의 지인들과 유족 대표가 편집위원회를 구성하여, 이미 발표된 시에 미발표 시 일부를 선별하고 보태는 과정을 거쳤다.

두번째 책은 산문집 『짧은 여행의 기록』(살림출판사)으로, 1990년 3월에 나왔다. 역시 고인이 생전에 발표한 산문과 앞의 편집위원회가 추린 미발표 산문을 묶어서 낸 책이다.

마지막 책은 5주기가 되는 해에 나온 추모 문집 『사랑을 잃고 나는 쓰네』(솔출판사)이다. 고인의 미발표 시 16편과 사진 자료, 생전에 고인과 가까웠던 문인들의 단편소설과 시, 그리고 평론을 담았다.

기형도의 10주기를 앞두고, 전집 간행을 위해서 작년 여름에 다시 편집위원회가 구성되었다. 작업에 들어가기에 앞서서, 문학과지성사는 산문집과 추모 문집을 펴냈던 출판사 측에 양해를 구하여 동의를 얻는 절차를 밟았다. 이후에 편집위원들은 유족의 도움을 받아서 기형도의 미발표 작품을 한데 모아 검토하는 작업, 세 권의 책에 실린 작품들을 유고 원고와 대조하는 작업에 들어갔다.

　편집위원회는 이런 과정과 수차에 걸친 토론 끝에 이번에 시 20편과 단편소설 「겨울의 끝」을 새롭게 찾아내어 전집에 포함시켰다. 그러나 기자 시절 썼던 기사와 다른 자료와의 관련성이 애매모호한 메모, 사적인 서간 등은 논의 끝에 제외했다. 기사는 기형도 시인이 쓴 글이긴 하지만 특정 신문사에 소속된 직업인으로 목적을 갖고 씌어졌다는 이유로, 메모는 자료로서의 가치가 희박하다는 이유로, 그리고 서간은 편지를 소유하고 있는 사람의 의견을 존중하는 뜻에서 이번 전집에서 제외할 수밖에 없었다. 훗날 다른 연구자들의 작업에 의해 이러한 자료들까지 면밀하고 광범위하게 수집되어 보다 완벽한 전집이 나올 수 있기를 기대한다.

　이 전집은 시·소설·산문·자료순으로 구성되며, 시는 『입 속의 검은 잎』에 수록된 순서 그대로 맨 앞에, 『사랑을 잃고 나는 쓰네』에 수록된 시와 새로 찾아낸 20편의 미발표 시를 창작 연도순으로 그 뒤에 배치했다. 소설은 단편과 콩트순으로, 산문은 여행기·일기·당선 소감·시작 메모·작가의 말·서평순으로, 그리고 책의 맨 뒤에는 자료로서 연보, 발표 시의 연도 및 출전, 미발표 시 창작 연도, 시인에 관한 글과 시인을 모티프로 삼은 시의 목록을 실었다.

　편집 작업 과정에서 유족과 생전의 지인과 문인들과 출판 관계자들을 위시하여, 헤아릴 수 없이 많은 이들이 열성을 다해 협조해주었다. 기형도 시인을 대신하여, 오늘 이 전집이 세상에 나오기까지 애정을 갖고 지켜봐준 그 모든 분들에게 감사하다는 말씀을 전하고 싶다.

일러두기

1. 이 책은 기형도 10주기 추모 문집 『기형도 전집』(문학과지성사, 1999)의 초판을 저본으로 삼되, 시의 경우 유고 시집 『입 속의 검은 잎』(문학과지성사, 1989)을, 소설과 산문의 경우 원문이 수록된 산문집 『짧은 여행의 기록』(살림출판사, 1990)과 5주기 추모 문집 『사랑을 잃고 나는 쓰네』(솔출판사, 1994)를 재참조하여, 편집상의 명백한 오류를 바로잡았다.
2. 맞춤법의 경우 현행 국립국어연구원 '한글 맞춤법'에 따르는 것을 원칙으로 하되, 띄어쓰기의 경우 본사의 내부 규정을 따랐다. 시의 제목과 본문에 쓰인 한자는 대부분 한글로 옮겼으며, 반드시 필요한 경우 병기하였다.

차례

간행사　　　　　　　　　　　　17
편집자의 말　　　　　　　　　　19

시

『입 속의 검은 잎』

안개　　　　　　　　　　　　　31
전문가　　　　　　　　　　　　34
백야　　　　　　　　　　　　　36
조치원　　　　　　　　　　　　37
나쁘게 말하다　　　　　　　　　40
대학 시절　　　　　　　　　　　41
늙은 사람　　　　　　　　　　　42
오래된 서적　　　　　　　　　　44
어느 푸른 저녁　　　　　　　　　46
오후 4시의 희망　　　　　　　　49
장밋빛 인생　　　　　　　　　　51

여행자	53
진눈깨비	54
죽은 구름	55
흔해빠진 독서	57
추억에 대한 경멸	58
길 위에서 중얼거리다	59
물 속의 사막	60
정거장에서의 충고	61
가는 비 온다	62
기억할 만한 지나침	63
질투는 나의 힘	64
가수는 입을 다무네	65
홀린 사람	67
입 속의 검은 잎	68
그날	70
바람은 그대 쪽으로	71
10월	72
이 겨울의 어두운 창문	74
포도밭 묘지 1	75
포도밭 묘지 2	77
숲으로 된 성벽	79
식목제植木祭	80
그 집 앞	82
노인들	83
빈집	84

먼지투성이의 푸른 종이	85
밤눈	86
위험한 가계家系·1969	87
집시의 시집	91
나리 나리 개나리	94
바람의 집—겨울 판화 1	96
삼촌의 죽음—겨울 판화 4	97
성탄목—겨울 판화 3	98
너무 큰 등받이의자—겨울 판화 7	100
병	101
나무공	102
사강리沙江里	105
폐광촌	106
비가 2—붉은 달	109
폭풍의 언덕	111
도시의 눈—겨울 판화 2	113
쥐불놀이—겨울 판화 5	114
램프와 빵—겨울 판화 6	115
종이달	116
소리 1	120
소리의 뼈	122
우리 동네 목사님	123
봄날은 간다	125
나의 플래시 속으로 들어온 개	127
엄마 걱정	128

5주기 추모 문집『사랑을 잃고 나는 쓰네』

달밤	129
겨울·눈·나무·숲	130
시인 2—첫날의 시인	132
가을에 1	133
허수아비—누가 빈 들을 지키는가	134
잎·눈·바람 속에서	135
새벽이 오는 방법	136
쓸쓸하고 장엄한 노래여	137
388번 종점	138
노을	139
비가—좁은 문	141
우중雨中의 나이 —모든 슬픔은 논리적으로 규명되어질 필요가 있다	142
우리는 그 긴 겨울의 통로를 비집고 걸어갔다	145
레코오드판에서 바늘이 튀어 오르듯이	147
도로시를 위하여—유년에게 쓴 편지 1	148
가을 무덤—제망매가	150

새로 찾아낸 미발표 시

껍질	152
귀가	153
수채화	154
팬터마임	155
희망	156

아버지의 사진	157
풀	158
꽃	160
교환수	161
시인 1	162
아이야 어디서 너는	163
고독의 깊이	164
약속	165
겨울, 우리들의 도시	166
거리에서	168
어느 날	171
이 쓸쓸함은……	172
쓸쓸하고 장엄한 노래여 2	173
얼음의 빛—겨울 판화	175
제대병	176

소설

영하의 바람	181
겨울의 끝	200
환상일지	226
미로	249
그날의 물망초	271

어떤 신춘문예	277
노마네 마을의 개	284
면허	287

산문

짧은 여행의 기록	297
참회록—일기 초	319
시작 메모·기타	340
서평	343

자료

기형도 연보	355
발표 시 연도 및 출전	360
미발표 시 창작 연도	362
참고 문헌	364

시

『입 속의 검은 잎』
『사랑을 잃고 나는 쓰네』
새로 찾아낸 미발표 시

안개

1
아침저녁으로 샛강에 자욱이 안개가 낀다.

2
이 읍에 처음 와본 사람은 누구나
거대한 안개의 강을 거쳐야 한다.
앞서간 일행들이 천천히 지워질 때까지
쓸쓸한 가축들처럼 그들은
그 긴 방죽 위에 서 있어야 한다.
문득 저 홀로 안개의 빈 구멍 속에
갇혀 있음을 느끼고 경악할 때까지.

어떤 날은 두꺼운 공중의 종잇장 위에
노랗고 딱딱한 태양이 걸릴 때까지
안개의 군단은 샛강에서 한 발자국도 이동하지 않는다.
출근길에 늦은 여공들은 깔깔거리며 지나가고
긴 어둠에서 풀려나는 검고 무뚝뚝한 나무들 사이로
아이들은 느릿느릿 새어 나오는 것이다.
안개에 익숙하지 않은 사람들은 처음 얼마 동안
보행의 경계심을 늦추는 법이 없지만, 곧 남들처럼

안개 속을 이리저리 뚫고 다닌다. 습관이란
참으로 편리한 것이다. 쉽게 안개와 식구가 되고
멀리 송전탑이 희미한 동체를 드러낼 때까지
그들은 미친 듯이 흘러다닌다.

가끔씩 안개가 끼지 않는 날이면
방죽 위로 걸어가는 얼굴들은 모두 낯설다. 서로를 경계하며
바쁘게 지나가고, 맑고 쓸쓸한 아침들은 그러나
아주 드물다. 이곳은 안개의 성역이기 때문이다.

날이 어두워지면 안개는 샛강 위에
한 겹씩 그의 빠른 옷을 벗어놓는다. 순식간에 공기는
희고 딱딱한 액체로 가득 찬다. 그 속으로
식물들, 공장들이 빨려들어가고
서너 걸음 앞선 한 사내의 반쪽이 안개에 잘린다.

몇 가지 사소한 사건도 있었다.
한밤중에 여직공 하나가 겁탈당했다.
기숙사와 가까운 곳이었으나 그녀의 입이 막히자
그것으로 끝이었다. 지난겨울엔
방죽 위에서 취객 하나가 얼어 죽었다.
바로 곁을 지난 삼륜차는 그것이
쓰레기 더미인 줄 알았다고 했다. 그러나 그것은

개인적인 불행일 뿐, 안개의 탓은 아니다.

안개가 걷히고 정오 가까이
공장의 검은 굴뚝들은 일제히 하늘을 향해
젖은 총신을 겨눈다. 상처 입은 몇몇 사내들은
험악한 욕설을 해대며 이 폐수의 고장을 떠나갔지만
재빨리 사람들의 기억에서 밀려났다. 그 누구도
다시 읍으로 돌아온 사람은 없었기 때문이다.

3
아침저녁으로 샛강에 자욱이 안개가 낀다.
안개는 그 읍의 명물이다.
누구나 조금씩은 안개의 주식을 갖고 있다.
여공들의 얼굴은 희고 아름다우며
아이들은 무럭무럭 자라 모두들 공장으로 간다.

전문가

이사 온 그는 이상한 사람이었다
그의 집 담장들은 모두 빛나는 유리들로 세워졌다

골목에서 놀고 있는 부주의한 아이들이
잠깐의 실수 때문에
풍성한 햇빛을 복사해내는
그 유리담장을 박살내곤 했다

그러나 얘들아, 상관없다
유리는 또 갈아끼우면 되지
마음껏 이 골목에서 놀렴

유리를 깬 아이는 얼굴이 새빨개졌지만
이상한 표정을 짓던 다른 아이들은
아이들답게 곧 즐거워했다
견고한 송판으로 담을 쌓으면 어떨까
주장하는 아이는, 그 아름다운
골목에서 즉시 추방되었다

유리담장은 매일같이 깨어졌다
필요한 시일이 지난 후, 동네의 모든 아이들이
충실한 그의 부하가 되었다

어느 날 그가 유리담장을 떼어냈을 때, 그 골목은
가장 햇빛이 안 드는 곳임이
판명되었다, 일렬로 선 아이들은
묵묵히 벽돌을 날랐다

백야

눈이 그친다.
인천집 흐린 유리창에 불이 꺼지고
낮은 지붕들 사이에 끼인
하늘은 딱딱한 널빤지처럼 떠 있다.
가늠할 수 없는 넓이로 바람은
손쉽게 더러운 담벼락을 포장하고
싸락눈들은 비명을 지르며 튀어 오른다.
흠집투성이 흑백의 자막 속을
한 사내가 천천히 걷고 있다.
무슨 농구農具처럼 굽은 손가락들, 어디선가 빠뜨려버린
몇 병의 취기를 기억해내며 사내는
문 닫힌 상회 앞에서 마지막 담배와 헤어진다.
빈 골목은 펼쳐진 담요처럼 쓸쓸한데
싸락눈 낮은 촉광 위로 길게 흔들리는
기침 소리 몇. 검게 얼어붙은 간판 밑을 지나
휘적휘적 사내는 어디로 가는 것일까.
이 밤, 빛과 어둠을 분간할 수 없는
쨍쨍 빛나는, 이 무서운 백야
밟을수록 더욱 단단해지는 눈길을 만들며
군용 파카 속에서 칭얼거리는 어린 아들을 업은 채

조치원

사내가 달걀을 하나 건넨다.
일기예보에 의하면 1시쯤에
열차는 대전에서 진눈깨비를 만날 것이다.
스팀 장치가 엉망인 까닭에
마스크를 낀 승객 몇몇이 젖은 담배 필터 같은
기침 몇 개를 뱉어내고
쉽게 잠이 오지 않는 축축한 의식 속으로
실내등의 어두운 불빛들은 잠깐씩 꺼지곤 하였다.

서울에서 아주 떠나는 기분 이해합니까?
고향으로 가시는 길인가 보죠.
이번엔, 진짜, 낙향입니다.
달걀 껍질을 벗기다가 손끝을 다친 듯
사내는 잠시 말이 없다.
조치원에서 고등학교까지 마쳤죠. 서울 생활이란
내 삶에 있어서 하찮은 문장 위에 찍힌
방점과도 같은 것이었어요.
조치원도 꽤 큰 도회지 아닙니까?
서울은 내 둥우리가 아니었습니다. 그곳에서
지방 사람들이 더욱 난폭한 것은 당연하죠.
어두운 차창 밖에는 공중에 뜬 생선 가시처럼
놀란 듯 새하얗게 서 있는 겨울 나무들.
한때 새들을 날려 보냈던 기억의 가지들을 위하여

어느 계절까지 힘겹게 손을 들고 있는가.
간이역에서 속도를 늦추는 열차의 작은 진동에도
소스라쳐 깨어나는 사람들. 소지품마냥 펼쳐 보이는
의심 많은 눈빛이 다시 감기고
좀더 편안한 생을 차지하기 위하여
사투리처럼 몸을 뒤척이는 남자들.
발밑에는 몹쓸 꿈들이 빵봉지 몇 개로 뒹굴곤 하였다.

그러나 서울은 좋은 곳입니다. 사람들에게
분노를 가르쳐주니까요. 덕분에 저는
도둑질 말고는 다 해보았답니다.
조치원까지 사내는 말이 없다. 그곳에서
그를 기다리고 있는 것은 무엇일까. 그의 마지막 귀향은
이것이 몇 번째일까, 나는 고개를 흔든다.
나의 졸음은 질 나쁜 성냥처럼 금방 꺼져버린다.
설령 사내를 며칠 후 서울 어느 거리에서
우연히 마주친다 한들 어떠랴. 누구나 겨울을 위하여
한 개쯤의 외투는 갖고 있는 것.

사내는 작은 가방을 들고 일어선다. 견고한 지퍼의 모습으로
그의 입은 가지런한 이빨을 단 한 번 열어 보인다.
플랫폼 쪽으로 걸어가던 사내가
마주 걸어오던 몇몇 청년들과 부딪친다.

어떤 결의를 애써 감출 때 그렇듯이
청년들은 톱밥같이 쓸쓸해 보인다.
조치원이라 쓴 네온 간판 밑을 사내가 통과하고 있다.
나는 그때 크고 검은 한 마리 새를 본다. 틀림없이
사내는 땅 위를 천천히 날고 있다. 시간은 0시.
눈이 내린다.

나쁘게 말하다

어둠 속에서 몇 개의 그림자가 어슬렁거렸다
어떤 그림자는 캄캄한 벽에 붙어 있었다
눈치챈 차량들이 서둘러 불을 껐다
건물들마다 순식간에 문이 잠겼다
멈칫했다, 석유 냄새가 터졌다
가늘고 길쭉한 금속을 질질 끄는 소리가 들렸다
검은 잎들이 흘끔거리며 굴러갔다
손과 발이 빠르게 이동했다
담뱃불이 반짝했다, 골목으로 들어오던 행인이
날카로운 비명을 질렀다

저들은 왜 밤마다 어둠 속에 모여 있는가
저 청년들의 욕망은 어디로 가는가
사람들의 쾌락은 왜 같은 종류인가

대학 시절

나무의자 밑에는 버려진 책들이 가득하였다
은백양의 숲은 깊고 아름다웠지만
그곳에서는 나뭇잎조차 무기로 사용되었다
그 아름다운 숲에 이르면 청년들은 각오한 듯
눈을 감고 지나갔다, 돌층계 위에서
나는 플라톤을 읽었다, 그때마다 총성이 울렸다
목련철이 오면 친구들은 감옥과 군대로 흩어졌고
시를 쓰던 후배는 자신이 기관원이라고 털어놓았다
존경하는 교수가 있었으나 그분은 원체 말이 없었다
몇 번의 겨울이 지나자 나는 외톨이가 되었다
그리고 졸업이었다, 대학을 떠나기가 두려웠다

늙은 사람

그는 쉽게 들켜버린다
무슨 딱딱한 덩어리처럼
달아날 수 없는,
공원 등나무 그늘 속에 웅크린

그는 앉아 있다
최소한의 움직임만을 허용하는 자세로
나의 얼굴, 벌어진 어깨, 탄탄한 근육을 조용히 핥는
그의 탐욕스런 눈빛

나는 혐오한다, 그의 짧은 바지와
침이 흘러내리는 입과
그것을 눈치채지 못하는
허옇게 센 그의 정신과

내가 아직 한 번도 가본 적 없다는 이유 하나로
나는 그의 세계에 침을 뱉고
그가 이미 추방되어버린 곳이라는 이유 하나로
나는 나의 세계를 보호하며
단 한 걸음도
그의 틈입을 용서할 수 없다

갑자기 나는 그를 쳐다본다, 같은 순간 그는 간신히

등나무 아래로 시선을 떨어뜨린다
손으로는 쉴 새 없이 단장을 만지작거리며
여전히 입을 벌린 채
무엇인가 할 말이 있다는 듯이, 그의 육체 속에
유일하게 남아 있는 그 무엇이 거추장스럽다는 듯이

오래된 서적

내가 살아온 것은 거의
기적적이었다
오랫동안 나는 곰팡이 피어
나는 어둡고 축축한 세계에서
아무도 들여다보지 않는 질서

속에서, 텅 빈 희망 속에서
어찌 스스로의 일생을 예언할 수 있겠는가
다른 사람들은 분주히
몇몇 안 되는 내용을 가지고 서로의 기능을
넘겨보며 서표書標를 꽂기도 한다
또 어떤 이는 너무 쉽게 살았다고
말한다, 좀더 두꺼운 추억이 필요하다는

사실, 완전을 위해서라면 두께가
문제겠는가? 나는 여러 번 장소를 옮기며 살았지만
죽음은 생각도 못했다, 나의 경력은
출생뿐이었으므로, 왜냐하면
두려움이 나의 속성이며
미래가 나의 과거이므로
나는 존재하는 것, 그러므로
용기란 얼마나 무책임한 것인가, 보라

나를
한 번이라도 본 사람은 모두
나를 떠나갔다, 나의 영혼은
검은 페이지가 대부분이다, 그러니 누가 나를
펼쳐볼 것인가, 하지만 그 경우
그들은 거짓을 논할 자격이 없다
거짓과 참됨은 모두 하나의 목적을
꿈꾸어야 한다, 단
한 줄일 수도 있다

나는 기적을 믿지 않는다

어느 푸른 저녁

1
그런 날이면 언제나
이상하기도 하지, 나는
어느새 처음 보는 푸른 저녁을 걷고
있는 것이다, 검고 마른 나무들
아래로 제각기 다른 얼굴들을 한
사람들은 무엇엔가 열중하며
걸어오고 있는 것이다, 혹은 좁은 낭하를 지나
이상하기도 하지, 가벼운 구름들같이
서로를 통과해가는

나는 그것을 예감이라 부른다, 모든 움직임은 홀연히 정지
하고, 거리는 일순간 정적에 휩싸이는 것이다
보이지 않는 거대한 숨구멍 속으로 빨려들어가듯
그런 때를 조심해야 한다, 진공 속에서 진자는
곧, 아무 일 없었다는 듯이
검은 외투를 입은 그 사람들은 다시 저 아래로
태연히 걸어가고 있는 것이다, 조금씩 흔들리는
것은 무방하지 않은가
나는 그것을 본다

모랫더미 위에 몇몇 사내가 앉아 있다, 한 사내가
조심스럽게 얼굴을 쓰다듬어본다

공기는 푸른 유리병, 그러나
어둠이 내리면 곧 투명해질 것이다, 대기는
그 속에 둥글고 빈 통로를 얼마나 무수히 감추고 있는가!
누군가 천천히 속삭인다, 여보게
우리의 생활이란 얼마나 보잘것없는 것인가
세상은 얼마나 많은 법칙들을 숨기고 있는가
나는 그를 향해 고개를 돌린다, 그러나 느낌은 구체적으로
언제나 뒤늦게 온다, 아무리 빠른 예감이라도
이미 늦은 것이다 이미
그곳에는 아무도 없다

2

가장 짧은 침묵 속에서 사람들은
얼마나 많은 결정들을 한꺼번에 내리는 것일까
나는 까닭 없이 고개를 갸우뚱해본다
둥글게 무릎을 기운 차가운 나무들, 혹은
곧 유리창을 쏟아버릴 것 같은 검은 건물들 사이를 지나
낮은 소리들을 주고받으며
사람들은 걸어오는 것이다
몇몇은 딱딱해 보이는 모자를 썼다
이상하기도 하지, 가벼운 구름들같이
서로를 통과해가는

나는 그것을 습관이라 부른다, 또다시 모든 움직임은 홀연히 정지
하고, 거리는 일순간 정적에 휩싸이는 것이다, 그러나
안심하라, 감각이여! 아무 일 없었다는 듯이
검은 외투를 입은 그 사람들은 다시 저 아래로
태연히 걸어가고 있는 것이다
어느 투명한 저녁

아무 일 없었다는 듯이
모든 신비로부터 자신을 보호하기 위하여

오후 4시의 희망

김鑫은 블라인드를 내린다, 무엇인가
생각해야 한다, 나는 침묵이 두렵다
침묵은 그러나 얼마나 믿음직한 수표인가
내 나이를 지나간 사람들이 내게 그걸 가르쳤다
김은 주저앉는다, 어쩔 수 없이 이곳에
한번 꽂히면 어떤 건물도 도시를 빠져나가지 못했다
김은 중얼거린다, 이곳에는 죽음도 살지 못한다
나는 오래전부터 그것과 섞였다, 습관은 아교처럼 안전하다
김은 비스듬히 몸을 기울여본다, 쏟아질 그 무엇이 남아 있다는 듯이
그러나 물을 끝없이 갈아주어도 저 꽃은 죽고 말 것이다, 빵 껍데기
처럼
김은 상체를 구부린다, 빵 부스러기처럼
내겐 얼마나 사건이 많았던가, 콘크리트처럼 나는 잘 참아왔다
그러나 경험 따위는 자랑하지 말게, 그가 텅텅 울린다, 여보게
놀라지 말게, 아까부터 줄곧 자네 뒤쪽에 앉아 있었네
김은 약간 몸을 부스럭거린다, 이봐, 우린 언제나
서류 뭉치처럼 속에 나란히 붙어 있네, 김은 어깨를 으쓱해 보인다
아주 얌전히 명함이나 타이프 용지처럼
햇빛 한 장이 들어온다, 김은 블라인드 쪽으로 다가간다
그러나 가볍게 건드려도 모두 무너진다, 더 이상 무너지지 않으려면
모든 것을 포기해야 하네
김은 그를 바라본다, 그는 김 쪽을 향해 가볍게 손가락을
튕긴다, 무너질 것이 남아 있다는 것은 얼마나 즐거운가

즐거운가, 과장을 즐긴다는 것은 얼마나 지루한가
김은 중얼거린다, 누군가 나를 망가뜨렸으면 좋겠네, 그는 중얼거린다
나는 어디론가 나가게 될 것이다, 이 도시 어디서든
나는 당황하지 않을 것이다, 그래서 나는 당황할 것이다
그가 김을 바라본다, 김이 그를 바라본다
한번 꽂히면 김도, 어떤 생각도, 그도 이 도시를 빠져나가지 못한다
김은, 그는 천천히 눈을 감는다, 나는 블라인드를 튼튼히 내렸었다
또다시 어리석은 시간이 온다, 김은 갑자기 눈을 뜬다, 갑자기 그가 울음을 터뜨린다, 갑자기
모든 것이 엉망이다, 예정된 모든 무너짐은 얼마나 질서정연한가
김은 얼굴이 이그러진다

장밋빛 인생

문을 열고 사내가 들어온다
모자를 벗자 그의 남루한 외투처럼
희끗희끗한 반백의 머리카락이 드러난다
삐걱이는 나무의자에 자신의 모든 것을 밀어 넣고
그는 건장하고 탐욕스러운 두 손으로
우스꽝스럽게도 작은 컵을 움켜쥔다
단 한 번이라도 저 커다란 손으로 그는
그럴듯한 상대의 목덜미를 쥐어본 적이 있었을까
사내는 말이 없다, 그는 함부로 자신의 시선을 사용하지 않는 대신
한곳을 향해 그 어떤 체험들을 착취하고 있다
숱한 사건들의 매듭을 풀기 위해, 얼마나 가혹한 많은 방문객들을
저 시선은 노려보았을까, 여러 차례 거듭되는
의혹과 유혹을 맛본 자들의 그것처럼
그 어떤 육체의 무질서도 단호히 거부하는 어깨
어찌 보면 그 어떤 질투심에 스스로 감격하는 듯한 입술
분명 우두머리를 꿈꾸었을, 머리카락에 가리워진 귀
그러나 누가 감히 저 사내의 책임을 뒤집어쓰랴
사내는 여전히 말이 없다, 비로소 생각났다는 듯이
그는 두툼한 외투 속에서 무엇인가 끄집어낸다
고독의 완강한 저항을 뿌리치며, 어떤 대결도 각오하겠다는 듯이
사내는 주위를 두리번거린다, 얼굴 위를 걸어 다니는 저 표정
삐걱이는 나무의자에 자신의 모든 것을 밀어 넣고
사내는 그것으로 탁자 위를 파내기 시작한다

건장한 덩치를 굽힌 채, 느릿느릿
그러나 허겁지겁, 스스로의 명령에 힘을 넣어가며

나는 인생을 증오한다

여행자

그는 말을 듣지 않는 자신의 육체를 침대 위에 집어 던진다
그의 마음속에 가득 찬, 오래된 잡동사니들이 일제히 절그럭거린다
이 목소리는 누구의 것인가, 무슨 이야기부터 해야 할 것인가
나는 이곳까지 열심히 걸어왔었다, 시무룩한 낯짝을 보인 적도 없다
오오, 나는 알 수 없다, 이곳 사람들은 도대체 무엇을 보고 내 정체를 눈치챘을까
그는 탄식한다, 그는 완전히 다르게 살고 싶었다, 나에게도 그만한 권리는 있지 않은가
모퉁이에서 마주친 노파, 술집에서 만난 고양이까지 나를 거들떠보지도 않았다
중얼거린다, 무엇이 그를 이곳까지 질질 끌고 왔는지, 그는 더 이상 기억도 못 한다
그럴 수도 있다, 그는 낡아빠진 구두에 쑤셔 박힌, 길쭉하고 가늘은
자신의 다리를 바라보고 동물처럼 울부짖는다, 그렇다면 도대체 또 어디로 간단 말인가!

진눈깨비

때마침 진눈깨비 흩날린다
코트 주머니 속에는 딱딱한 손이 들어 있다
저 눈발은 내가 모르는 거리를 저벅거리며
여태껏 내가 한 번도 본 적이 없는
사내들과 건물들 사이를 헤맬 것이다
눈길 위로 사각의 서류 봉투가 떨어진다, 허리를 나는 굽히다 말고
생각한다, 대학을 졸업하면서 참 많은 각오를 했었다
내린다 진눈깨비, 놀랄 것 없다, 변덕이 심한 다리여
이런 귀갓길은 어떤 소설에선가 읽은 적이 있다
구두 밑창으로 여러 번 불러낸 추억들이 밟히고
어두운 골목길엔 불 켜진 빈 트럭이 정거해 있다
취한 사내들이 쓰러진다, 생각난다 진눈깨비 뿌리던 날
하루종일 버스를 탔던 어린 시절이 있었다
낡고 흰 담벼락 근처에 모여 사람들이 눈을 턴다
진눈깨비 쏟아진다, 갑자기 눈물이 흐른다, 나는 불행하다
이런 것은 아니었다, 나는 일생 몫의 경험을 다했다, 진눈깨비

죽은 구름

구름으로 가득 찬 더러운 창문 밑에
한 사내가 쓰러져 있다, 마룻바닥 위에
그의 손은 장난감처럼 뒤집혀져 있다
이런 기회가 오기를 기다려온 것처럼
비닐백의 입구같이 입을 벌린 저 죽음
감정이 없는 저 몇 가지 음식들도
마지막까지 사내의 혀를 괴롭혔을 것이다
이제는 힘과 털이 빠진 개 한 마리가 접시를 노린다
죽은 사내가 살았을 때, 나는 그를 몇 번인가 본 적이 있다
그를 사람들은 미치광이라고 했다, 술과 침이 가득 묻은 저
엎어진 망토를 향해, 백동전을 던진 적도 있다
아무도 모른다, 오직 자신만이 홀로 즐겼을 생각
끝끝내 들키지 않았을 은밀한 성욕과 슬픔
어느 한때 분명 쓸모가 있었을 저 어깨의 근육
그러나 우울하고 추악한 맨발 따위는
동정심 많은 부인들을 위한 선물이었으리
어쨌든 구름들이란 매우 조심스럽게 관찰해야 한다
미치광이, 이젠 빗방울조차 두려워 않을 죽은 사내
자신감을 얻은 늙은 개는 접시를 엎지르고
마루 위엔 사람의 손을 닮은 흉측한 얼룩이 생기는 동안
두 명의 경관이 들어와 느릿느릿 대화를 나눈다
어느 고장이건 한두 개쯤 이런 빈집이 있더군,
이따위 미치광이들이 어떻게 알고 찾아와 죽어갈까

더 이상의 흥미를 갖지 않는 늙은 개도 측은하지만
아무도 모른다, 저 홀로 없어진 구름은
처음부터 창문의 것이 아니었으니

흔해빠진 독서

휴일의 대부분은 죽은 자들에 대한 추억에 바쳐진다
죽은 자들은 모두가 겸손하며, 그 생애는 이해하기 쉽다
나 역시 여태껏 수많은 사람들을 허용했지만
때때로 죽은 자들에게 나를 빌려주고 싶을 때가 있다
수북한 턱수염이 매력적인 이 두꺼운 책의 저자는
의심할 여지 없이 불행한 생을 보냈다, 위대한 작가들이란
대부분 비슷한 삶을 살다 갔다, 그들이 선택할 삶은 이제 없다
몇 개의 도회지를 방랑하며 청춘을 탕진한 작가는
엎질러진 것이 가난뿐인 거리에서 일자리를 찾는 중이다
그는 분명 그 누구보다 인생의 고통을 잘 이해하게 되겠지만
종잇장만 바스락거릴 뿐, 틀림없이 나에게 관심이 없다
그럴 때마다 내 손가락들은 까닭 없이 성급해지는 것이다
휴일이 지나가면 그뿐, 그 누가 나를 빌려가겠는가
나는 분명 감동적인 충고를 늘어놓을 저자를 눕혀두고
여느 때와 다를 바 없는 저녁의 거리로 나간다
휴일의 행인들은 하나같이 곧 울음을 터뜨릴 것만 같다
그러면 종종 묻고 싶어진다, 내 무시무시한 생애는
얼마나 매력적인가, 이 거추장스러운 마음을 망치기 위해
가엾게도 얼마나 많은 사람들과 흙탕물 주위를 나는 기웃거렸던가!
그러면 그대들은 말한다, 당신 같은 사람은 너무 많이 읽었다고
대부분 쓸모없는 죽은 자들을 당신이 좀 덜어가달라고

추억에 대한 경멸

손님이 돌아가자 그는 마침내 혼자가 되었다
어슴푸레한 겨울 저녁, 집 밖을 찬바람이 떠다닌다
유리창의 얼음을 뜯어내다 말고, 사내는 주저앉는다
아아, 오늘은 유쾌한 하루였다, 자신의 나지막한 탄식에
사내는 걷잡을 수 없이 불쾌해진다, 저 성가신 고양이
그는 불을 켜기 위해 방 안을 가로질러야 한다
나무토막 같은 팔을 쳐들면서 사내는, 방이 너무 크다
왜냐하면, 하고 중얼거린다, 나에게도 추억거리는 많다
아무도 내가 살아온 내용에 간섭하면 안 된다
몇 장의 사진을 들여다보던 사내가 한숨을 쉰다
이건 여인숙과 다를 바 없구나, 모자라도 뒤집어쓸까
어쩌다가 이봐, 책임질 밤과 대낮들이 아직 얼마인가
사내는 머리를 끄덕인다, 가스레인지는 차갑게 식어 있다
그렇다, 이런 밤은 저 게으른 사내에게 너무 가혹하다
내가 차라리 늙은이였다면! 그는 사진첩을 내동댕이친다
추억은 이상하게 중단된다, 그의 커다란 슬리퍼가 벗겨진다
손아귀에서 몸부림치는 작은 고양이, 날카로운 이빨 사이로 독한 술
을 쏟아붓는, 저 헐떡이는, 사내

길 위에서 중얼거리다

그는 어디로 갔을까
너희 흘러가버린 기쁨이여
한때 내 육체를 사용했던 이별들이여
찾지 말라, 나는 곧 무너질 것들만 그리워했다
이제 해가 지고 길 위의 기억은 흐려졌으니
공중엔 희고 둥그런 자국만 뚜렷하다
물들은 소리 없이 흐르다 굳고
어디선가 굶주린 구름들은 몰려왔다
나무들은 그리고 황폐한 내부를 숨기기 위해
크고 넓은 이파리들을 가득 피워냈다
나는 어디로 가는 것일까, 돌아갈 수조차 없이
이제는 너무 멀리 떠내려온 이 길
구름들은 길을 터주지 않으면 곧 사라진다
눈을 감아도 보인다

어둠 속에서 중얼거린다
나를 찾지 말라…… 무책임한 탄식들이여
길 위에서 일생을 그르치고 있는 희망이여

물 속의 사막

밤 세 시, 길 밖으로 모두 흘러간다 나는 금지된다
장맛비 빈 빌딩에 퍼붓는다
물 위를 읽을 수 없는 문장들이 지나가고
나는 더 이상 인기척을 내지 않는다

유리창, 푸른 옥수수잎 흘러내린다
무정한 옥수수나무…… 나는 천천히 발음해본다
석탄가루를 뒤집어쓴 흰 개는
그해 장마 통에 집을 버렸다

비닐집, 비에 잠겼던 흙탕마다
잎들은 각오한 듯 무성했지만
의심이 많은 자의 침묵은 아무것도 통과하지 못한다
밤 도시의 환한 빌딩은 차디차다

장맛비, 아버지 얼굴 떠내려오신다
유리창에 잠시 붙어 입을 벌린다
나는 헛것을 살았다, 살아서 헛것이었다
우수수 아버지 지워진다, 빗줄기와 몸을 바꾼다
아버지, 비에 묻는다 내 단단한 각오들은 어디로 갔을까?
번들거리는 검은 유리창, 와이셔츠 흰빛은 터진다
미친 듯이 소리친다, 빌딩 속은 악몽조차 젖지 못한다
물들은 집을 버렸다! 내 눈 속에는 물들이 살지 않는다

정거장에서의 충고

미안하지만 나는 이제 희망을 노래하련다
마른 나무에서 연거푸 물방울이 떨어지고
나는 천천히 노트를 덮는다
저녁의 정거장에 검은 구름은 멎는다
그러나 추억은 황량하다, 군데군데 쓰러져 있던
개들은 황혼이면 처량한 눈을 껌벅일 것이다
물방울은 손등 위를 굴러다닌다, 나는 기우뚱
망각을 본다, 어쩌다가 집을 떠나왔던가
그곳으로 흘러가는 길은 이미 지상에 없으니
추억이 덜 깬 개들은 내 딱딱한 손을 깨물 것이다
구름은 나부낀다, 얼마나 느린 속도로 사람들이 죽어갔는지
얼마나 많은 나뭇잎들이 그 좁고 어두운 입구로 들이닥쳤는지
내 노트는 알지 못한다, 그동안 의심 많은 길들은
끝없이 갈라졌으니 혀는 흉기처럼 단단하다
물방울이여, 나그네의 말을 귀담아들어선 안 된다
주저앉으면 그뿐, 어떤 구름이 비가 되는지 알게 되리
그렇다면 나는 저녁의 정거장을 마음속에 옮겨놓는다
내 희망을 감시해온 불안의 짐짝들에게 나는 쓴다
이 누추한 육체 속에 얼마든지 머물다 가시라고
모든 길들이 흘러온다, 나는 이미 늙은 것이다

가는 비 온다

간판들이 조금씩 젖는다
나는 어디론가 가기 위해 걷고 있는 것이 아니다
둥글고 넓은 가로수 잎들은 떨어지고
이런 날 동네에서는 한 소년이 죽기도 한다.
저 식물들에게 내가 그러나 해줄 수 있는 일은 없다
언젠가 이곳에 인질극이 있었다
범인은 「휴일」이라는 노래를 틀고 큰 소리로 따라 부르며
자신의 목을 긴 유리조각으로 그었다
지금은 한 여자가 그 집에 산다
그 여자는 대단히 고집 센 거위를 기른다
가는 비……는 사람들의 바지를 조금 적실 뿐이다
그렇다면 죽은 사람의 음성은 이제 누구의 것일까
이 상점은 어쩌다 간판을 바꾸었을까
도무지 쓸데없는 것들에 관심이 많다고
우산을 쓴 친구들은 나에게 지적한다
이 거리 끝에는 커다란 전당포가 있다, 주인의 얼굴은
아무도 모른다, 사람들은 시간을 빌리러 뒤뚱뒤뚱 그곳에 간다
이를테면 빗방울과 장난을 치는 저 거위는
식탁에 오를 나날 따위엔 관심이 없다
나는 안다, 가는 비……는 사람을 선택하지 않으며
누구도 죽음에게 쉽사리 자수하지 않는다
그러나 어쩌랴, 하나뿐인 입들을 막아버리는
가는 비…… 오는 날, 사람들은 모두 젖은 길을 걸어야 한다

기억할 만한 지나침

그리고 나는 우연히 그곳을 지나게 되었다
눈은 퍼부었고 거리는 캄캄했다
움직이지 못하는 건물들은 눈을 뒤집어쓰고
희고 거대한 서류 뭉치로 변해갔다
무슨 관공서였는데 희미한 불빛이 새어 나왔다
유리창 너머 한 사내가 보였다
그 춥고 큰 방에서 서기書記는 혼자 울고 있었다!
눈은 퍼부었고 내 뒤에는 아무도 없었다
침묵을 달아나지 못하게 하느라 나는 거의 고통스러웠다
어떻게 해야 할까, 나는 중지시킬 수 없었다
나는 그가 울음을 그칠 때까지 창밖에서 떠나지 못했다

그리고 나는 우연히 지금 그를 떠올리게 되었다
밤은 깊고 텅 빈 사무실 창밖으로 눈이 퍼붓는다
나는 그 사내를 어리석은 자라고 생각하지 않는다

질투는 나의 힘

아주 오랜 세월이 흐른 뒤에
힘없는 책갈피는 이 종이를 떨어뜨리리
그때 내 마음은 너무나 많은 공장을 세웠으니
어리석게도 그토록 기록할 것이 많았구나
구름 밑을 천천히 쏘다니는 개처럼
지칠 줄 모르고 공중에서 머뭇거렸구나
나 가진 것 탄식밖에 없어
저녁 거리마다 물끄러미 청춘을 세워두고
살아온 날들을 신기하게 세어보았으니
그 누구도 나를 두려워하지 않았으니
내 희망의 내용은 질투뿐이었구나
그리하여 나는 우선 여기에 짧은 글을 남겨둔다
나의 생은 미친 듯이 사랑을 찾아 헤매었으나
단 한 번도 스스로를 사랑하지 않았노라

가수는 입을 다무네

걸어가면서도 나는 기억할 수 있네
그때 나의 노래 죄다 비극이었으나
단순한 여자들은 나를 둘러쌌네
행복한 난투극들은 모두 어디로 갔나
어리석었던 청춘을, 나는 욕하지 않으리

흰 김이 피어오르는 골목에 떠밀려
그는 갑자기 가랑비와 인파 속에 뒤섞인다
그러나 그는 다른 사람들과 전혀 구별되지 않는다
모든 세월이 떠돌이를 법으로 몰아냈으니
너무 많은 거리가 내 마음을 운반했구나
그는 천천히 얇고 검은 입술을 다문다
가랑비는 조금씩 그의 머리카락을 적신다
한마디로 입구 없는 삶이었지만
모든 것을 취소하고 싶었던 시절도 아득했다
나를 괴롭힐 장면이 아직도 남아 있을까
모퉁이에서 그는 외투 깃을 만지작거린다
누군가 나의 고백을 들어주었으면 좋으련만
그가 누구든 엄청난 추억을 나는 지불하리라
그는 걸음을 멈춘다, 어느새 다 젖었다
언제부턴가 내 얼굴은 까닭 없이 눈을 찌푸리고
내 마음은 고통에게서 조용히 버림받았으니
여보게, 삶은 떠돌이들을 한군데 쓸어담지 않는다, 그는

무슨 영화의 주제가처럼 가족도 없이 흘러온 것이다
그의 입술은 마른 가랑잎, 모든 깨달음은 뒤늦은 것이니
따라가보면 축축한 등 뒤로 이런 웅얼거림도 들린다

어떠한 날씨도 이 거리를 바꾸지 못하리
검은 외투를 입은 중년 사내 혼자
가랑비와 인파 속을 걷고 있네
너무 먼 거리여서 표정은 알 수 없으나
강조된 것은 사내도 가랑비도 아니었네

홀린 사람

사회자가 외쳤다
여기 일생 동안 이웃을 위해 산 분이 계시다
이웃의 슬픔은 이분의 슬픔이었고
이분의 슬픔은 이글거리는 빛이었다
사회자는 하늘을 걸고 맹세했다
이분은 자신을 위해 푸성귀 하나 심지 않았다
눈물 한 방울도 자신을 위해 흘리지 않았다
사회자는 흐느꼈다
보라, 이분은 당신들을 위해 청춘을 버렸다
당신들을 위해 죽을 수도 있다
그분은 일어서서 흐느끼는 사회자를 제지했다
군중들은 일제히 그분에게 박수를 쳤다
사내들은 울먹였고 감동한 여인들은 실신했다
그때 누군가 그분에게 물었다, 당신은 신인가
그분은 목소리를 향해 고개를 돌렸다
당신은 유령인가, 목소리가 물었다
저 미치광이를 끌어내, 사회자가 소리쳤다
사내들은 달려갔고 분노한 여인들은 날뛰었다
그분은 성난 사회자를 제지했다
군중들은 일제히 그분에게 박수를 쳤다
사내들은 울먹였고 감동한 여인들은 실신했다
그분의 답변은 군중들의 아우성 때문에 들리지 않았다

입 속의 검은 잎

택시 운전사는 어두운 창밖으로 고개를 내밀어
이따금 고함을 친다, 그때마다 새들이 날아간다
이곳은 처음 지나는 벌판과 황혼,
나는 한 번도 만난 적 없는 그를 생각한다

그 일이 터졌을 때 나는 먼 지방에 있었다
먼지의 방에서 책을 읽고 있었다
문을 열면 벌판에는 안개가 자욱했다
그해 여름 땅바닥은 책과 검은 잎들을 질질 끌고 다녔다
접힌 옷가지를 펼칠 때마다 흰 연기가 튀어나왔다
침묵은 하인에게 어울린다고 그는 썼다
나는 그의 얼굴을 한 번 본 적이 있다
신문에서였는데 고개를 조금 숙이고 있었다
그리고 그 일이 터졌다, 얼마 후 그가 죽었다

그의 장례식은 거센 비바람으로 온통 번들거렸다
죽은 그를 실은 차는 참을 수 없이 느릿느릿 나아갔다
사람들은 장례식 행렬에 악착같이 매달렸고
백색의 차량 가득 검은 잎들은 나부꼈다
나의 혀는 천천히 굳어갔다, 그의 어린 아들은
잎들의 포위를 견디다 못해 울음을 터뜨렸다
그해 여름 많은 사람들이 무더기로 없어졌고
놀란 자의 침묵 앞에 불쑥불쑥 나타났다

망자의 혀가 거리에 흘러넘쳤다
택시 운전사는 이따금 뒤를 돌아다본다
나는 저 운전사를 믿지 못한다, 공포에 질려
나는 더듬거린다, 그는 죽은 사람이다
그 때문에 얼마나 많은 장례식들이 숨죽여야 했던가
그렇다면 그는 누구인가, 내가 가는 곳은 어디인가
나는 더 이상 대답하지 않으면 안 된다, 어디서
그 일이 터질지 아무도 모른다, 어디든지
가까운 지방으로 나는 가야 하는 것이다
이곳은 처음 지나는 벌판과 황혼,
내 입 속에 악착같이 매달린 검은 잎이 나는 두렵다

그날

어둑어둑한 여름날 아침 낡은 창문 틈새로 빗방울이 들이친다. 어두운 방 한복판에서 김소은 짐을 싸고 있다. 그의 트렁크가 가장 먼저 접수한 것은 김의 넋이다. 창문 밖에는 엿보는 자 없다. 마침내 전날 김은 직장과 헤어졌다. 잠시 동안 김은 무표정하게 침대를 바라본다. 모든 것을 알고 있는 침대는 말이 없다. 비로소 나는 풀려나간다, 김은 자신에게 속삭인다, 마침내 세상의 중심이 되었다.

나를 끌고 다녔던 몇 개의 길을 나는 영원히 추방한다. 내 생의 주도권은 이제 마음에서 육체로 넘어갔으니 지금부터 나는 길고도 오랜 여행을 떠날 것이다. 내가 지나치는 거리마다 낯선 기쁨과 전율은 가득 차리니 어떠한 권태도 더 이상 내 혀를 지배하면 안 된다.

모든 의심을 짐을 꾸리면서 김은 거둔다. 어둑어둑한 여름날 아침 창문 밖으로 보이는 젖은 길은 침대처럼 고요하다. 마침내 낭하가 텅텅 울리면서 문이 열린다. 잠시 동안 김은 무표정하게 거리를 바라본다. 김은 천천히 손잡이를 놓는다. 마침내 희망과 걸음이 동시에 떨어진다. 그 순간, 쇠뭉치 같은 트렁크가 김을 쓰러뜨린다. 그곳에서 계집아이 같은 가늘은 울음소리가 터진다. 주위에는 아무도 없다. 빗방울은 은퇴한 노인의 백발 위로 들이친다.

바람은 그대 쪽으로

어둠에 가려 나는 더 이상 나뭇가지를 흔들지 못한다. 단 하나의 영혼을 준비하고 발소리를 죽이며 나는 그대 창문으로 다가간다. 가축들의 순한 눈빛이 만들어내는 희미한 길 위에는 가지를 막 떠나는 긴장한 이파리들이 공중 빈 곳을 찾고 있다. 외롭다. 그대, 내 낮은 기침 소리가 그대 단편의 잠 속에서 끼어들 때면 창틀에 조그만 램프를 켜다오. 내 그리움의 거리는 너무 멀고 침묵은 언제나 이리저리 나를 끌고 다닌다. 그대는 아주 늦게 창문을 열어야 한다. 불빛은 너무 약해 벌판을 잡을 수 없고, 갸우뚱 고개 젓는 그대 한숨 속으로 언제든 나는 들어가고 싶었다. 아아, 그대는 곧 입김을 불어 한 잎의 불을 끄리라. 나는 소리 없이 가장 작은 나뭇가지를 꺾는다. 그 나뭇가지 뒤에 몸을 숨기고 나는 내가 끝끝내 갈 수 없는 생의 벽지僻地를 조용히 바라본다. 그대, 저 고단한 등피燈皮를 다 닦아내는 박명의 시간, 흐려지는 어둠 속에서 몇 개의 움직임이 그치고 지친 바람이 짧은 휴식을 끝마칠 때까지.

10월

1
흩어진 그림자들, 모두
한곳으로 모이는
그 어두운 정오의 숲속으로
이따금 나는 한 개 짧은 그림자가 되어
천천히 걸어 들어간다
쉽게 조용해지는 나의 빈 손바닥 위에 가을은
둥글고 단단한 공기를 쥐어줄 뿐
그리고 나는 잠깐 동안 그것을 만져볼 뿐이다
나무들은 언제나 마지막이라 생각하며
작은 이파리들을 떨구지만
나의 희망은 이미 그런 종류의 것이 아니었다

너무 어두워지면 모든 추억들은
갑자기 거칠어진다
내 뒤에 있는 캄캄하고 필연적인 힘들에 쫓기며
나는 내 침묵의 심지를 조금 낮춘다
공중의 나뭇잎 수효만큼 검은
옷을 입은 햇빛들 속에서 나는
곰곰이 내 어두움을 생각한다, 어디선가 길다란 연기들이 날아와
희미한 언덕을 만든다, 빠짐없이 되살아나는
내 젊은 날의 저녁들 때문이다

한때 절망이 내 삶의 전부였던 적이 있었다
그 절망의 내용조차 잊어버린 지금
나는 내 삶의 일부분도 알지 못한다
이미 대지의 맛에 익숙해진 나뭇잎들은
내 초라한 위기의 발목 근처로 어지럽게 떨어진다
오오, 그리운 생각들이란 얼마나 죽음의 편에 서 있는가
그러나 내 사랑하는 시월의 숲은
아무런 잘못도 없다

2
자고 일어나면 머리맡의 촛불은 이미 없어지고
하얗고 딱딱한 옷을 입은 빈 병만 우두커니 나를 쳐다본다

이 겨울의 어두운 창문

어느 영혼이기에 아직도 가지 않고 문밖에서 서성이고 있느냐. 네 얼마나 세상을 축복하였길래 밤새 그 외로운 천형을 견디며 매달려 있느냐. 푸른 간유리 같은 대기 속에서 지친 별들 서둘러 제 빛을 끌어모으고 고단한 달도 야윈 낫의 형상으로 공중 빈 밭에 힘없이 걸려 있다.

아느냐, 내 일찍이 나를 떠나보냈던 꿈의 짐들로 하여 모든 응시들을 힘겨워하고 높고 험한 언덕들을 피해 삶을 지나다녔더니, 놀라워라. 가장 무서운 방향을 택하여 제 스스로 힘을 겨누는 그대, 기쁨을 숨긴 공포여, 단단한 확신의 즙액이여.

보아라, 쉬운 믿음은 얼마나 평안한 산책과도 같은 것이냐. 어차피 우리 모두 허물어지면 그뿐, 건너가야 할 세상 모두 가라앉으면 비로소 온갖 근심들 사라질 것을. 그러나 내 어찌 모를 것인가. 내 생 뒤에도 남아 있을 망가진 꿈들, 환멸의 구름들, 그 불안한 발자국 소리에 괴로워할 나의 죽음들.

오오, 모순이여, 오르기 위하여 떨어지는 그대. 어느 영혼이기에 이 밤새이도록 끝없는 기다림의 직립으로 매달린 꿈의 뼈가 되어 있는가. 곧이어 몹쓸 어둠이 걷히면 떠날 것이냐. 한때 너를 이루었던 검고 투명한 물의 날개로 떠오르려는가. 나 또한 얼마만큼 오래 냉각된 꿈속을 뒤척여야 진실로 즐거운 액체가 되어 내 생을 적실 것인가. 공중에는 빛나는 달의 귀 하나 걸려 고요히 세상을 엿듣고 있다. 오오, 네 어찌 죽음을 비웃을 것이냐 삶을 버려둘 것이냐, 너 사나운 영혼이여! 고드름이여.

포도밭 묘지 1

주인은 떠나 없고 여름이 가기도 전에 황폐해버린 그해 가을, 포도밭 등성이로 저녁마다 한 사내의 그림자가 거대한 조명 속에서 잠깐씩 떠오르다 사라지는 풍경 속에서 내 약시弱視의 산책은 비롯되었네. 친구여, 그해 가을 내내 나는 적막과 함께 살았다. 그때 내가 데리고 있던 헛된 믿음들과 그 뒤에서 부르던 작은 충격들을 지금도 나는 기억하고 있네. 나는 그때 왜 그것을 몰랐을까. 희망도 아니었고 죽음도 아니었어야 할 그 어둡고 가벼웠던 종교들을 나는 왜 그토록 무서워했을까. 목마른 내 발자국마다 검은 포도알들은 목적도 없이 떨어지고 그때마다 고개를 들면 어느 틈엔가 낯선 풀잎의 자손들이 날아와 벌판 가득 흰 연기를 피워 올리는 것을 나는 한참이나 바라보곤 했네. 어둠은 언제든지 살아 있는 것들의 그림자만 골라 디디며 포도밭 목책으로 걸어왔고 나는 내 정신의 모두를 폐허로 만들면서 주인을 기다렸다. 그러나 기다림이란 마치 용서와도 같이 언제나 육체를 지치게 하는 법. 하는 수 없이 내 지친 발을 타일러 몇 개의 움직임을 만들다 보면 버릇처럼 이상한 무질서도 만나곤 했지만 친구여, 그때 이미 나에게는 흘릴 눈물이 남아 있지 않았다. 그리하여 내 정든 포도밭에서 어느 하루 한 알 새파란 소스라침으로 떨어져 촛농처럼 누운 밤이면 어둠도, 숨죽인 희망도 내게는 너무나 거추장스러웠네. 기억한다. 그해 가을 주인은 떠나 없고 그리움이 몇 개 그릇처럼 아무렇게나 사용될 때 나는 떨리는 손으로 짧은 촛불들을 태우곤 했다. 그렇게 가을도 가고 몇 잎 남은 추억들마저 천천히 힘을 잃어갈 때 친구여, 나는 그때 수천의 마른 포도 이파리가 떠내려가는 놀라운 공중을 만났다. 때가 되면 태양도 스스로의 빛을 아껴두듯이 나 또한 내 지친 정신을 가을 속에서 동그랗게 보호하기 시작했으니 나와 죽음은 서로를 지배하는 각자의 꿈이 되었네. 그러나 나는 끝끝내 포도밭을 떠나지 못했다. 움직이는 것은 아무것도 없었지만 나는 모든 것을 바꾸었다. 그리하여 어느 날 기척 없이 새끼줄을 들치고 들어선 한 사내의 두려운 눈빛을 바라보면서 그가 나를 주인이라 부를 때마다 아, 나는 황망히 고개 돌려 캄캄한 눈을 감았네. 여름이 가기도 전에 모든 이파리 땅으로 돌아간 포도밭, 참담했던 그해 가을, 그 빈 기쁨들을 지금 쓴다 친구여.

포도밭 묘지 2

아아, 그때의 빛이여. 빛 주위로 뭉치는 어둠이여. 서편 하늘 가득 실신한 청동의 구름 떼여. 목책 안으로 툭툭 떨어져 내리던 무엄한 새들이여. 쓴 물 밖으로 소스라치며 튀어나오던 미친 꽃들이여. 나는 끝을 알 수 없는 질투심에 휩싸여 너희들을 기다리리. 내 속의 모든 움직임이 그치고 탐욕을 향한 덩굴손에서 방황의 물기가 빠질 때까지.

밤은 그렇게 왔다. 포도 압착실 앞 커다란 등받이의자에 붙어 한 잎 식물의 눈으로 바라보면 어둠은 화염처럼 고요해지고 언제나 내 눈물을 불러내는 저 깊은 공중들. 기억하느냐, 그해 가을 그 낯선 저녁 옻나무 그림자 속을 홀연히 스쳐가던 천사의 검은 옷자락과 아아, 더욱 높이 흔들리던 그 머나먼 주인의 임종. 종자從者여, 네가 격정을 사로잡지 못하여 죽음을 환난과 비교한다면 침묵의 구실을 만들기 위해 네가 울리는 낮은 종소리는 어찌 저 놀라운 노을을 설명할 수 있겠느냐. 저 공중의 욕망은 어둠을 지치도록 내버려두지 않고 종교는 아직도 지상에서 헤맨다. 묻지 말라, 이곳에서 너희가 완전히 불행해질 수 없는 이유는 신이 우리에게 괴로워할 권리를 스스로 사들이는 법을 아름다움이라 가르쳤기 때문이다. 밤은 그렇게 왔다. 비로소 너희가 전 생애의 쾌락을 슬픔에 걸듯이 믿음은 부재 속에서 싹트고 다시 그 믿음은 부재의 씨방 속으로 돌아가 영원히 쉴 것이니, 골짜기는 정적에 싸이고 우리가 그 정적을 사모하듯이 어찌 비밀을 숭배하는 무리가 많지 않으랴. 밤은 그렇게 노여움을 가장한 모습으로 찾아와 어두운 실내의 램프불을 돋우고 우리의 후회들로 빚어진 주인의 말씀은 정신의 헛된 식욕처럼 아름답다. 듣느냐, 이 세상 끝 간 곳엔 한 자락 바람도 일지 않았더라. 어떠한 슬픔도 그 끝에 이르면 짓궂은 변증의 쾌락으로 치우침을 네가 아느냐. 밤들어 새앙쥐를 물어뜯는 더러운 달빛 따라가며 휘파람 부는 작은 풀벌레들의 그 고요한 입술을 보았느냐. 햇빛은 또 다른 고통을 위하여 빛나는 나무의 알을 잉태하느니 종자從者여, 그 놀라운 보편을 진실로 네가 믿느냐.

숲으로 된 성벽

저녁노을이 지면
신들의 상점엔 하나둘 불이 켜지고
농부들은 작은 당나귀들과 함께
성안으로 사라지는 것이었다
성벽은 울창한 숲으로 된 것이어서
누구나 사원을 통과하는 구름 혹은
조용한 공기들이 되지 않으면
한 걸음도 들어갈 수 없는 아름답고
신비로운 그 성

어느 골동품 상인이 그 숲을 찾아와
몇 개 큰 나무들을 잘라내고 들어갔다
그곳에는…… 아무것도 없었다, 그가 본 것은
쓰러진 나무들뿐, 잠시 후
그는 그 공터를 떠났다

농부들은 아직도 그 평화로운 성에 살고 있다
물론 그 작은 당나귀들 역시

식목제 植木祭

어느 날 불현듯
물 묻은 저녁 세상에 낮게 엎드려
물끄러미 팔을 뻗어 너를 가늠할 때
너는 어느 시간의 흙 속에
아득히 묻혀 있느냐
축축한 안개 속에서 어둠은
망가진 소리 하나하나 다듬으며
이 땅 위로 무수한 이파리를 길어 올린다
낯선 사람들, 괭이 소리 삽 소리
단단히 묻어두고 떠난 벌판
어디쯤일까 내가 연기처럼 더듬더듬 피어올랐던
이제는 침묵의 목책 속에 갇힌 먼 땅
다시 돌아갈 수 없으리, 흘러간다
어디로 흘러가느냐, 마음 한 자락 어느 곳 걸어두는 법 없이
희망을 포기하려면 죽음을 각오해야 하리, 흘러간다 어느 곳이든 기척 없이
자리를 바꾸던 늙은 구름의 말을 배우며
나는 없어질 듯 없어질 듯 생 속에 섞여들었네
이따금 나만을 향해 다가오는 고통이 즐거웠지만
슬픔 또한 정말 경미한 것이었다
한때의 헛된 집착으로도 솟는 맑은 눈물을 다스리며
아, 어느 개인 날 낯선 동네에 작은 꽃들이 피면 축복하며 지나가고
어느 궂은 날은 죽은 꽃 위에 잠시 머물다 흘러갔으므로

나는 일찍이 어느 곳에 나를 묻어두고
이다지 어지러운 이파리로만 날고 있는가
돌아보면 힘없는 추억들만을
이곳저곳 숨죽여 세워두었네
흘러간다, 모든 마지막 문들은 벌판을 향해 열리는데
아, 가랑잎 한 장 뒤집히는 소리에도
세상은 저리 쉽게 떠내려간다
보느냐, 마주 보이는 시간은 미루나무 무수히 곧게 서 있듯
멀수록 무서운 얼굴들이다, 그러나
희망도 절망도 같은 줄기가 틔우는 작은 이파리일 뿐, 그리하여 나는
살아가리라 어디 있느냐
식목제植木祭의 캄캄한 밤이여, 바람 속에 견고한 불의 입상立像이 되어
싱싱한 줄기로 솟아오를 거냐, 어느 날이냐 곧이어 소스라치며
내 유년의 떨리던, 짧은 넋이여

그 집 앞

그날 마구 비틀거리는 겨울이었네
그때 우리는 섞여 있었네
모든 것이 나의 잘못이었지만
너무도 가까운 거리가 나를 안심시켰네
나 그 술집 잊으려네
기억이 오면 도망치려네
사내들은 있는 힘 다해 취했네
나의 눈빛 지푸라기처럼 쏟아졌네
어떤 고함 소리도 내 마음 치지 못했네
이 세상에 같은 사람은 없네
모든 추억은 쉴 곳을 잃었네
나 그 술집에서 흐느꼈네
그날 마구 취한 겨울이었네
그때 우리는 섞여 있었네
사내들은 남은 힘 붙들고 비틀거렸네
나 못생긴 입술 가졌네
모든 것이 나의 잘못이었지만
벗어둔 외투 곁에서 나 흐느꼈네
어떤 조롱도 무거운 마음 일으키지 못했네
나 그 술집 잊으려네
이 세상에 같은 사람은 없네
그토록 좁은 곳에서 나 내 사랑 잃었네

노인들

감당하기 벅찬 나날들은 이미 다 지나갔다
그 긴 겨울을 견뎌낸 나뭇가지들은
봄빛이 닿는 곳마다 기다렸다는 듯 목을 분지르며 떨어진다

그럴 때마다 내 나이와는 거리가 먼 슬픔들을 나는 느낀다
그리고 그 슬픔들은 내 몫이 아니어서 고통스럽다

그러나 부러지지 않고 죽어 있는 날렵한 가지들은 추악하다

빈집

사랑을 잃고 나는 쓰네

잘 있거라, 짧았던 밤들아
창밖을 떠돌던 겨울 안개들아
아무것도 모르던 촛불들아, 잘 있거라
공포를 기다리던 흰 종이들아
망설임을 대신하던 눈물들아
잘 있거라, 더 이상 내 것이 아닌 열망들아

장님처럼 나 이제 더듬거리며 문을 잠그네
가엾은 내 사랑 빈집에 갇혔네

먼지투성이의 푸른 종이

나에게는 낡은 악기가 하나 있다. 여섯 개의 줄이 모두 끊어져 나는 오래전부터 그 기타를 사용하지 않는다. '한때 나의 슬픔과 격정들을 오선지 위로 데리고 가 부드러운 음자리로 배열해주던' 알 수 없는 일이 있다. 가끔씩 어둡고 텅 빈 방에 홀로 있을 때 그 기타에서 아름다운 소리가 난다. 나는 경악한다. 그러나 나의 감각들은 힘센 기억들을 품고 있다. 기타 소리가 멎으면 더듬더듬 나는 양초를 찾는다. 그렇다. 나에게는 낡은 악기가 하나 있는 것이다. 그렇다. 나는 가끔씩 어둡고 텅 빈 희망 속으로 걸어 들어간다. 그 이상한 연주를 들으면서 어떨 때는 내 몸의 전부가 어둠 속에서 가볍게 튕겨지는 때도 있다.

먼지투성이의 푸른 종이는 푸른색이다.
어떤 먼지도 그것의 색깔을 바꾸지 못한다.

밤눈

네 속을 열면 몇 번이나 얼었다 녹으면서 바람이 불 때마다 또 다른 몸짓으로 자리를 바꾸던 은실들이 엉켜 울고 있어. 땅에는 얼음 속에서 썩은 가지들이 실눈을 뜨고 엎드려 있었어. 아무에게도 줄 수 없는 빛을 한 점씩 하늘 낮게 박으면서 너는 무슨 색깔로 또 다른 사랑을 꿈꾸었을까. 아무도 너의 영혼에 옷을 입히지 않던 사납고 고요한 밤, 얼어붙은 대지에는 무엇이 남아 너의 춤을 자꾸만 허공으로 띄우고 있었을까. 하늘에는 온통 네가 지난 자리마다 바람이 불고 있다. 아아, 사시나무 그림자 가득 찬 세상, 그 끝에 첫발을 디디고 죽음도 다가서지 못하는 온도로 또 다른 하늘을 너는 돌고 있어. 네 속을 열면.

위험한 가계家系 · 1969

1

그해 늦봄 아버지는 유리병 속에서 알약이 쏟아지듯 힘없이 쓰러지셨다. 여름 내내 그는 죽만 먹었다. 올해엔 김장을 조금 덜해도 되겠구나. 어머니는 남폿불 아래에서 수건을 쓰시면서 말했다. 이젠 그 얘긴 그만 하세요 어머니. 쌓아둔 이불에 등을 기댄 채 큰누이가 소리 질렀다. 그런데 올해에는 무들마다 웬 바람이 이렇게 많이 들었을까. 나는 공책을 덮고 어머니를 바라보았다. 어머니. 잠바 하나 사주세요. 스펀지마다 숭숭 구멍이 났어요. 그래도 올겨울은 넘길 수 있을 게다. 봄이 오면 아버지도 나으실 거구. 풍병風病에 좋다는 약은 다 써보았잖아요. 마늘을 까던 작은누이가 눈을 비비며 중얼거렸지만 어머니는 잠자코 이마 위로 흘러내리는 수건을 가만히 고쳐 매셨다.

2

아버지. 그건 우리 닭도 아닌데 왜 그렇게 정성껏 돌보세요. 나는 사료를 한 줌 집어 던지면서 가지를 먹어 시퍼래진 입술로 투정을 부렸다. 농장의 목책을 훌쩍 뛰어넘으며 아버지는 말했다. 네게 모이를 주기 위해서야. 양계장 너머 뜬, 달걀 노른자처럼 노랗게 곪은 달이 아버지의 길게 늘어진 그림자를 이리저리 흔들 때마다 나는 아버지의 팔목에 매달려 휘휘 휘파람을 날렸다. 내일은 펌프 가에 꽃모종을 하자. 무슨 꽃을 보고 싶으냐. 꽃들은 금방 죽어요 아버지. 너도 올봄엔 벌써 열 살이다. 어머니가 양푼 가득 칼국수를 퍼 담으시며 말했다. 알아요 나도 이젠 병아리가 아니에요. 어머니. 그런데 웬 칼국수에 이렇게 많이 고춧가루를 치셨을까.

3

방죽에서 나는 한참을 기다렸다. 가을밤의 어둠 속에서 큰누이는 냉이꽃처럼 가늘게 휘청거리며 걸어왔다. 이번 달은 공장에서 야근 수당까지 받았어. 초록색 추리닝 윗도리를 하나 사고 싶은데. 요새 친구들이 많이 입고 출근해. 나는 오징어가 먹고 싶어. 그건 오래 씹을 수 있고 맛도 좋으니까. 집으로 가는 길은 너무 멀었다. 누이의 도시락 가방 속에서 스푼이 자꾸만 음악 소리를 냈다. 추리닝이 문제겠니. 내년 봄엔 너도 야간 고등학교라도 가야 한다. 어머니. 콩나물에 물은 주셨어요? 콩나물보다 너희들이나 빨리 자라야지. 엎드려서 공부하다가 코를 풀면 언제나 검댕이 묻어 나왔다. 심지를 좀 잘라내. 타버린 심지는 그을음만 나니까. 작은누이가 중얼거렸다. 아버지 좀 보세요. 어떤 약도 듣지 않았잖아요. 아프시기 전에도 아무것도 해논 일이 없구. 어머니가 누이의 뺨을 쳤다. 약값을 줄일 순 없다. 누이가 깎던 감자가 툭 떨어졌다. 실패하시고 나서 아버지는 3년 동안 낚시질만 하셨어요. 그래도 아버지는 너희들을 건졌어. 이웃 농장에 가서 닭도 키우셨다. 땅도 한 뙈기 장만하셨댔었다. 작은누이가 마침내 울음을 터뜨렸다. 죽은 맨드라미처럼 빨간 내복이 스웨터 밖으로 나와 있었다. 그러나 그때 아버지는 채소 씨앗 대신 알약을 뿌리고 계셨던 거예요.

4

지나간 날들을 생각해보면 무엇 하겠느냐. 묵은 밭에서 작년에 캐다 만 감자 몇 알 줍는 격이지. 그것도 대개는 썩어 있단다. 아버지는 삽질을 멈추고 채마밭 속에 발목을 묻은 채 짧은 담배를 태셨다. 올해는 무얼 심으시겠어요? 뿌리가 질기고 열매를 먹을 수 있는 것이면 무엇이든지 심을 작정이다. 하늘에는 벌써 튀밥 같은 별들이 떴다. 어머니가 그만 씻으시래요. 다음 날 무엇을 보여주려고 나팔꽃들은 저렇게 오므라들어 잠을 잘까. 아버지는 흙 속에서 천천히 걸어 나오셨다. 봐라. 나는 이렇게 쉽게 뽑혀지는구나. 그러나, 아버지. 더 좋은 땅에 당신을 옮겨 심으시려고.

5

선생님. 가정방문은 가지 마세요. 저희 집은 너무 멀어요. 그래도 너는 반장인데. 집에는 아무도 없고요. 아버지 혼자, 낮에는요. 방과 후 긴 방죽을 따라 걸어오면서 나는 몇 번이나 책가방 속의 월말고사 상장을 생각했다. 둑방에는 패랭이꽃이 무수히 피어 있었다. 모두 다 꽃씨들을 갖고 있다니. 작은 씨앗들이 어떻게 큰 꽃이 될까. 나는 풀밭에 꽂혀서 잠을 잤다. 그날 밤 늦게 작은누이가 돌아왔다. 아버진 좀 어떠시니. 누이의 몸에서 석유 냄새가 났다. 글쎄, 자전거도 타지 않구 책가방을 든 채 백 장을 돌리겠다는 말이냐? 창문을 열자 어둠 속에서 바람에 불려 몇 그루 미루나무가 거대한 빵처럼 부풀어 오르는 게 보였다. 그리고 나는 그날, 상장을 접어 개천에 종이배로 띄운 일을 누구에게도 말하지 않았다.

6

그해 겨울은 눈이 많이 내렸다. 아버지, 여전히 말씀도 못 하시고 굳은 혀. 어느만큼 눈이 녹아야 흐르실는지. 털실 뭉치를 감으며 어머니가 말했다. 봄이 오면 아버지도 나으신다. 언제가 봄이에요. 우리가 모두 낫는 날이 봄이에요? 그러나 썰매를 타다 보면 빙판 밑으로는 푸른 물이 흐르는 게 보였다. 얼음장 위에서도 종이가 다 탈 때까지 네모 반듯한 불들은 꺼지지 않았다. 아주 추운 밤이면 나는 이불 속에서 해바라기 씨앗처럼 동그랗게 잠을 잤다. 어머니 아주 큰 꽃을 보여드릴까요? 열매를 위해서 이파리 몇 개쯤은 스스로 부숴뜨리는 법을 배웠어요. 아버지의 꽃모종을요. 보세요 어머니. 제일 긴 밤 뒤에 비로소 찾아오는 우리들의 환한 가계家系를. 봐요 용수철처럼 튀어 오르는 저 동지의 불빛 불빛 불빛.

집시의 시집

1

우리는 너무 어렸다. 그는 그해 가을 우리 마을에 잠시 머물다 떠난 떠돌이 사내였을 뿐이었다. 그러나 어른들도 그를 그냥 일꾼이라 불렀다.

2

그는 우리에게 자신의 손을 가리켜 신의 공장이라고 말했다. 그것을 움직이게 하는 것은 굶주림뿐이었다. 그러나 그는 항상 무엇엔가 굶주려 있었다. 그는 무엇이든지 만들었다. 그는 마법사였다. 어떤 아이는 실제로 그가 토마토를 가지고 둥근 금을 만드는 것을 보았다고 말했다. 그가 어디에서 흘러들어왔는지 어른들도 몰랐다. 우리는 그가 트럭의 고장 고등어의 고장 아니, 포도의 고장에서 왔을 거라고 서로 심하게 다툰 적도 있었다. 그는 모든 것을 알고 있었다. 저녁때마다 그는 농장의 검은 목책에 기대앉아 이상한 노래들을 불렀다.

　모든 풍요의 아버지인 구름
　모든 질서의 아버지인 햇빛
　숲에서 날 찾으려거든 장화를 벗어주어요
　나는 나무들의 가신家臣, 짐승들의 다정한 맏형

그의 말은 누구도 이해할 수 없었다. 어른들은 우리들에게 호통을 쳤다. 그는 우리의 튼튼한 발을 칭찬했다. 어른들은 참된 즐거움을 두려워하기 때문이란다. 그들은 세상을 자물통으로 만들고 싶어 한다. 그러나

세상은 신기한 폭탄, 꿈꾸는 부족部族에겐 발견의 도화선. 우리는 그를
믿었다. 어느 날은 비에 젖은 빵, 어떤 날은 작은 홍당무를 먹으며 그는
부드럽게 노래 불렀다. 우리는 그때마다 놀라움에 떨며 그를 읽었다.

나는 즐거운 노동자, 항상 조용히 취해 있네
술집에서 나를 만나려거든 신성한 저녁에 오게
가장 더러운 옷을 입은 사내를 찾아주오
사냥해온 별
모든 사물들의 도장
모든 정신들의 장식
랄라라, 기쁨들이여!
과오들이여! 겸손한 친화력이여!

추수가 끝나고 여름 옷차림 그대로 그는 읍내 쪽으로 흘러갔다. 어른
들은 안심했다. 그러나 우리는 벌써 병정놀이들에 흥미를 잃고 있었다.
코밑에 수염이 돋기 시작한 아이도 있었다. 이상하게도 우리는 한동안
그 사내에 대해 한마디도 말하지 않았다. 오랜 뒤에 누군가 그에 관한
이야기를 꺼냈을 때 우리는 이미 그의 얼굴조차 기억하기 힘들었다. 상
급반에 진학하면서 우리는 혈통과 교육에 대해 배웠다. 오래지 않아

3
우리는 완전히 그를 잊었다. 그는 그해 가을 우리 마을에 잠시 머물다

떠난 떠돌이 사내였을 뿐이었다. 어쩌면 그는 우리가 꾸며낸 이야기였을지도 몰랐다. 그러나 나는 저녁마다 연필을 깎다가 잠드는 버릇을 지금까지 버리지 못했다.

나리 나리 개나리

누이여
또다시 은비늘 더미를 일으켜 세우며
시간이 빠르게 이동하였다
어느 날의 잔잔한 어둠이
이파리 하나 피우지 못한 너의 생애를
소리 없이 꺾어갔던 그 투명한
기억을 향하여 봄이 왔다

살아 있는 나는 세월을 모른다
네가 가져간 시간과 버리고 간
시간들의 얽힌 영토 속에서
한 뼘의 폭풍도 없이 나는 고요했다
다만 햇덩이 이글거리는 벌판을
맨발로 산보할 때
어김없이 시간은 솟구치며 떨어져
이슬 턴 풀잎새로 엉겅퀴 바늘을
살라주었다

봄은 살아 있지 않은 것은 묻지 않는다
떠다니는 내 기억의 얼음장마다
부르지 않아도 뜨거운 안개가 쌓일 뿐이다
잠글 수 없는 것이 어디 시간뿐이랴
아아, 하나의 작은 죽음이 얼마나 큰 죽음들을 거느리는가

나리 나리 개나리
네가 두드릴 곳 하나 없는 거리
봄은 또다시 접혔던 꽃술을 펴고
찬물로 눈을 헹구며 유령처럼 나는 꽃을 꺾는다

바람의 집
──겨울 판화 1

  내 유년 시절 바람이 문풍지를 더듬던 동지의 밤이면 어머니는 내 머리를 당신 무릎에 뉘고 무딘 칼끝으로 시퍼런 무를 깎아주시곤 하였다. 어머니 무서워요 저 울음소리, 어머니조차 무서워요. 얘야, 그것은 네 속에서 울리는 소리란다. 네가 크면 너는 이 겨울을 그리워하기 위해 더 큰 소리로 울어야 한다. 자정 지나 앞마당에 은빛 금속처럼 서리가 깔릴 때까지 어머니는 마른 손으로 종잇장 같은 내 배를 자꾸만 쓸어내렸다. 처마 밑 시래기 한 줌 부스러짐으로 천천히 등을 돌리던 바람의 한숨. 사위어가는 호롱불 주위로 방 안 가득 풀풀 수십 장 입김이 날리던 밤, 그 작은 소년과 어머니는 지금 어디서 무엇을 할까?

삼촌의 죽음
—겨울 판화 4

그해엔 왜 그토록 엄청난 눈이 나리었는지. 그 겨울이 다 갈 무렵 수은주 밑으로 새파랗게 곤두박질치며 우르르 몰려가던 폭설. 그때까지 나는 사람이 왜 없어지는지 또한 왜 돌아오지 않는지 알지 못하였다. 한낮의 눈보라는 자꾸만 가난 주위로 뭉쳤지만 밤이면 공중 여기저기에 빛나는 얼음 조각들이 박혀 있었다. 어른들은 입을 벌리고 잠을 잤다. 아이들은 있는 힘 다해 높은음자리로 뛰어올라가고 그날 밤 삼촌의 마른기침은 가장 낮은 음계로 가라앉아 다시는 악보 위로 떠오르지 않았다. 그리고 나는 그 밤을 하얗게 새우며 생철 실로폰을 두드리던 기억을 지금도 잊지 못한다.

성탄목
―겨울 판화 3

크리스마스트리는 아름답다
그것뿐이다

오늘은 왜 자꾸만 기침이 날까
내 몸은 얼음으로 꽉 찬 모양이야
방 안이 너무 어두워
한 달 내내 숲에 눈이 퍼부었던
저 달력은 어찌나 참을성이 많았던지
바로 뒤의 바람벽을 자꾸 잊곤 했어
성냥불을 긋지 않으려 했는데
정말이야, 난 참으려 애썼어
어느새 작은 크리스마스트리가 되었네
그래, 고향에 가고 싶어
지금보다 훨씬 더 어렸지만
사과나무는 나를 사로잡았어
그 옆에 은박지 같은 예배당이 있었지
틀린 기억이어도 좋아
멀고먼 길 한가운데
알아? 얼음 가루 꽉 찬 바다야
이 작은 성냥불이 어떻게 견딜 수 있겠어
어머니는 나보고
소다 가루를 좀 먹으라셔
어디선가 통통 기타 소리가 들려

방금 문을 연 촛불 가게에 사람들이 몰려 있어
참, 그런데
오늘은 왜 아까부터

너무 큰 등받이의자
――겨울 판화 7

너무 큰 등받이의자 깊숙이 오후, 가늘은 고드름 한 개 앉혀놓고 조그만 모빌처럼 흔들거리며, 아버지 또 어디로 도망치셨는지. 책상 위에 조용히 누워 눈 뜨고 있는 커다란 물그림 가득 찬란한 햇빛의 손. 그 속의 나는 모든 것이 커 보이던 나이였다. 수수밥같이 침침한 마루 얇게 접히며, 학자풍 오후 나란히 짧은 세모잠. 가난한 아버지, 왜 항상 물그림만 그리셨을까? 낡은 커튼을 열면 양철 추녀 밑 저벅저벅 걸어오다 불현듯 멎는 눈의 발, 수염투성이 투명한 사십. 가난한 아버지, 왜 항상 물그림만 그리셨을까? 그림 밖으로 나올 때마다 나는 물 묻은 손을 들어 눈부신 겨울 햇살을 차마 만지지 못하였다. 창문 밑에는 발자국 하나 없고 나뭇가지는 손이 베일 듯 사나운 은빛이었다.

　아버지, 불쌍한 내 장난감
　내가 그린, 물그림 아버지

병

내 얼굴이 한 폭 낯선 풍경화로 보이기
시작한 이후, 나는 주어를 잃고 헤매이는
가지 잘린 늙은 나무가 되었다.

가끔씩 숨이 턱턱 막히는 어둠에 체해
반 토막 영혼을 뒤틀어 눈을 뜨면
잔인하게 죽어간 붉은 세월이 곱게 접혀 있는
단단한 몸통 위에,
사람아, 사람아 단풍 든다.
아아, 노랗게 단풍 든다.

나무공

가까이 가보니
소년은 작은 나무공을 들고
서 있다. 두 명의 취한 노동자들, 큰 소리로 노래 부르며 비틀비틀
    이봐, 죽지 않는 것은 오직
    죽어 있는 것뿐, 이젠 자네 소원대로 되었네
지나가는 것을 바라보고 있다.
주위의 공기가 약간 흔들린다.
    훨씬 독한 술이 있었더라면
    좀더 슬펐을 텐데, 오오, 그에 관한 한 한 치의 변화도
용서 못 해

소년이 내게 묻는다.
공원은 어두운 대기 속으로 조금씩 몸을 숨긴다.
    그 사내는 무엇을
    슬퍼하는 것일까요, 오래 앓던 가족 때문일까요
    나의 이 작은 나무공
    밖은 너무 어두워, 둥근 것은 참 단순하죠

나는 입을 열 수 없다.
말이 되는 순간, 어떠한 대답도 또 다른 질문이 된다.
네가 내 눈빛을 이해할 수 있었으면.
차라리 저녁에 너를 만난 것을 감사하자.
어느 교회의 검고 은은한 종소리

행인들 호주머니 속의 명랑한 동전 소리
모든 젖은 정신을 꾸짖는
건조한 저녁에 대해 감사하자, 소년이여
저 초라한 가등들을 바라보라.
사람들은 무엇이든지, 대낮까지도 고정시키려 덤빈다, 그러나
변화하지 않는 것은 변화뿐이지.
　　나의 꿈은 위대한 율사, 모든 판례에 따라
　　이 세상을 재고 싶어요, 나는 매일같이 일기를 쓰죠
　　내가 아저씨만 한 나이라면 이미 나는 법칙의 사제司祭
　　움직이면 안 돼, 나는 딱딱한 과자를 좋아해
　　이건 나무

소년은 공을 튕겨본다. 나무공은 가볍게
튀어 오른다, 엄청나게 커지는 눈, 이건 뜻밖이야
그러나 소년이 놀라는 순간
나무공은 얘야, 벌써 얌전한 고양이처럼
　　한번 놀란 것에 더 이상 놀라면 안 돼
　　그건 이미 나무공이 아니니까

그 취한 사내들은 어디로 갔을까, 고개를 갸우뚱하던
소년도 재빨리 사라진다. 아저씨는
쓸모없는 구름 같아요, 공원은 이미 완전한 어둠
한 개 둥근 잎 부스럭거리는 소리가

서로 다른, 수백 개 율동의 가능성으로 들려오는
이곳. 견고하게 솟아오르는, 소년이 버린 저
나무공.

사강리 沙江里

아무도 가려 하지 않았다.
아무도 간 사람이 없었다.

처음엔 바람이 비탈길을 깎아 흙먼지를 풀풀 날리었다.
하늘을 깎고 어둠을 깎고 눈[雪]의 살을 깎는 소리가 떨어졌다.
산도 숲속에 숨어 있었다.
얼음도 깎인 벼의 밑동을 붙잡고 놓지 않았다.
매 한 마리가 산까치를 움켜잡고 하늘 깊숙이 파묻혔다.
얼음장 위로 얼굴을 내밀었던 은빛 햇살도 사라졌다.
묘지에 서로 모여 갈대가 울었다. 그 속으로 눈발이 힘없이 쓰러졌다.
어둠이 하얗게 질린 얼굴로 사위어 있었다.
뒤엉켜 죽은 망초꽃들이 휘익휘익 공중에서 말하고 지나갔다.
'그것봐' '그것봐'
 황토빛 자갈이 주르르 넘어졌다. 구르고 지난 자리마다 사정없이 눈[雪]이 꽂혔다.

폐광촌

쉽사리 물러설 수는 없었다.
그곳에는 아직도 지켜야 할 것이 있음을
우리는 젖은 이마 몇 개 불빛으로 분별하였다.
밤은 기나긴 정적의 숲으로 우리를 속이려 들었지만
탐조등으로 빗발을 쑤시면
언제든지 두서너 개 은칼을 찾아낼 수 있었다.
그 후에 빗물을 털어버린 시간이
허기의 바람을 펄럭이며 다가오고
우리는 낄낄거리며
쉽사리 틈을 보이지 않는 어둠의 잔등에
시뻘건 불의 구멍을 뚫곤 하였다.

누군가 불타는 머리 끝에서 물방울 몇 알을 훅훅 털며
낮은 소리로 군가를 불렀다. 후렴처럼
누군가 불더미에 무연탄 한 삽을 끼얹었고
녹슨 기적 몇 마디를 부러뜨렸다.
우리들 이미 가득
불길은 무수한 암호를 날리었으나
우리는 누구도 눈을 뜨지 않았다.
번들거리는 무개화차 그림자 속을 일렁이며
아아, 고인 채 부릅뜬 몇 개 물의 눈들이
빛나며 또 사라져갔다.

우리도 한때는 아름다운 불씨였다.
적막이 어둠보다 더욱 짙은 공포임을
흰 뼈만 남은 역사驛숨까지도 알고 있었다.
깊은 잠 한가운데 폭풍이 일어 우리가 식은땀을 꺼낼 때마다
어둠의 깃 한쪽을 허물고
예리하게 잘린 철로의 허리가 하얗게 일어섰다. 그럴 때면
밤의 절벽에 이마를 깨뜨리면서
우리는 지게의 멜빵을 달았다. 애초부터
우리에게 화덕이 없었던 것은 아니었다.
화강암 같은 시간의 호각 소리가 우리를 재촉하고
새벽은 화차 속의 쓸쓸한 파도를 한 삽씩 퍼올렸다.
땅속 깊이 불을 저장하고 우리는 일어섰다.
날음식처럼 축축한 톱밥이 우리를 쳐다보았다.
곧이어 바람으로 불려갈 석탄에 삽날을 꽂으며 이제는
각자의 생을 퍼 담아야 할 차례였다.
탐조등을 들고 일어서면 끓어오르는
피에 놀라 우리는
가만히 서로의 이마를 바라보았다. 욕망은
우리를 지치도록 내버려두지 않는다!
역사를 걸어 나올 때
무개화차 위에서 타는 불꽃을
잠 깬 등 뒤로 얼핏 우리는 빼앗았다.
아아, 그곳에는

아직도 남겨져야 할 것이 있었다.
폐광촌 역사에는
아직도 쿵쿵 타올라야 할 것이 있었다.

비가 2
──붉은 달

1

그대, 아직 내게
무슨 헤어질 여력이 남아 있어 붙들겠는가.
그대여, ×자로 단단히 구두끈을 조이는 양복
소매끈에서 무수한 달의 지느러미가 떨어진다.
떠날 사람은 떠난 사람. 그대는 천국으로 떠난다고
장기 두는 식으로 용감히 떠난다고
짧게 말하였다. 하늘나라의 달.

2

너는 이내 돌아서고 나는 미리 준비해둔 깔깔한 슬픔을 껴입고
돌아왔다. 우리 사이 협곡에 꽂힌 수천의 기억의 돛대, 어느 하나에도
걸리지 못하고 사상은 남루한 옷으로 지천을 떠돌고 있다. 아아 난간
마다 안개
휘파람의 섬세한 혀만 가볍게 말리우는 거리는
너무도 쉽게 어두워진다. 나의 추상이나 힘겨운 감상의 망토 속에서
폭풍주의보는 삐라처럼 날리고 어디선가 툭툭 매듭이 풀리는
소리가 들렸다. 어차피 내가 떠나기 전에 이미 나는 혼자였다. 그런데

너는 왜 천국이라고 말하였는지. 네가 떠나는 내부의 유배지는
언제나 푸르고 깊었다. 불더미 속에서 무겁게 터지는 공명의 방
그리하여 도시, 불빛의 사이렌에 썰물처럼 골목을 우회하면

고무줄처럼 먼저 튕겨 나와 도망치는 그림자를 보면서도 나는
두려움으로 몸을 떨었다.
떨리는 것은 잠과 타종 사이에서 비틀거리는 내 유약한 의식이다.
책갈피 속에서 비명을 지르는 우리들 창백한 유년, 식물채집의 꿈이다.
여름은 누구에게나 무더웠다.

3
잘 가거라, 언제나 마른 손으로 악수를 청하던 그대여
밤새워 호루라기 부는 세상 어느 위치에선가 용감한 꿈 꾸며 살아
있을
그대. 잘 가거라 약 기운으로 붉게 얇은 등을 축축이 적시던 헝겊 같은
달빛이여. 초침 부러진 어느 젊은 여름밤이여.
가끔은 시간을 앞질러 골목을 비어져 나오면 아,
온통 체온계를 입에 물고 가는 숱한 사람들 어디로 가죠? (꿈을 생포
하러)
예? 누가요 (꿈 따위는 없어) 모두 어디로, 천국으로

세상은 온통 크레졸 냄새로 자리 잡는다. 누가 떠나든 죽든
우리는 모두가 위대한 혼자였다. 살아 있으라, 누구든 살아 있으라.
턱턱, 짧은 숨 쉬며 내부의 아득한 시간의 숨 신뢰하면서
천국을 믿으면서 혹은 의심하면서 도시, 그 변증의 여름을 벗어나면서.

폭풍의 언덕

이튿날이 되어도 아버지는 돌아오지 않았다. 아버지는 간유리 같은 밤을 지냈다.

그날 우리들의 언덕에는 몇백 개 칼자국을 그으며 미친 바람이 불었다. 구부러진 핀처럼 웃으며 누이는 긴 팽이 모자를 쓰고 언덕을 넘어갔다. 어디에서 바람은 불어오는 걸까? 어머니 왜 나는 왼손잡이여요. 부엌은 거대한 한 개 스푼이다. 하루종일 나는 문지방 위에 앉아서 지붕 위에서 가파른 예각으로 울고 있는 유지 소리를 구깃구깃 삼켜 넣었다. 어머니가 말했다. 너는 아버지가 끊어뜨린 한 가닥 실정맥이야. 조용히 골동품 속으로 낙하하는 폭풍의 하오. 나는 빨랫줄에서 힘없이 떨어지는 아버지의 러닝셔츠가 흙투성이가 되어 어디만큼 날아가는가를 두 눈 부릅뜨고 헤아려보았다. 공중에서 획획 솟구치는 수천 개 주삿바늘. 그러고 나서 저녁 무렵 땅거미 한 겹의 무게를 데리고 누이는 포플린 치마 가득 삘기의 푸른 즙액을 물들인 채 절룩거리며 돌아오는 것이다.

아으, 칼국수처럼 풀어지는 어둠! 암흑 속에서 하얗게 드러나는 집. 이 불끈거리는 예감은 무엇일까. 나는 헝겊 같은 배를 접으며 이 악물고 언덕에 섰다. 그리하여 풀더미의 칼집 속에 하체를 담그고 자정 가까이 걸어갔을 때 나는 성냥개비 같은 내 오른팔 끝에서 은빛으로 빛나는 무서운 섬광을 보았다. 바람이여, 언덕 가득 이 수천 장 손수건을 찢어 날리는 광포한 바람이여. 이제야 나는 어디에서 네가 불어오는지 알 것 같으다. 오, 그리하여 수염투성이의 바람에 피투성이가 되어 내려오는 언덕에서 보았던 나의 어머니가 왜 그토록 가늘은 유리막대처럼 위태로운 모습이었는지를.

다음 날이 되어도 아버지는 돌아오지 않았다. 그리고 그날 이후 나는 폭풍의 밤마다 언덕에 오르는 일을 그만두었다. 무수한 변증의 비명을 지르는 풀잎을 사납게 베어 넘어뜨리며 이제는 내가 떠날 차례였다.

도시의 눈
─겨울 판화 2

도시에 전쟁처럼 눈이 내린다. 사람들은 여기저기 가로등 아래 모여서 눈을 털고 있다. 나는 어디로 가서 내 나이를 털어야 할까? 지나간 봄 화창한 기억의 꽃밭 가득 아직도 무꽃이 흔들리고 있을까? 사방으로 인적 끊어진 꽃밭, 새끼줄 따라 뛰어가며 썩은 꽃잎들끼리 모여 울고 있을까.

우리는 새벽 안개 속에 뜬 철교 위에 서 있다. 눈발은 수천 장 흰 손수건을 흔들며 하구로 뛰어가고 너는 말했다. 물이 보여. 얼음장 밑으로 수상한 푸른빛. 손바닥으로 얼굴을 가리면 은빛으로 반짝이며 떨어지는 그대 소중한 웃음. 안개 속으로 물빛이 되어 새 떼가 녹아드는 게 보여? 우리가.

쥐불놀이
──겨울 판화 5

어른이 돌려도 됩니까?
돌려도 됩니까 어른이?

사랑을 목발질 하며
나는 살아왔구나
대보름의 달이여
올해에는 정말 멋진 연애를 해야겠습니다
모두가 불 속에 숨어 있는걸요?
돌리세요, 나뭇가지
사이에 숨은 꿩을 위해
돌리세요, 술래
는 잠을 자고 있어요
헛간 마른 짚 속에서
대보름의 달이여
온 동네를 뒤지고도 또
어디까지?

아저씨는 불이 무섭지 않으셔요?

램프와 빵
──겨울 판화 6

고맙습니다.
겨울은 언제나 저희들을
겸손하게 만들어주십니다.

종이달

1
과거는 끝났다.
송곳으로 서류를 뚫으며 그는
블라인드를 내리고 있는 김金을 본다.
자네가 무엇을 생각하는지 모르겠어.
수백 개 명함들을 읽으며
일일이 얼굴들을 기억할 순 없지.
또한 우리는 미혼이니까, 오늘도
분명한 일은 없었으니까
아직은 쓸모 있겠지. 몇 장 얄팍한 믿음으로
남아 있는 하루치의 욕망을 철綴하면서.

2
그들이 무어라고 말하겠는가.
한두 시간 차이 났을 뿐. 내가 아는 것을
그들이 믿지 않을 뿐.
나에게도 중대한 사건은 아니었어.
큐대에 흰 가루를 바르면서
김은 정확하게 시간의 각을 재어본다.
각자의 소유만큼씩 가늠해보는 가치의 면적.
물론 새로운 것은 아니지.
잠시 잊고 있었을 뿐. 좀 복잡한 타산이니까.

똑바로 말한 적이 자네는
한 번도 없어. 감정이 있는 사람이라면
그럴 수도 있지. 와이셔츠 단추 한 개를 풀면서
날 선 칼라가 힘없이 늘어질 때까지
어쨌든 우리는 살아온 것이니.
오늘의 뉴스는 이미 상식으로 챙겨 들고.

3
믿어주게.
나도 몇 개의 동작을 배웠지.
변화 중에서도 튕겨져 나가지 않으려고
고무풀처럼 욕망을 단순화하고
그렇게 하나의 과정이 되어갔었네. 그는
층계 밑에 서서 가스라이터 불빛 끝에 손목을 매달고
무엇인가 찾는 김을 본다. 무엇을 잃어버렸나.
잃어버린 것은 찾지 않네. 그럴 만큼 시간은 여유가 없어.
잃어버려야 할 것들을 점검 중이지. 그럴 만큼의 시간만 있으니까.
아무리 조그만 나프탈렌처럼 조직의 서랍 속에 숨어 있어도
언제나 나는 자네를 믿어왔네. 믿어주게.
로터리를 회전하면서 그것도 길의 중간에서
날씨야 어떻든 상관없으니까.

4
사람들은 조금씩 빨라진다.
속도가 두려움을 만날 때까지. 그러나
의사의 기술처럼 간단히 필라멘트는
가열되고 기계적으로 느슨히
되살아나는 습관에 취할 때까지 적어도
복잡한 반성 따위는 알코올 탓이거니 아마
시간이 승부의 문제였던 때는 지났겠지.
신중한 수술이 아니어도 흰색 가운을 입듯이
누구나 평범한 초침으로 손을 닦는 나이임을
우리는 너무 잘 알고 있으니까.
알아들을 수 없는 말만 하여주게. 휴식에 도움이 될 수 있다면
아주 사무적인 착상이군. 여기와 지금이 별개이듯이
내가 집착한 것은 단순한 것이었어. 그래서
더욱 붙어 있어야 함을 알아두게. 일이 끝나면
굳게 뚜껑을 닫는 만년필처럼.

5
소리 나는 것만이 아름다울 테지.
소리만이 새로운 것이니까 쉽게 죽으니까.
소리만이 변화를 신고 다니니까.
그러나 무엇을 예약할 것인가. 방이 모두

차 있거나 모두 비어 있는데. 무관심만이
우리를 쉬게 한다면 더 이상 기억할 필요는
없어진다. 과거는 끝났다. 즐거움도
버릇 같은 것. 넥타이를 고쳐 매면서 거울 속의 키를
확인하고 안심하듯이 우리는 미혼이니까.
속성으로 떠오르는 달을 보면서 휘파람 불며
각자의 가치는 포켓 속에서 짤랑거리며
똑바로 말한 적이 자네는
한 번도 없어. 제발
그만두게. 자네를 위해서
내가 줄 수 있는 것은 다 토해냈네. 또한
무엇이든 분명한 일이 없었고
아직도 오늘은 조금 남아 있으니까. 그럼.
굿바이.

소리 1

아주 작았지만 무슨 소리가 들린 듯도 하여 내가 무심코 커튼을 걷었을 때, 맞은편 3층 건물의 어느 창문이 열리고 하얀 손목이 하나 튀어나와 시들은 푸른 꽃 서너 송이를 거리로 집어 던지는 것이 보였다. 이파리들은 잠시 공중에 떠 있어나 볼까 하는 듯 나풀거리다가 제각기 다른 속도로 아래를 향해 천천히 떨어져 내렸다. 나는 테이블로 돌아와 묵은 신문들을 뒤적였다. 그가 조금 전까지 서 있던 자리에는 무엇인지 알 수 없는 희미한 빛깔이 조금 고여 있었다. 스위치를 내릴까 하고 팔목시계를 보았을 때 바늘은 이미 멈춰 있었다. 나는 헛일 삼아 바늘을 하루만큼 뒤로 돌렸다. '어디로 가시렵니까' 내가 대답을 들을 필요조차 없다는 듯한 말투로 물었을 때 그는 소란하게 웃었다. '그냥 거리로요' 출입구 쪽 계단에서 무엇인가 떨어지는 소리가 들려왔다. 테이블 위에, 명함꽂이, 만년필, 재떨이 등 모든 형체를 갖춘 것들마다 제각기 엷은 그늘이 바싹 붙어 있는 게 보였고 무심결 나는 의자 뒤로 고개를 꺾었다. 아주 작았지만 이번에도 나는 그 소리를 들었다. 다시 창가로 다가갔을 때 늘상 보아왔던 차갑고 축축한 바람이 거리의 아주 작은 빈 곳까지 들추며 지나갔다. '빈틈이 없는 사물들이 어디 있을려구요' 맞은편 옆 건물 2층 창문 밖으로 길게 삐져나온 더러운 분홍빛 커튼이 아무도 보아주지 않아 섭섭하다는 듯 부드럽게 움직이고 있었다. '내버려두세요. 뭐든지 시작하고 있다는 것은 아름답지 않습니까?' 그는 깜빡 잊었다는 듯이 캐비닛 속에서 장갑을 꺼내면서 덧붙였다. '아니, 그냥 움직이고 있는 것일지라두 말이죠.' 먹다 버린 굳은 빵 쪼가리가 엄숙한 표정으로 할 수 없지 않느냐는 듯 나를 조용히 바라보았다. 어둠과 거리는 늘상 보던 것이었다. 나는 천천히 일어나 천장에 대고 조그맣게 말했다. '나는 압

핀처럼 꽂혀 있답니다' 그가 조금 전까지 서 있던 자리에는 무엇인지 알 수 없는 희미한 빛깔이 조금 고여 있었다. '아무도 없을 때는 발소리만 유난히 크게 들리는 법이죠' 스위치를 내릴 때 무슨 소리가 들렸다. 내 가슴 알 수 없는 곳에서 무엇인가 툭 끊어지는 소리가 들렸다. 아주 익숙한 그 소리는 분명히 내게 들렸다.

소리의 뼈

김 교수님이 새로운 학설을 발표했다
소리에도 뼈가 있다는 것이다
모두 그 말을 웃어넘겼다, 몇몇 학자들은
잠시 즐거운 시간을 제공한 김 교수의 유머에 감사했다
학장의 강력한 경고에도 불구하고
교수님은 일 학기 강의를 개설했다
호기심 많은 학생들이 장난삼아 신청했다
한 학기 내내 그는
모든 수업 시간마다 침묵하는
무서운 고집을 보여주었다
참지 못한 학생들이, 소리의 뼈란 무엇일까
각자 일가견을 피력했다
이 군은 그것이 침묵일 거라고 말했다.
박 군은 그것을 숨은 의미라 보았다
또 누군가는 그것의 개념은 중요하지 않다고 했다.
모든 고정관념에 대한 비판에 접근하기 위하여 채택된
방법론적 비유라는 것이었다
그의 견해는 너무 난해하여 곧 묵살되었다
그러나 어쨌든
그다음 학기부터 우리들의 귀는
모든 소리들을 훨씬 더 잘 듣게 되었다.

우리 동네 목사님

읍내에서 그를 본 것은 이번이 처음이었다
철공소 앞에서 자전거를 세우고 그는
양철 홈통을 반듯하게 펴는 대장장이의
망치질을 조용히 보고 있었다
자전거 짐틀 위에는 두껍고 딱딱해 보이는
성경책만 한 송판들이 실려 있었다
교인들은 교회당 꽃밭을 마구 밟고 다녔다, 일주일 전에
목사님은 폐렴으로 둘째아이를 잃었다, 장마 통에
교인들은 반으로 줄었다, 더구나 그는
큰 소리로 기도하거나 손뼉을 치며
찬송하는 법도 없어
교인들은 주일마다 쑤군거렸다, 학생회 소년들과
목사관 뒤터에 푸성귀를 심다가
저녁 예배에 늦은 적도 있었다
성경이 아니라 생활에 밑줄을 그어야 한다는
그의 말은 집사들 사이에서
맹렬한 분노를 자아냈다, 폐렴으로 아이를 잃자
마을 전체가 은밀히 눈빛을 주고받으며
고개를 끄덕였다, 다음 주에 그는 우리 마을을 떠나야 한다
어두운 천막교회 천장에 늘어진 작은 전구처럼
하늘에는 어느덧 하나둘 맑은 별들이 켜지고
대장장이도 주섬주섬 공구를 챙겨 들었다
한참 동안 무엇인가 생각하던 목사님은 그제서야

동네를 향해 천천히 페달을 밟았다, 저녁 공기 속에서
그의 친숙한 얼굴은 어딘지 조금 쓸쓸해 보였다

봄날은 간다

햇빛은 분가루처럼 흩날리고
섭사리 키가 변하는 그림자들은
한 장 열풍에 말려 둥글게 휘어지는구나
아무 때나 손을 흔드는
미루나무 얕은 그늘 속을 첨벙이며
2시착 시외버스도 떠난 지 오래인데
아까부터 서울집 툇마루에 앉은 여자
외상값처럼 밀려드는 대낮
신작로 위에는 흙먼지, 더러운 비닐들
빈 들판에 꽂혀 있는 저 희미한 연기들은
어느 쓸쓸한 풀잎의 자손들일까
밤마다 숱한 나무젓가락들은 두 쪽으로 갈라지고
사내들은 화투패마냥 모여들어 또 그렇게
어디론가 뿔뿔이 흩어져간다
여자가 속옷을 헹구는 시냇가엔
하룻밤새 없어져버린 풀꽃들
다시 흘러들어온 것들의 인사
흐린 알전구 아래 엉망으로 취한 군인은
몇 해 전 누이 얼굴을 알아보지 못하고, 여자는
자신의 생을 계산하지 못한다
몇 번인가 아이를 지울 때 그랬듯이
습관적으로 주르르 눈물을 흘릴 뿐
끌어안은 무릎 사이에서

추억은 내용물 없이 떠오르고
소읍은 무서우리만치 고요하다, 누구일까
세숫대야 속에 삶은 달걀처럼 잠긴 얼굴은
봄날이 가면 그뿐
숙취는 몇 장 지전 속에서 구겨지는데
몇 개의 언덕을 넘어야 저 흙먼지들은
굳은 땅속으로 하나둘 섞여들는지

나의 플래시 속으로 들어온 개

그날
너무 캄캄한 길모퉁이를 돌아서다가
익숙한 장애물을 찾고 있던
나의 감각이, 딱딱한 소스라침 속에서
최초로 만난 사상事象, 불현듯
존재의 비밀을 알아버린
그날, 나의 플래시 속으로 갑자기, 흰

엄마 걱정

열무 삼십 단을 이고
시장에 간 우리 엄마
안 오시네, 해는 시든 지 오래
나는 찬밥처럼 방에 담겨
아무리 천천히 숙제를 해도
엄마 안 오시네, 배추잎 같은 발소리 타박타박
안 들리네, 어둡고 무서워
금 간 창틈으로 고요히 빗소리
빈방에 혼자 엎드려 훌쩍거리던

아주 먼 옛날
지금도 내 눈시울을 뜨겁게 하는
그 시절, 내 유년의 윗목

달밤

누나는 조그맣게 울었다.
그리고, 꽃씨를 뿌리면서 시집갔다.

봄이 가고.
우리는, 새벽마다 아스팔트 위에 도우도우새들이 쭈그려 앉아
채송화를 싹뚝싹뚝 뜯어 먹는 것을 보고 울었다.
맨홀 뚜껑은 항상 열려 있었지만
새들은 엇갈려 짚는 다리를
한 번도 빠뜨리지 않았다.

여름이 가고.
바람은, 먼 남국 나라까지 차가운 머리카락을 갈기갈기 풀어 날렸다.
이쁜 달이 노랗게 곪은 저녁,
리어카를 끌고 신작로를 걸어오시던 어머니의 그림자는
달빛을 받아 긴 띠를 발목에 매고, 그날 밤 내내
몹시 허리를 앓았다.

겨울·눈·나무·숲

눈[雪]은
숲을 다 빠져나가지 못하고
여기저기 쌓여 있다.

"자네인가,
서둘지 말아."
쿵, 그가 쓰러진다.
날카로운 날[刃]을 받으며.

나는 나무를 끌고
집으로 돌아온다.
홀로 잔가지를 치며
나무의 침묵을 듣는다.
"나는 여기 있다.
죽음이란
가면을 벗은 삶인 것.
우리도, 우리의 겨울도 그와 같은 것"

우리는
서로 닮은 아픔을 향하여
불을 지피었다.
창 너머 숲속의 밤은
더욱 깊은 고요를 위하여 몸을 뒤채인다.

내 청결한 죽음을 확인할 때까지
나는 부재할 것이다.
타오르는 그와 아름다운 거리를 두고
그래, 심장을 조금씩 덥혀가면서.

늦겨울 태어나는 아침은
가장 완벽한 자연을 만들기 위하여 오는 것.
그 후에
눈 녹아 흐르는 방향을 거슬러
우리의 봄은 다가오고 있는 것이다.

시인 2
── 첫날의 시인

바다를 향한 구름이 하나 살았다.
물새들이 가끔씩 그의 가슴을 뚫고 지나갔다.
혹은 그냥 모른 척 지나기도 하였다.
구름은 일천 일을 바다를 향해 살았다.
그 사이에 뭍에서는 꽃이 피고 새가 울고 일천 명의 어부가 태어났다.
......
바람이 심하게 부는 어느 겨울날,
구름은 귀퉁이부터 조금씩 허물어져 눈이 되었다
일천 일을 내린 눈은 바다 가장 깊숙한 곳으로 가라앉아
일천 마리 고기 떼가 되었다.
일천 명의 어부는 그물을 던졌다.
꼬리와 지느러미는 그들이 먹고, 내장은 처자에게 주고
나머지는 버리었다.
바람이 심하게 부는 어느 겨울날,
어부들은 일천 해리 먼 바다에 나가 영영 돌아오지 않았다.
일천 일을 물귀신으로 헤매이다, 그들은 한 덩어리로
하늘에 올라가 구름이 되었다.
......
바다를 향한 구름이 하나 살았다.

어느, 바람이 심하게 부는 겨울날
한 어부가 그물에 걸리었다.
마을 사람들이 그의 그림자를 떼어갔다.
눈[雪]은 바다를 메울 듯이 내리었다.

가을에 1

잎 진 빈 가지에
이제는 무엇이 매달려 있나.
밤이면 유령처럼
벌레 소리여.
네가 내 슬픔을 대신 울어줄까.
내 음성을 만들어줄까.
잠들지 못해 여윈 이 가슴엔
밤새 네 울음소리에 할퀸 자국.
홀로된 아픔을 아는가.
우수수 떨어지는 노을에도 소스라쳐
멍든 가슴에서 주르르르
네 소리.
잎 진 빈 가지에
내가 매달려 울어볼까.
찬바람에 떨어지고
땅에 부딪혀 부서질지라도
내가 죽으면
내 이름을 위하여 빈 가지가 흔들리면
네 울음에 섞이어 긴 밤을 잠들 수 있을까.

허수아비
──누가 빈 들을 지키는가

밤새 바람이 어지럽힌 벌판,
발톱까지 흰, 지난여름의 새가 죽어 있다.
새벽을 거슬러 한 사내가 걸어온다.
얼음 같은 살결을 거두는 손.
사내의 어깨에 은빛 서리가 쌓인다.

빈 들에 차가운 촛불이 켜진다.

잎·눈·바람 속에서

나무가 서 있다. 자라는 나무가 서 있다. 나무가 혼자 서 있다. 조용한 나무가 혼자 서 있다. 아니다. 잎을 달고 서 있다. 나무가 바람을 기다린다. 자유롭게 춤추기를 기다린다. 나무가 우수수 웃을 채비를 한다. 천천히 피부를 닦는다. 노래를 부른다.

나는 살아 있다. 해빙의 강과 얼음산 속을 오가며 살아 있다.

바람이 분다. 바람이 은빛 바늘 꽂으며 분다. 기쁨에 겨워 나무는 목이 멘다. 갈증으로 병든 잎을 떨군다. 기쁨에 겨워 와그르르 웃는다. 나무가 웃는다. 자유에 겨워 혼자 춤춘다. 폭포처럼 웃는다. 이파리들이 물고기처럼 꼬리치며 떨어진다. 흰 배를 뒤집으며 헤엄친다. 바람이 빛깔 고운 웃음을 쓸어간다. 청결한 겨울이 서 있다.

겨울 숲 깊숙이 첫눈 뿌리며 하늘이 조용히 안심한다.

새벽이 오는 방법

밤에 깨어 있음.
방 안에 물이 얼어 있음.
손은 영하 1도.

문을 열어도 어둠 속에서 바람이 불고 있다. 갈대들이 쓰러지는 강변에 서서 뼛속까지 흔들리며 강기슭을 바라본다. 물이 쩍쩍 울고 있다. 가로등에 매달려 다리[橋]가 울고 있다. 쓰러진 나무들이 어지러이 땅 위에서 흔들린다. 다리 가득 유리가 담겨 있다. 이 악물며 쓰러진다. 썩은 나무 등걸처럼 나는 쓰러진다. 바람이 살갗에 줄을 파고 지났다. 쿡쿡 가슴이 허물어지며 온몸에 푸른 노을이 떴다. 살이 갈라지더니 형체도 없이 부서진다. 얼음가루 사방에 떴다. 호이호이 갈대들이 소리친다. 다들 그래 모두모두— 대지와 아득한 거리에서 눈[雪]이 떨어진다. 내 눈물도 한 점 눈이 되었음을 나는 믿는다. 강 속으로 곤두박질하며 하얗게 엎드린다. 어이어이 갈대들이 소리쳤다. 우린 알고 있었어, 우린 알았어—
　끝없이 눈이 내렸다. 어둠이 눈발 사이에 숨기 시작한다. 도처에서 얼음가루 날리기 시작한다. 서로 비비며 서걱이며 잠자는 새벽을 천천히 깨우기 시작한다.

쓸쓸하고 장엄한 노래여

가라, 어느덧 황혼이다
살아 있음도 살아 있지 않음도 이제는 용서할 때
구름이여, 지우다 만 어느 창백한 생애여
서럽지 않구나 어차피 우린
잠시 늦게 타다 푸시시 꺼질
몇 점 노을이었다
이제는 남은 햇빛 두어 폭마저
밤의 굵은 타래에 참혹히 감겨들고
곧 어둠 뒤편에선 스산한 바람이 불어올 것이다
우리는 그리고 차가운 풀섶 위에
맑은 눈물 몇 잎을 뿌리면서 낙하하리라
그래도 바람은 불고 어둠 속에서
밤이슬 몇 알을 낚고 있는 흰 꽃들의 흔들림!
가라, 구름이여, 살아 있는 것들을 위해
이제는 어둠 속에서 빈 몸으로 일어서야 할 때
그 후에 별이 지고 세상에 새벽이 뜨면
아아, 쓸쓸하고 장엄한 노래여, 우리는
서로 등을 떠밀며 피어오르는 맑은 안개 더미 속에 있다.

388번 종점

구겨진 불빛을 펴며
막차는 떠났다.

적막으로 무성해진 가슴 한켠 공지空地에서
캄캄하게 울고 있는 몇 점 불씨
가만히
그 스위치를 끄고 있는 한 사내의 쓸쓸한 손놀림.

노을

하루종일 지친 몸으로만 떠돌다가
땅에 떨어져 죽지 못한
햇빛들은 줄지어 어디로 가는 걸까
웅성웅성 가장 근심스런 색깔로 서행西行하며
이미 어둠이 깔리는 소각장으로 몰려들어
몇 점 폐휴지로 타들어가는 오후 6시의 참혹한 형량
단 한 번 후회도 용서하지 않는 무서운 시간
바람은 긴 채찍을 휘둘러
살아서 빛나는 온갖 상징을 몰아내고 있다.
도시는 곧 활자들이 일제히 빠져 달아나
속도 없이 페이지를 펄럭이는 텅 빈 한 권 책이 되리라.
승부를 알 수 없는 하루와의 싸움에서
우리는 패배했을까. 오늘도 물어보는 사소한 물음은
그러나 우리의 일생을 텅텅 흔드는 것.
오후 6시의 소각장 위로 말없이
검은 연기가 우산처럼 펼쳐지고
이젠 우리들의 차례였다.
두렵지 않은가.
밤이면 그림자를 빼앗겨 누구나 아득한 혼자였다.
문득 거리를 빠르게 스쳐가는 일상의 공포
보여다오. 지금까지 무엇을 했는가 살아 있는 그대여
오후 6시
우리들 이마에도 아, 붉은 노을이 떴다.

그러면 우리는 어디로 가지?
아직도 펄펄 살아 있는 우리는 이제 각자 어디로 가지?

비가
── 좁은 문

1

열병은 봄이 되어도
오는가, 출혈하는 논둑, 미나리 멍든 허리처럼
오는가 분노가 풀리는 해빙의 세상
어쩔 것인가 겨우내 편안히 버림받던
편안히 썩어가던 이파리들은 어쩔 것인가
분노 없이 살 수 없는 이 세상에
봄은 도둑고양이처럼
산, 들, 바다. 오! 도시
그 깊은 불치의 언저리까지 유혹의 가루약을 뿌리고 있음을
겨울잠에서 빠져나오는
단 한 자루의 촛불까지도 꺼뜨리는 무서운 빛의 비명을
침침한 시력으로 떨고 있는 낡은 가로등 발목마다
화사한 성장의 여인, 눈물만큼씩의
쓸쓸한 애벌레들의 행렬을
빙판에 숨죽여 엎드린 썰매. 날카롭게 잘린
손칼만큼의 공포를
아는가 그대여. 헛됨을 이루기 위한 최초의 헛됨이
3월의 스케이트장처럼 다가오는 징조를
곧이어 비참한 기억으로서 되살아날
숨가쁜 유혹의 덫이 그리움의 가면을 쓰고 있는 것을.

우중雨中의 나이
── 모든 슬픔은 논리적으로 규명되어질 필요가 있다

1

미스 한, 여태껏 여기에 혼자 앉아 있었어? 대단한 폭우라구. 알고 있어요. 여기서도 선명한 빗소리가 들려요. 다행이군. 비 오는 밤은 눅눅해요. 늘 샤워를 하곤 하죠. 샤워. 물이 떨어져요. 우산을 접으세요. 나프탈렌처럼 조그맣게 접히는 정열? 커피 드세요. 고맙군. 그런데 지금까지 내 생을 스푼질해온 것은 무엇이었을까. 시시한 소리예요. 기형도 씨 무얼 했죠? 집을 지으려 했어. 누구의 집? 글쎄 그걸 모르겠어. 그래서 허물었어요? 아예 짓지를 않았지. 예? 아니, 뭐. 그저…… 치사한 감정이나 무상 정도로, 껌 씹을 때처럼.

2

등사 잉크 가득 찬 밤이다. 나는 근래 들어 예전에 안 꾸던 악몽에 시달리곤 한다. 시간의 간유리. 안개. 이렇게 빗소리 속에 앉아 눈을 감으면 내 흘러온 짧은 거리 여기저기서 출렁거리는 습습한 생의 경사들이 피난민들처럼 아우성치며 떠내려가는 것이 보인다. 간혹씩 모래사장 위에서 발견되기도 하는 건조한 물고기 알들.

봄이 가고 여름이 가면 그런 식으로 또 나의 일 년은 마취약처럼 은밀히 지나가리라. 술래를 피해 숨죽여 지나가듯. 보인다. 내 남은 일생 곳곳에 미리 숨어 기다리고 있을 숱한 폭우들과 나무들의 짧은 부르짖음이여.

3

고양일 한 마리 들여놨어요. 발톱이 앙증맞죠? 봐요. 이렇게 신기하게 휘어져요. 파스텔같이. 힘없이 털이 빠지는 꼴이란…… 앗, 아파요. 할퀴었어요. 조심해야지. 정지해 있는 것은 언제나 독을 품고 있는 법이야.

4

시험지가 다 젖었을 것이다. 위험 수위. 항상 준비해야 한다.
충분한 숙면. 물보다 더욱 가볍게 떠오르기. 하얗게 씻겨 더욱 찬란히 빛나는 삽날의 꿈. 당신의 꿈은?

5

지난봄엔 애인이 하나 있었지. 떠났어요? 없어졌을 뿐이야. 빛의 명멸. 멀미 일으키며 침입해오던 여름 노을의 기억뿐이야. 사랑해보라구? 사랑해봐. 비가 안 오는 여름을 상상할 수 있겠어? 비 때문은 아녜요. 그렇군. 그런데 뭐 먹을 것이 없을까?

6

그리하여 내가 이렇게 묻는다면. 미스 한. 혼자 앉아서 이젠 무엇을 할래? 집을 짓죠. 누구의 집? 그건 비밀. 그래. 우리에게 어떤 운명적인 과제가 있다면. 그것은 애초에 품었던 우리들 꿈의 방정식을 각자의 공식대로 풀어가는 것일 터이니. 빗소리. 비. 속의 빗소리. 밖은 여전히 폭우겠죠? 언제나 폭우. 아. 그러면 모든 슬픔은 논리적으로 논리적으로, 논리⋯⋯ 300원의 논리. 여름엔 여름옷을 입고 겨울엔 겨울옷을 입고?

우리는 그 긴 겨울의 통로를 비집고 걸어갔다

그리하여
겨울이다. 자네가 바라던 대로
하늘에는 온통 먹물처럼 꿈꾼 흔적뿐이다.
눈[雪]의 실밥이 흩어지는 공중 한가운데서
타다 만 휴지처럼 한 무더기 죽은 새들이 떨어져 내리고
마을 한가운데에선
간혹씩 몇 발 처연한 총성이 울리었다
아무도 예언하려 하지 않는 시간은
밤새 세상의 낮은 울타리를 타넘어 추운 벌판을 홀로 뒹굴다가
몽환의 빗질로 우리의 차가운 이마를 쓰다듬고
저 혼자 우리의 기억 속에서 달아났다.
알 수 있을까, 자네
꿈꾸고 있는 것은 무엇인가
굳게 빗장을 건 얼음판 위에서 조용한 깃발이 되어
둥둥 떠올라 타오르다 사라지는 몇 장 불의 냉각을
오, 또 하나의 긴 거리, 가스등 희미한 내 기억의 미로를
날아다니는 외투 하나만큼의 허전함.
겨울 오후 3시, 그 휘청휘청한 권태의 비탈
텅 빈 서랍 속에 빛나는 압정 한 개
춥죠? 음. …… 춥군. 그런데 무엇을 보고 계십니까
그리하여 수평으로 쓰러지는 한 컵의 물. 한 컵 빛의 비명.
잠자는 물. 그 빛나는 죽음. 얼음의 꿈. 토막토막 끊어지는 초침.
우리는 세상과 타협하지 않은 최후의 무리였다.

모든 꿈이 소멸된 지상에 홀로 남아
두꺼운 외투와 커피 한 잔으로
겨울을 정복하는 꿈을 꾼다.
춥죠? 음. …… 춥군. 그런데 무엇을 보고 계십니까
거리를 한 개 끈으로 뛰어다닐 때의 해질 무렵
건물마다 새파랗게 빛나는 면도 자국.
이것이 희망인가 절망일 건가 불빛 속에서
낮게낮게 솟아오르는 중얼거림
깨지 못하는 꿈은 꿈이 아니다. 미리 깨어 있는 꿈은 비극이다.
포도鋪道 위에 고딕으로 반사되는 발자국마다
살아 있다. 살아 있다. 끝없이 이어지는 희미한 음향을
듣는가 자네 아직도 꿈꾸며
우리는 그 긴 겨울의 통로를 비집고 걸어갔다.

레코오드판에서 바늘이 튀어 오르듯이

그것은 어느 늦은 겨울날 저녁
조그만 카페에서 일어난 일이었다
누구를 기다리기로 작정한 것도 아니었다
부르기 싫은 노래를 억지로 부르듯
흑인 가수의 노래가 천천히
탁자에는 시든 꽃 푸른 꽃 위에는 램프
어두웠다 벽면에 긴 팽이모자를 쓴
붉고 푸른 가면들이 춤추며
액자 때문은 아니었다
예감이라도 했던들 누군가
나를 귀찮게 했던들 그 일이 일어날 수 있었겠는가
나는 대학생이었다
뚜렷한 이유도 없이 그래서 더욱 무서웠다
가끔씩 어떤 홀연한 계기를 통하여
우리는 우리의 전 청춘이
한꺼번에 허물어져버린 것 같은
슬픔을 맛볼 때가 있듯이
레코오드판에서 바늘이 튀어 오르듯이
그것은 어느 늦은 겨울날 저녁
조그만 카페에서 일어난 일이었다

나는 마른 나뭇가지처럼 힘없이
천천히 탁자 아래로 쓰러졌다.

도로시를 위하여
―― 유년에게 쓴 편지 1

1

도로시. 그리운 이름. 그립기에 먼 이름. 도로시.

나는 아직도 너를 기억한다. 그 얕은 언덕과 어두운 헛간, 비가 내리던 방죽에서 우리가 함께 뛰어놀던 그리운 유년들. 네 빠른 발과 억센 손은 같은 또래의 사내아이들을 제치고 언제나 너를 골목대장으로 만들어주었지. 우리는 아무도 여자애 밑에서 졸병 노릇 하는 것을 불평하지 않았다. 언젠가 위험을 무릅쓰고 꺾어 온 산나리꽃 덕분에 네가 내게 달아준 별 두 개의 계급장도 난 잊을 수 없다. 모두가 네 명령 밑에서는 즐겁고 가벼웠다. 네가 혼혈 소녀였던 것도 아무런 문제가 되지 않았다. 어머니의 죽음 앞에서 한 방울의 눈물도 흘리지 않았던 용감한 도로시. 네가 고아원으로 떠나던 날의 그 이슬비를 아직도 나는 기억한다. 네가 떠나자 우리는 얼마나 슬펐는지 모른다. 서로 번갈아가며 대장 노릇도 해봤지만 아무런 흥미도 없었다. 도로시. 그러나 우리가 어떻게 다시 재밌는 전쟁놀이를 시작했는지 알고 있니? 우리는 마치 네가 우리와 함께 놀고 있는 것처럼 행동했다. 공터에서 술래잡기를 하고 철길 위를 뛰어다녔다. 네가 명령을 내렸다. 도로시. 우리는 서로의 눈빛만 보아도 너의 명령을 알아차렸다. 너는 어디에도 없었지만 비어 있는 대장의 자리에서 늘 웃고 있었다. 언제이던가 나는 네가 늘 앉아 있던 자리에 남몰래 찐빵을 갖다놓은 적도 있었단다. 그렇게 우리는 네가 없어도 너와 함께 즐겁게 놀 수 있었다. 그것은 모두 너에 대한 우리의 짧은 사랑 때문이었겠지.

2

도로시. 먼 이름. 멀기에 그리운 이름. 도로시.

너는 그 머나먼 대륙으로 떠나기 전에 딱 한 번 우리 마을에 들렀었다. 가엾은 도로시. 너는 오지 말았어야 했다. 우리는 벌써 네가 필요 없었다. 너는 주근깨투성이, 붉은 머리의 말라깽이 소녀에 불과했다. 왜 그날도 이슬비가 내렸는지 모른다. 그날 마을 어귀에서 네가 보여준 그 표정, 도로시. 그것은 슬픔이었을까, 아니면 대장으로서 보여줄 수 있었던 마지막 비웃음이었을까. 그 후 우리는 재빨리 나이가 먹었고 쉽게 너를 잊었다. 도로시. 그러나 절대로 우리가 버릴 수 없는 도로시. 그리운 이름.

가을 무덤
― 제망매가

누이야
네 파리한 얼굴에
철철 술을 부어주랴

시리도록 허연
이 영하의 가을에
망초꽃 이불 곱게 덮고
웬 잠이 그리도 길더냐.

풀씨마저 피해 날으는
푸석이는 이 자리에
빛바랜 단발머리로 누워 있느냐.

헝클어진 가슴 몇 조각을 꺼내어
껄끄러운 네 뼈다귀와 악수를 하면
딱딱 부딪는 이빨 새로
어머님이 물려주신 푸른 피가 배어 나온다.

물구덩이 요란한 빗줄기 속
구정물 개울을 뛰어 건널 때
왜라서 그리도 숟가락 움켜쥐고
눈물보다 찝찔한 설움을 빨았더냐.

아침은 항상 우리 뒤켠에서 솟아났고
맨발로도 아프지 않던 산길에는
버려진 개암, 도토리, 반쯤 씹힌 칡.
질척이는 뜨물 속의 밥덩이처럼
부딪치며 하구로 떠내려갔음에랴.

우리는
신경을 앓는 중풍병자로 태어나
전신에 땀방울을 비늘로 달고
쉰 목소리로 어둠과 싸웠음에랴.

편안히 누운
내 누이야.
네 파리한 얼굴에 술을 부으면
눈물처럼 튀어 오르는 술방울이
이 못난 영혼을 휘감고
온몸을 뒤흔드는 것이 어인 까닭이냐.

새로 찾아낸 미발표 시

껍질

공중으로 솟구친 길은
그늘을 끼고 돌아왔고
아무것 알지 못하는 그는
한 줌 가슴을 버리고
떠났다.

차창 안쪽에 비쳐오는
낯선 거리엔
대리석보다 차가운
내 환영이 떠오른다
아무것 알려 하지 않는 그는
미련 없이 머리를 깎았다.

그는 나보다 앞선 세월을 살았고
나와 동갑이었다.

감싸안은 두 발이
천장을 디디고 휘청거리는데
단단히 굳어버린 포도鋪道엔 바람이 일고
이 밤은 여느 때마냥 춥다

귀가

당신이 세수하신 물에선
항상 짠 냄새가 나요
가끔은 몇 개씩
조개껍질이 둥둥 떠 있어요
고양이털이 가늘게 부드러워
새벽에 흘린 코피가 아직까지 젖어 있고
집은 멀기만 한데
신발 끈이 자꾸만 풀어져요.
당신을 잊고 있는 밤이면, 어머니
우주비행사가 잃어버린
장갑 한 짝이
우리 집 꽃밭에 소리 없이
별똥처럼 내려앉을 것입니다.

수채화

가느다란 새의 다리가
어항 속에 잠겨 있다.

하얀 살에서
말갛게 비치는
푸른 정맥

투명한 물 위엔
어떤 붕어가 잃고 간
아가미 한 쪽.

빨간 장미를 보여주세요
빨간 장미.

깃털처럼
흰 화폭에
파도가 잘게 배어 나온다.

팬터마임

방 안에는
새로 탄생한 아이들이
인형을 가지고 놀고 있었다.
한 아이가
손을 들었다
눈에서 물이 나왔다
그 아이는
수염이 돋아 있었고
손에 붕대를 감았는데
내가 끝없이 붕대를 풀자
놀랍게도 벌거숭이가 되었다
그 아이가 손목을 던졌고
그것은 빨간 장갑이었다
눈물이 묻은 빨간 장갑이었다.

희망

이젠 아무런 일도 일어날 수 없으리라
언제부턴가 너를 생각할 때마다 눈물이 흐른다
이젠 아무런 일도 일어날 수 없으리라

그러나
언제부턴가 아무 때나 나는 눈물 흘리지 않는다

아버지의 사진

어떤 강물도 그의 성역을 범람하진 못했으리라
한세상 뜬구름만 잡으려 길을 떠난 아버지는
뜬구름으로 돌아와 사각 빤닥종이 위에 복고풍으로 앉아
은화 같은 웃음만 철철 흘리고 계셨다
대리석으로 기둥을 댄 그의 신전 밑동에서
일찍이 사금파리 따위로 손가락을 베어내는
못생긴 재주만을 익힌 나의 남국의 방에서
나는 출발했던 것일까 아버지의 성역에선
날감자 냄새 유충의 알같이 모여 있는 햇빛의 등속
평화란 그런 것이니라. 세상의 끝 간 데는 한 가닥
바람도 일지 않았더라 밤이 들어 새앙쥐들이 물고
뜯는 더러운 달빛이나 풀벌레들의 고요한 입술을 보았느냐
어떤 강물도 나의 성역을 범람하지 못했던 까닭은
내가 때로는 혼탁한 강물로 먼저 흐르고 비가 되기 전에
먹구름 속으로 물총새처럼 파묻혔던 것을. 아들아, 세상은
살아볼 만한 것이냐 너의 파닥거리는 경험 이전에
나는 이미 너의 중심을 잡는 늑골이 되어 있느니라
해바라기 커다란 청동잎새 지는 가을날 뜨락
오랜 시간의 질곡은 언제나 습한 순풍으로 후대의
피를 덥혀주고 우리가 사랑에 힘입고 무럭무럭 자라날 때
어떠한 평야를 살찌우지 못하랴 어느 광야를 잠재우지 못하랴
사랑이란 이름으로 평화란 이름으로 되살아 흘러내릴 강물 속으로
아버지의 다리에 구겨진 칼날 같은 흔적조차 미더운 전설임에랴.

풀

나는
맹장을 달고도
초식할 줄 모르는
부끄러운 동물이다

긴 설움을
잠으로 흐르는 구름 속을 서성이며
팔뚝 위로 정맥을 드러내고
흔들리는 영혼으로 살았다.

빈 몸을 데리고 네 앞에 서면
네가 흔드는 손짓은
서러우리만치 푸른 신호
아아
밤을 지키며 토해낸 사랑이여
그것은 어둠을 떠받치고 날을 세운
네 아름다운 혼인 것이냐

이제는 뿌리를 내리리라
차라리 웃음을 울어야 하는 풀이 되어
부대끼며 살아보자
발을 얽고 흐느껴보자

맑은 날 바람이 불어
멍든 배를 쓸고 지나면
가슴을 울궈 솟구친
네가 된 나의 노래는
떼 지어 서걱이며
이리저리 떠돌 것이다.

꽃

내
영혼이 타오르는 날이면
가슴앓는 그대 정원에서
그대의
온밤내 뜨겁게 토해내는 피가 되어
꽃으로 설 것이다.

그대라면
내 허리를 잘리어도 좋으리.

짙은 입김으로
그대 가슴을 깁고

바람 부는 곳으로 머리를 두면
선 채로 잠이 들어도 좋을 것이다.

교환수

요일을 알 수 없는 하루
그 속을 비집고 들어가면
바람 없이 우수수 이파리를 터는
슬픈 노인의 초상이 우뚝 섰다.

우리는 눈물 한 항아리 가슴에 싣고
흔들리는 영아嬰兒로 달려와
방울방울 남을 주며, 버리며
남김없이 가슴을 비우고
흔들리는 고목으로 달려간다.

처음부터 우리는
손바닥에 손금을 새기듯
각기 노인의 초상 하나를 키우며
그렇게 성장하는 것이다.

그 사이에 꽃이 피고,
바람을 섬기는 아동 하나
세월을 건네주는 교환수의 헝클어진 얼굴을 하고
요일 없이 돌아가는 겨울 속에 주저앉는다.

시인 1

나의 혼은 주인 없는 바다에서 일만 갈래
물살로 흘렀다. 일천 갈래는 고기 떼로 표류
하였다. 그중 너덧 마리는 그물에 걸리었다.
한 마리는 뭍에 오르자 곧 물새가 되어 날아갔다.
부리가 흰 물새는 한 번도 울지 못하고 죽었다.
그는 하늘에 올라가 구름이 되었다. 물새의 혼은
구만리 공중을 날다가 비가 되었다. 내릴 데
없는 물 같은 비가 되었다.

아이야 어디서 너는

아이야, 어디서 너는 온몸 가득 비를 적시고
왔느냐. 네 알몸 위로 수천의 강물이 흐른다. 찬
가슴팍 위로 저 세상을 향한 강이 흐른다.

갈밭을 헤치고 왔니. 네 머리카락에 걸린 하얀 갈꽃이
누운 채로 젖어 있다. 그 갈꽃 무너지는 서산西山을 아비는
네 몸만큼의 짠 빗물을 뿌리며 넘어갔더란다. 아이야
아비의 그 구름을 먹고 왔느냐.

호롱을 켜려무나. 뿌옇게 몰려오는 소나기를 가득 담고
어둠 속을 흐르는, 네 눈을 켜려무나. 하늘에 실노을이
서행西行하고 어른거리는 불빛은 꽃을 쫓는다.

닦아도닦아도 흐르는 꽃술[花酒] 같은 네 강물.
갈꽃은 붉게붉게 익어가는데, 아이야 네 눈 가득
아비가 젖어 있구나.

고독의 깊이

한차례 장마가 지났다.
푹푹 파인 가슴을 내리쏠며 구름 자욱한 강을 걷는다.
바람은 내 외로움만큼의 중량으로 폐부 깊숙한
끝을 부딪는다
상처가 푸르게 부었을 때 바라보는
강은 더욱 깊어지는 법
그 깊은 강을 따라 내 식사를 가만히 띄운다.
그 아픔은 잠길 듯 잠길 듯 한 장 파도로 흘러가고……
아아, 운무 가득한 가슴이여
내 고통의 비는 어느 날 그칠 것인가.

약속

아이는 살았을 때 한 가지 꿈이 있었다.
아무도 그 꿈을 몰랐다.

죽을 때 그는 뜬 눈이었다고 한다.
그리고 별이 졌다고……

겨울, 우리들의 도시

지난겨울은 빈털털이였다.
풀리지 않으리란 것을, 설사
풀어도 이제는 쓸모없다는 것을
무섭게 깨닫고 있었다. 나는
외투 깊숙이 의문 부호 몇 개를 구겨넣고
바람의 철망을 찢으며 걸었다.

가진 것 하나 없는 이 세상에서 애초부터
우리가 빼앗을 것은 무형의 바람뿐이었다.
불빛 가득 찬 황량한 도시에서 우리의 삶이
한결같이 주린 얼굴로 서로 만나는 세상.
오, 서러운 모습으로 감히 누가 확연히 일어설 수 있는가.
나는 밤 깊어 얼어붙는 도시 앞에 서서
버릴 것 없어 부끄러웠다.
잠을 뿌리치며 일어선 빌딩의 환한 각에 꺾이며
몇 타래 눈발이 쏟아져 길을 막던 밤,
누구도 삶 가운데 이해理解의 불을 놓을 수는 없었다.

지난겨울은 빈털털이였다.
숨어 있는 것 하나 없는 어둠 발뿌리에
몸부림치며 빛을 뿌려 넣는 수천의 헤드라이트!
그 날[刃]에 찍히며 나 또한 한 점 어둠이 되어
익숙한 자세로 쓰러질 뿐이다.

그래, 그렇게 쓰러지는 법을 배우며 살아남을 수 있었다.
온몸에 시퍼런 절망의 채찍을 퍼붓던 겨울 속에서 나는!

거리에서

우리가 오늘 거둔 수확은 무엇일까 그대여 하고 물으면
갑자기 지상엔 어둠, 거리를 질주하는 바람기둥.
그대여, 우리는 지금 출구를 알 수 없는
거대한 도화지 위에 서 있다.
제각기 하루의 스위치를 내리고
웅성이며 사람들이 돌아가는 시간이면
도시의 끝에서 끝까지 아픈 다리를 데리고 걸으면서
우리는 누구도 시간을 묻지 않았다. 문득
우리의 궤적으로 그어진 꺾은선 그래프에 허리를 찔리우고
어디에도 갈 곳이 없었기에 어둠이 달려왔다.
어둠이여 그러나 숨길 그 무엇이 있어 너를 부르겠는가
빌딩 너머 몇 점 노을로도 갑자기 수척해지는 거리를 보며
우리는 말없이 서 있을 뿐이다.
전신으로 서 있을 뿐이다 어둠이여

왜 우리는 세상에 이 크나큰 빈 상자 속에 툭
툭 채집되어야 했을까
팽팽하게 얼어붙는 한 장 바람의 형상이 되어
우우 어디로 가서 기댈까
우리가 활활 소멸할 수 있는 미지의 불은 어디?
우리는 도시의 끝, 그 바람만 줄달음치는 역사驛舍를 배회하였다.
그러나 여객운임표로 할당되는 가난한 우리의 생.
갈 곳은 황량한 도시뿐이었다.

그래도 어딘가 낯선 도시 한켠에 주저앉아 휘파람 부는
우리 같은 사람들이 살아 있을까.
그 믿음을 무엇이라 부를까.

우리는 무엇을 두려워했던 것일까.
늘 시간이 정지해 있는 도시.
푯말 없이 오늘도 캄캄하게 버티고 선
아아, 잎 뚝뚝 떨어지는 우리들의 도시.
급류처럼 참혹하게 살고 싶었다, 우리
현재는 언제나 삶의 끝임을 잘 알고 있었다. 그리하여 절벽에서 뒤돌아보는
우리의 조용한 행적은?

어둠이 정적의 보자기를 펼럭여 세상을 덮고
온통 바람만 이삭처럼 툭툭 굴러다니는 도시에
페이지를 넘기면 막 가을이구나.
그대여, 추수하기에 너무도 우리의 생은 이르다.
그러나 우리가 적막으로 폐허가 된 뜨락에 부끄럽게 설 때
오, 그래도 당당하게 드러나는
몇 움큼 퇴비로 변한 우리들의 사랑
가자, 얼굴을 감춘 그대여
개인으로 살기에는 너무도 힘겨운 세상
함께 가자, 어디에든 노을은 피고 바람 속에서 새벽은 오는 것

이제는 일생을 걸어야 할 때, 지친 하루를 파묻고 일어서면
캄캄한 어느 골목에선가 휘파람처럼 폭풍처럼
아아, 화강암 같은 시간의 호각 소리가 우릴 부르고 있네

어느 날

그대도 알 거야
노을이나 눈[雪] 욕설
바람 부는 것
엘리어트 시집 한 권 값
예리한 나이프로 잘려 나간
몇 장 기억 같은 것
물론 그대도 알 거야
거리 곳곳에 포스터처럼 발려 있는
선명한 면도 자국 같은
알 거야
봄 여름 가을, 겨울
이 광막한 시대의
얼음의 원리, 나이테 측정법 같은
1시, 2시, 1시 30분까지도
그대 역시 알 거야
알겠지, 빠짐없어······
?
가만, ······
그런데?

이 쓸쓸함은……

누구였을까
직선의 슬픔같이
짧은 밤 간이역 호각 소리같이
한 사나이가 비밀처럼 지나갔다.
상관없는 일이다. 1981년 평범한 가을
목 쉰 불빛 몇 점
구겨진 마른 수건처럼 쓸쓸한 얼굴
내가 그를 지나쳤다
불빛 가운데 새하얀 생선 가시
몇 개로 떠 있는 나무
군복의 외로운 각집.
상관없는 일이다. 1981년 평범한 가을
쿵, 쿵, 쿵, 쿵
그런데 누구였을까
외투도 없이 얼핏
쉼표처럼 막막한 이 쓸쓸함은……

쓸쓸하고 장엄한 노래여 2

슬프구나
벌레 먹은 햇빛은 너무도 쇠잔하여
마른 풀잎 하나 건드리지 못한다.
이제 한 도막 볏짚만큼 짧은 가을도 숨죽여 지나가고
적막한 벌판에 허수아비 하나 남아
마른 수건처럼 쓸쓸한 가을의 임종을
두 눈 부릅뜨고 지켜보고 있다
그리하여 앙상한 빈 들엔 시간이 가파르게 이동하고
이치를 아는 바람의 무리만이
생각난 듯 희뜩희뜩 떠다닐 것이다.
곧 밤이 되리니 겹쳐 꾸는 꿈속에서
암초에 걸린 맨발로
핼쑥한 하얀 달 하나 떠오르고
기진한 덩굴손 같은 달빛 몇 줄기로
단단히 동여맨 가을의 시체를 끌고 이리저리 떠돌다
새벽이면 세상 빈자리마다
얼어붙은 땀을 쏘며 사라질 것이다.
죽음이여, 그러나 언제 우리가
너를 두려워했던 적이 있었던가
상식으로 무장한 이 세상에서
새로 태어나는 것이 어디 있으며 새롭게 소멸하는 것이
무엇이냐. 오, 지폐처럼 흩날리는 우리의 생애 속에서
얼마나 오랫동안 우리는

숱한 겨울과 싸워 이겨왔던 것이냐, 보아라
필생의 사랑을 껴안고 엉켜 쓰러지는 일년초의 아름다움이여.
불어라, 바람아 우리가 가을을 잃은 부족部族으로 헤매이다
바람아, 불어라 어느 시린 거리에서 풀썩이는 꽃처럼 쓰러져도
힘차게 튕겨지는 씨앗의 형상으로
우리는 견고하게 되살아나
불어라 바람아, 우리 몸이 가장 냉혹한 처형의 창고에 던져지고
바람아 불어라, 우리 목숨이 식은 노을 퍼붓는 거리에서
한 장 얼음으로 결박될지라도
아, 그러나 그 무엇이 다가와
창날같이 부릅뜬 우리의 눈빛을 거두겠는가
죽었는가, 장엄한 우리여, 누가 우리를 죽음이라 부르겠는가.

얼음의 빛
— 겨울 판화

겨울 풀장 밑바닥에 피난민처럼 아직도 남아 있는 것은 무엇이어요?
오늘도 순은으로 잘린 햇빛의 무수한 손목들은 어디로 가요?

제대병

위병소를 내려오다가 문득 뒤돌아본 1982년
8월 27일의 부대 진입로 무엇이 따라오며
내 낡은 군복 뒤에서 소리쳐 부르고 있었을까
부르느냐 잡으면 탄피처럼 후두둑 떨어지는 사계
여름을 살면서 가을을 불시착하고 때로는
하찮은 슬픔 따위로 더러운 그리움으로
거꾸로 돌아가기도 했던 헝클어진 시침의 사열

떠나야 하리라
단호히 수입포 가득 음습한 시간의 녹 닦아내며
어차피 우리들 청춘이란 말없음표 몇 개로 묶어둔
모포처럼 개어둔 몇 장 슬픔 아니던가
많은 기다림의 직립과 살아 있지 않음들 또한 땅에 묻히리라
잊혀지리라 가끔씩 낯선 시간 속에서 뒤늦게 폭발하는
불발탄의 기억에 매운 눈물 흘리며
언젠가는 생을 낙오하는 조준선 위로 떠오르는
몇 소절 군가의 후렴에 눈살 찌푸리며 따라 일어설
기억들이란 간직할 것이 못 되었다.
물론 먼먼 훗날 계급장 떼어버린 더욱 각도 높은 경례의 날을
살아가다가 거리에서 문득 마주치는
군용 트럭 가득가득 실린 젊음의 중량 스쳐가며
마지못해 쓸쓸히 웃겠지만
그때까지 무엇이 살아 있어 내 젊은 날 눈시울 축축이 적셔주던

흙길의 군화 자국 위에서 솟구쳐 올라
굳은 땅 그득히 흘려줄 내부의 눈물 간직할 건가

잘 있거라 돌아보면 여전히 서 있는 슬픔
또한 조그맣게 잘리며 아스라히 사거리射距離를 벗어나는
표적지처럼 멀어지거늘
이제 나는 어두운 생의 경계에 서서
밤낮으로 시간의 능선을 넘어오는 낮은 기침 소리 하나하나 생포하며
더욱 큰 공포와 마주 서야 하는 초병이 되지 않으면 안 되었다.
잘 있거라 내 젊은 날 언제나 가득히
그 자리 고여 있을 여름, 그 처연한 호각 소리여
훈련이란 우리들 행군간의 뒤돌아보지 않는 연습의 투사일진대
오, 처음으로 마지막으로 발견하는 하늘
입간판을 돌아설 때 한꺼번에 총을 겨누는 사계
뒤돌아보면 쏜다. 그리하여 두 손 들고 내려오면 위병소
그 질척한 세월의 습곡 아아, 사나이로 태어나서

소설

영하의 바람
겨울의 끝
환상일지
미로
그날의 물망초
어떤 신춘문예
노마네 마을의 개
면허

영하의 바람*

시외버스는 끝없이 달렸다. 길옆으로 바퀴에 밟혀 흩어지는 흙먼지가 뽀오얗게 차창을 가렸다. 해는 찌는 듯이 내리쬐었다. 나는 오른손을 들어 햇볕을 막으려 차양을 만들었으나 두 눈으로 강렬하게 쏟아지는 햇볕 때문에 자꾸만 눈을 찡그렸다. 시간은 어느덧 정오를 지나고 있었다.

가방 속에는 엄마가 넣어준 빵과 과자가 들어 있었다. 그러나 배는 고프지 않았다. 앞에 앉은 김 목사님은 차 타고 나서부터 죽 말이 없으셨고, 차창 밖을 향해 얼굴을 돌려 이마에서 흐르는 땀을 이따금씩 훔치실 뿐이었다. 말이 없는 것은 현희 누나도 마찬가지였다. 누나는 두 손에 꼬옥 보라색 뿔목걸이를 붙잡고 있었다. 나도 한마디도 하지 않았다. 사실은 어떠한 말도 할 필요가 없었다. 소사가 가까워올 때 누나는 골을 짚으며 얼굴을 찡그렸다. 코끝으로 땀이 방울져 있었다. 누나는 차멀미가 심한 편이었다.

"멀미 나?"

내가 힘없이 물었다. 누나는 잠자코 있었다. 얼굴이 점점 새하얘졌다.

* 『연세춘추』에서 제정·시상하는 '박영준문학상' 가작 입선작(1979).

"괜찮아."

누나는 나를 쳐다보며 억지로 웃어 보였다. 희미한 미소가 입 끝에 나타났다가 금방 스러졌다. 누나의 눈과 마주쳤다. 누나는 얼른 고개를 떨구었다.

가방을 열고 누나는 고구마 과자를 꺼냈다. 누나가 한 주먹 덜어서 나에게 주었다. 나는 사실 아무것도 먹고 싶지 않았지만 과자를 뿌리칠 수는 없었다. 달팽이처럼 뱅뱅 원을 그린 고구마 과자를 깨물었다. 까만 흑설탕이 박힌 선을 따라서 조금씩 과자를 뜯어먹기 시작했다. 그러나 반도 못 먹고 10원짜리 동전만 한 과자를 의자 밑에 떨어뜨렸다. 이어 과자를 담은 왼손이 밑으로 처졌다. 과자가 와그르르 떨어졌다. 목사님이 쳐다보셨다. 그리고 급히 고개를 돌리셨다. 누나는 더욱더 괴로운 표정을 지었다. 나는 걱정스레 누나를 쳐다보았다. 얼마나 더 가야 될까. 다 왔어야 할 텐데. 나는 목사님에게 아주 작게 물었다.

"……고아원, 아직 멀었어요?"

내 목소리가 너무 작아 목사님은 고개를 힘껏 뒤로 젖혔다.

"다 왔다. 다음 정거장이야."

목사님도 승객이 아무도 듣지 못할 만큼 작게 말했다. 누나 얼굴이 점점 새하얘졌다.

"좀 참아, 다 왔대."

나는 조금 힘 있게 말했다. 누나는 쳐다보지도 않은 채, 고개를 끄덕였다.

그날 오후는 4월답지 않게 폭염이었다. 들판에서 아지랑이는 불꽃처럼 뜨거이 타올랐다. 버스가 섰다. 우리는 내렸다.

신작로 위에는 꽃 한 송이 피어 있지 않았다. 목사님이 말없이 약간 앞서 걷기 시작했다. 누나는 양손에 책가방과 짐가방을 들었다. 나도 내 책가방을 들고 누나 뒤를 따랐다. 누나는 고개를 꼿꼿이 하고 힘 있게 걸어갔다.

십 보步도 못 가 누나가 주저앉았다. 새하얀 얼굴에 핏기가 한꺼번에 몰렸다. 누나가 토하기 시작했다. 나는 얼른 다가가서 등을 두드렸다. 하얀 토사액이 금방 풀썩이는 길가 흙을 축축이 적셨다. 나는 계속 두드렸다. 누나가 다 토한 후에도 한참이나 나는 더 두드렸다. 누나가 왼손으로 입가를 닦으며 힘없이 일어섰다. 누나는 얼마나 심하게 토했던지 눈에 눈물이 맺혀 있었다. 목사님이 물끄러미 바라보고 계셨다. 나는 얼른 고개를 숙이고 입술을 깨물었다. 누나와 나는 다시 걸었다. 정말 더운 날이었다. 나는 책가방을 끌듯 비칠비칠 걸었다. 그러나 누나는 다시 고개를 들고 재빨리 목사님 뒤를 따라 걷는 것이었다. 우리들 얼굴 가득히 땀같이 끈적거리는 것이 흘러내렸다. 정말 더웠다.

오늘 우리 반 아이들은 내가 왜 학교에 가지 않았는지 아무도 모를 것이다. 어제까지만 해도 나는 아이들과 교실에서 분필 던지기 놀이를 했다. 칠판에 커다랗게 겹겹이 원을 그리고 분필로 맞히는 장난이었다. 용주는 꽤 나를 따랐다.

"내일 반장 선거에는 틀림없이 네가 될 거야."

용주는 힘껏 팔을 젖히면서 분필을 던졌다. 우리는 어제저녁 제방을 따라 걸어오면서 삘기를 뽑아 먹으면서 놀았다.

"넌 공부도 잘하니까."

용주는 그렇게 말했다.

오늘 우리 학급은 반장 선거를 했을 것이다. 선생님도 급우들도 다 놀랐겠지.

"이창후 결석인가?"

선생님은 코를 쥐고 코밑을 쓱쓱 비비며 생각하실 것이다.

"웬일일까, 반장 선거하는 날에……"

아버지가 구정을 쇠고 나서 이틀 후에 쓰러지던 날 나는 빙판에서 썰매를 타고 있었다. 평범한 겨울날이었다. 썰매는 여느 때마냥 10미터도 못 가고는 빙판의 자잘한 흠에 걸려 넘어지곤 했다. 안방에서, 마을 사람들이 입이 옆으로 돌아간 아버지를 눕히고 침쟁이 할아버지를 데리러 뛰어나가고 들어오고 할 때, 나는 줄줄 땀을 흘리며 현관을 들어섰다. 엄마는 의외로 침착하셨다.

"중풍이야."

'소사성육원'은 버스 정류장에서 그리 멀지 않았다. 김 목사님은 아치 모양의 함석으로 테를 두른 고아원 정문을 눈짓으로 가리키셨다. 우리는 말없이 목사님을 따라 들어갔다. 정문에서 돌멩이가 울퉁불퉁 깔린 소로小路를 따라 약간 올라가다가 왼쪽으로 꺾어진 곳에 원장의 사택이 있었다. 하얀 단층 양옥이었다. 정원이라고 할 수 있는 마당엔 거칠게 손질된 관상목이 가는 철근 기둥 사이로 보기 좋게 심어져 있었다. 마루에 책가방을 내려놓고 현희 누나는 손등으로 얼굴의 땀을 닦다가, 생각난 듯 가방을 열고 수건을 꺼내 내 얼굴을 닦아주었다.

원장은 철테 안경을 끼고 반쯤 대머리가 까진 중년이었다. 나는 동화책에서 읽어 알고 있는 내 상상 속의 고아원과 이 원장의 사택을 보면서 까닭 모를 흥분을 느꼈다. 내 양아버지 될 사람.

"얘는 초등학교 5학년, 쟤는 6학년입니다."

목사님은 원장에게 나와 누나를 눈짓으로 짚으면서 말하셨다. 사택에서 고아원 건물은 바로 보였다. 붉은 벽돌집 교회와 그 앞에 조잡한 놀이터. 그네 몇 개와 시소, 나무 벤치. 교회 맞은편으로는 양계장처럼 길다랗게 세 줄로 늘어선, 허름한 슬레이트 건물. 원아들이 모두 학교에 나가 있을 시간이라서인지 고아원은 조용했다. 그것이 일종의 청결한 느낌을 주었다. 불볕더위 속에서 마당과 작은 운동장이 거의 흰색으로 지글지글 타고 있었다. 멀리 건물 뒤로, 동물원 테두리처럼 굵은 철사가 마름모꼴로 정밀하게 얽힌 울타리가 비잉 둘러쳐 있는 게 보였다.

누나는 입을 꼭 다물고 있었다. 목사님과 원장이 이야기하고 있는 동안 식모가 밥상을 들고 들어왔다. 점심밥, 식모는 누나와 내 앞에 밥상을 놓고 우리에게만 들릴 만큼 작게 말했다.

"많이 먹어둬. 앞으로는 이런 밥상 대하기 힘들 거야."

누나는 방바닥만 내려다보며 입술을 꽉 깨물고 있었지만, 나는 식모의 눈을 찌를 듯이 노려보았다.

"먹어둬라. 뱃속은 항상 든든해야 하니까."

원장의 우리에 대한 첫마디였다. 그의 대머리에서 인중을 향해, 순간, 땀방울 하나가 스르르 굴러떨어졌다. 김 목사님이 우리에게 식사를 채근하는 듯이 먼저 숟가락을 드셨다. 사실 반찬 가짓수는 우리 집에서 먹던 것보다 세 배 많았다. 그러나 국은 너무 짰다. 누나와 나는 시장했지만 밥맛이 없었다. 밥은 반 그릇도 우리에게 먹히지 않은 채 하얀 배를 드러내고 버려졌다. 내가 조심스레 숟가락을 탁자 위에 내려놓자, 목사님은 잠시 나를 바라보시고는 다시 식사를 계속하셨다. 원장은 계속 밥을 먹었다. 쉬지 않고 햇볕은 관상목 위로 그림자 한 뼘 남기지 않은 채 내리쬐었다.

아버지는 식물인간처럼 방에만 누워 있었다. 병원에서 퇴원한 후, 반신불수로 우리에게 돌아온 아버지의 입은, 쓰러지던 첫날, 얼굴

왼쪽으로 거의 30도 삐뚤어져 있었던 것이 어느 정도 제자리로 돌아와 있었다. 그것이 나에게 어느 정도 혐오감을 풀어주었다. 퇴원하여 집에 돌아온 날 아랫목에 길게 쓰러져 있던 그. 내가 그의 발치에 쪼그려 앉아 동물원의 사자를 보듯 말똥말똥 바라보고 있을 때, 그의 왼쪽 성한 발바닥이 천천히 움직여 내 팔목을 툭툭 건드리면서, 백치 같은 반쪽 웃음을 흘리던 아버지. 아아 그것은 어린 내 가슴에 뜨거운 불비처럼 퍼붓는 절망, 그것이었다.

큰누나는 고등학교 2학년이었는데 학업을 중단할 수는 없었다. 그것은 큰누나가 그나마 우리 집에 영양을 공급해야 할 연약한 뿌리였기에. 둘째 누나는 중학교 3학년이었는데, 곧 신문 배달에 나섰다. 내가 새벽에 일어났을 때, 항상 둘째 누나는 추운 겨울 아침, 온몸에 서리를 뒤집어쓴 채, 창백한 뒷모습으로 사라진 후였다. 나는 우리 집이 얼마 동안 이러한 최악의 균형을 유지할 수 있을까에 대해 생각하곤 하였다. 셋째 누나였던 현희 누나가 점점 말이 없어지던 때가 그즈음으로 기억된다. 또한 김 목사님이 그즈음 엄마와 자주 만나 이야기하실 때, 현희 누나와 나는 우리 식구 중 누군가가 동화 『사랑의 가족』에서처럼 가족과 헤어져 있어야 할 것이라는 희미한 예감을 느꼈다.

아버지가 그의 병과 바꾸어 우리에게 남긴 것은 거의 아무것도 없었다. 천 평 정도로 임대받아 짓던 배추밭은 엄마 혼자에게 벅찬 짐으로 다가왔다.

우리의 유일한 땅이었던 냇가 건너 밭은(꽤 컸던 것으로 기억된다) 아버지 입원비로 헐값에 팔린 채 우리 가족의 품을 떠났다. 아버지의 명성과, 마을에서의 추앙도 물거품처럼 사라졌다.

식사는 끝났다. 목사님은 빨리 자리를 뜨고 싶으신 눈치였다. 원장이 담배를 피워 물었다. 뽀오얀 담배 연기가 계란의 흰자위가 끓는 물에 풀어지듯 허공에서 녹아들고 있었다. 하루는 서서히 저녁을 향하여 기울기 시작했다. 하늘 먼 곳의 구름이 해를 엷게 비껴 지나갈 때마다, 마루 위에는 커다랗게 독수리 날개같이 어두운 그림자가 간간이 스쳐 지나갔다.

목사님이 일어서셨다. 순간 현희 누나와 나는 서로 눈을 맞부딪쳤다. 누나의 눈동자에 얼핏 당혹한 빛이 서리었다가 금방 사라졌다.

"공부 열심히 하고…… 원장님 말씀 잘 듣거라. 그러는 게 어머니 아버지에 대한 너희들 효도란다."

목사님이 신발을 신고 마당으로 내려섰다. 몇 발자국 가다 다시 돌아보시곤 찬찬한 눈길로 우리를 바라보셨다. 멀리 이글거리는 길 위로 목사님의 모습이 점차 땅과 섞이면서 아주 사라졌을 때 우리에게는 뜻 모를 해방감이 공포와 더불어 다가왔다. 이젠 고아원 생활이다. 우리는 따뜻한 밥, 부모의 사랑, 하얀 운동화, 소풍과 김밥, 동화책과 멸치볶음을 체념했다. 비정상적으로 살아야 한다는 슬픔은 교묘한 보호의 껍질을 체념으로 위장하고, 세상에 굴복하지 않겠다는 야무진 다짐으로 우리는 눈에 불을 켰다. 목사님이 아주 떠나셨을 때, 우리는 속세의 번뇌가 깡그리 청산되도록 피나는 수도를 연마해야 할 승려의 마음가짐이었다.

곧 우리는 본격적인 고아원 생활에 용감히 돌입하였다. 원장이 언제 불렀는지 곱상하게 생긴 여자가 우리를 데리고 닭장같이 늘어선 슬레이트 처음 건물로 들어갔다. 그녀는 나이가 삼십이 넘어 보이는 여자였는데 머리를 곱게 쪽 찌어 청결히 빗고 있었다. 눈에 잔주름이 많고 검은 그늘이 눈 밑에 반원을 그리고 있었지만 무섭지는 않았다. 유 선생님이라고 했다.

문을 열고 들어서니 확 하고 어둠침침한 공기가 검은 연기처럼 퍼져왔다. 복도가 길게 뻗은 양옆으로 '희망반' '온유반' '사랑반' 등의 팻말이 주욱 붙어 있었다.

"여기는 여자애들 방이야."

나는 예감했던 슬픔에 휩싸였다. 결국 우리는 다른 방을 쓰는구나. 하루에 몇 번이나 누나를 볼 수 있을까. 나는 누나를 쳐다보면서 유 선생에게 떨리는 음성으로 물어보았다.

"남자애들…… 방은 따로 있나요?"

"응, 이 바로 뒤가 남자애들 숙소이고 그 뒤는 비품실 같은 곳이 있어."

해는 어느덧 기울고 있었다.

아이들이 돌아올 시간이 거의 되었다. 나는 고아원 사내애들을 머릿속에 떠올렸다. 주먹, 부르튼 입, 상소리, 머리에 우글거리는 이[虱], 코피…… 아이들이 하나둘 유리창 너머 나타나기 시작했다.

유 선생의 방 안에는 동화책들이 잔뜩 꽂혀 있었다. 유 선생은 저녁 식사 때까지 여기 있으라고 말하고 방을 나갔다. 오늘 처음으로 가진 누나와 나의 단둘만의 시간은 끈끈한 감상 속으로 우리를 몰아갔다. 누나는 가방을 열고 고구마 과자를 꺼내었다. 나는 고개를 가로저었다. 동화책을 폈지만 글자 하나 눈에 들어오지 않았다. 우리는 서로 아무 말도 하지 않았다. 우리는 우리가 애써 다진 단단한 가슴의 보호막이 실상은 얼마나 약한가를 알고 있었으며, 우리의 대화가 몇 마디 말로써도 그 보호막을 산산이 부숴버릴 수 있다는 사실을 잘 알고 있었다.

오후의 먼지 같은 햇살이 방 안에서 동쪽을 향해 비껴 지나가고 있었다. 아이들의 소리가 들려왔다. 우리는 술래잡기 놀이를 하듯 아이들에게 들키지 않게 창 쪽으로 몸을 붙였다. 이러한 긴장과 두려움을 하루 사이에 길들이기에 우리는 너무나 어렸다. 아이들의 떠드는 소리가 물속에서 소리치듯 아득히 들려오면서 나에게는 약솜처럼 고요한 피곤이 슬그머니 밀려들기 시작했다.

눈을 떴을 때, 창문에는 쥐색빛 바탕에 둥글고 길쭉한 붉은 무늬가 그려진 커튼이 묵직하게 걸려 있었다. 그러나 그것은 노을이었다. 아아, 고아원 창문을 통해서 보는 노을은 왜 그리 아름다웠을까. 노을은 수류탄이 터지듯 공중에서 펑펑 터져 갈기갈기 구름을 적시고 있었다.

누나는 아직도 자고 있었다. 짐가방과 책가방을 양 겨드랑이에 꼭 낀 채, 오른 어깨 위에 비스듬히 기댄 얼굴. 침이 천천히 흐르고 있는 반쯤 벌어진 입. 나는 누나를 거세게 흔들었다.

"일어나, 일어나."

누나는 선선히 눈을 떴다.

잠시 몽롱한 잠의 후유증에 빠져 있더니, 방 안을 둘러보고는 체념한 듯, 두 눈을 부비고 턱 아래 깊숙이 흘러내린 침을 손등으로 쓰윽 닦았다.

유 선생이 들어왔다. 미소를 지으며 문을 반쯤 열어놓은 채, 그녀는 말했다.

"저녁 식사 시간이야, 식당으로 가자."

우리는 일어섰다. 그때 나는 하마터면 소리를 지를 뻔했다.

유리창 너머 박박머리 사내애 둘이 방 안을 들여다보고 있었다. 창턱이 높아서인지, 호기심 어린 눈과, 힘줄 새빨간 손등과 거의 하늘을 향한 콧구멍만 보였다. 나는 곧 마음을 굳게 먹고, 그들에게 나의 공포에 질린 얼굴을 보여서는 안 될 것이라는 계산을 재빨리 하고 그들을 마주 보았다. 그러나 공포에 질려 보이는 것은 오히려 그들이었다.

식당은 길다란 나무 탁자와 좌우로 놓인 의자가 한 조를 이룬 것이 열 개 정도 놓여 있었다. 우리는 몇 번째 조엔가 섞이어 고아, 그들과 한자리에 섞이어 처음으로 고아가 되었다. 식사에 대한 감사 기도 후에 나는 우리의 식탁을 바라보았다. 나는 기억한다. 김치는 두 가지였는데 새하얀 깍두기와 새파란 배추김치였다. 그것도 파, 마늘, 고추 등은 하나도 찾아볼 수 없는 김치. 국은 배춧국이었는데, 이렇게 더운 날 밖에 내다 놓으면 소금을 구워낼 수 있으리만치 짰다. 그러나 더 짰던 것은 우리의 똘똘 뭉친 마음이었다. 꽁보리밥에 가까운 그것을 우리는 원장댁의 풍요한 식사보다 더 많이 먹었다. 헉헉거리며 나는 이마의 땀을 훔쳐가면서 열심히 먹었다. 그러나 현희 누나와 나를 흘끔거리며 바라보는 다른 애들이 아쉬운 듯 숟가락을 놓았을 때, 나의 밥은 거뭇거뭇 아직 반이나 남아 있었다. 그러나 그러한 밥은? 밥. 밥. 밥? 밥 세끼를 먹는다는 것이 살아가는 데에 필요한 영양의 보급이라는 물질적인 뜻이 아니라, 가족의 평화에 얼마만큼 중요한 것인가에 대해서 절실히 느낀 것은 얼마 전이었다. 입에 풀칠한다는 평범한 말이 생생한 현실로 닥쳐와 맛본 사람이 아니면 그 참뜻을 모른다. 큰누나, 둘째 누나들은 학교에 점심을 싸 갖고 가지 않았다. 친구들이 물으면 살 뺀다고 넘겨버렸다. 한번은 둘째 누나가 도시락을 싸 갖고 가게 되었다. 도시락 반찬으로 갈치를 싸 갖고 갔는데, 밥 위에 찐 갈치, 그 허연 비늘이 풀처럼 덮여진 종이 냅킨같이 얇은 갈치였다. 그 갈치에 고춧가루를 치며 맛있게 보이려고 애쓰는 둘째 누나의 손끝이 가늘게 떨리고 있었다. 현희 누나와 나는 쌀을 아끼기 위해?

나는 이상한 눈길이 내 밥그릇에 머문 것을 의식했다. 본능적으로 나는 밥그릇을 왼손으로 꽉 부여잡았다. 맞은편에 다갈색 입술이 안으로 말린 계집아이가 나를 보고 있었다. 나도 연방 밥을 퍼 넣으며 몰래몰래 다른 아이들 얼굴을 훔쳐보았다. 그러나 나는 약간의 실망을 느꼈다. 팽팽한 적대감, 텃세, 기죽이려는 고집스런 얼굴, 이게 아니었다. 무표정한 얼굴, 무관심한 얼굴이 태반이었고, 우리같이 새로 들어온 아이들을 보는 경우는 아주 흔한 일인 것 같았다.

식사를 마치고 나서, 그날 밤 우리는 정식으로 소개되었다. 현희 누나와 나는 갈라졌고 나는 남자 원아들의 숙소인 두번째 건물로 김 선생이라는 남자를 따라 들어갔다.

'성실반'에는 초등학교 5, 6학년 또래의 사내애들이 열 명 남짓 앉아 있었는데, 상당히 지친 모습들이었다. 바닥은 엿기름 종이 같은 진한 갈색 장판이었고 천장과 벽은 비교적 깨끗한 흰색이었으며, 사물함 비슷한 것이 선반 형식으로 늘어져 있었다. 벽장이 조금 열려 있었는데, 바랜 군용 담요가 얼핏 눈에 들어왔다.

나는 책가방을 놓고 한쪽 구석에 엉거주춤 일어섰다. 반장을 해본 적이 있는 나는 여러 사람 앞에 섰을 때 결코 떨지 않았었다. 그러나 이때 나는 발목을 다친 줄광대가 줄 앞에 섰을 때처럼 아득한 기분이었다. 내장이 환히 들여다보이는 벌레처럼, 두려움으로 창백하게 일어섰다. 무표정하고 지리한 눈길들이 나를 쏘아왔다. 열두 살 또래의 묘한 반항심이, 격리된 세계 특유의 기질과 합치되어 암팡진 눈빛을 번득이고 있었다.

김 선생의 지시를 따라 나는 태연을 가장하려는 몸짓으로 뒷짐을 지고 말했다. "저는…… 이……창후입니다. 앞으로…… 잘…… 5학년인데요…… 서울 도륜초등학교 다니다가……"
 나는 주저앉을 수밖에 없었다. 얼굴이 불에 덴 듯이 화끈거렸다. 김 선생은 앞으로 좋은 친구가 되라고 말하고 나갔다.
 우리는 잠시 벽에 등을 기댄 채 앉아 있었다. 몇몇 아이들이 수군수군 그들끼리의 얘기를 하였고, 몇몇 아이들은 나에게 무엇을 물어보려는 눈치였으나 말을 거는 아이는 하나도 없었다. 나는 초조해지기 시작했다.
 나는 차라리 그들이 나에게 신입 신고를 시키고 따귀를 갈겨주기를, 그리하여 내가 꾹 참고 매를 맞으며 내 푸릇한 독기를 자랑할 수 있기를 기다렸는지도 모른다. 그러나 그들은 석고상들처럼 묵묵히 앉아 있기만 했다. 얼마 후 실장같이 보이는 애가 잠을 자자고 말했고, 아이들이 주섬주섬 일어나 옷을 벗기 시작했다. 몇 아이가 벽장문을 열고 낡은 군용 담요와 분홍색 누비이불 몇 조각을 꺼내 폈다.
 아이들은 생각처럼 탄탄한 힘살을 가지고 있었고, 어떤 아이는 가슴이 툭 튀어나와 있기도 했다. 나의 러닝셔츠와 팬티는 잿빛 우중충한 하늘에 흰 비둘기처럼 선명하였다. 나는 그 부끄러움에 얼른 맨 구석 이불을 들치고 들어갔다.
 한 아이가 불을 껐다. 잠을 청하려고 눈을 붙였으나 천만 가지 상념들이 머리에 가득 찼다. 아무도 아무런 말을 하지 않았다. 바깥에서 김 선생 같아 보이는 발소리가 들렸다. 나는 이제는 오히려 편안한 감정을 가질 수 있었다. 유대감, 좋은 단어, 서로 말은 없었지만 우리는 우리를 느꼈다(고아원이라고 진짜 고아들만 있지는 않다. 내 경우와 같이 부모에게 부양 능력이 없을 때 멀쩡한 아이들이 고아가 되는 일은 허다하다).
 김 선생이 문을 열고 손전등을 한 바퀴 비춘 후에 문을 닫았다. 발소리가 천천히 사라져갔다. 밤은 고요 속에서 천천히 그 어둠을 드러냈다. 마주 보이는 벽의 작은 창문 사이로 나무의 검은 실루엣이 보였다. 밤하늘이 새파랗다는 사실을 아는가! 새파란 밤하늘에 검은 나무의 실루엣, 몇 개의 별이 과일처럼 가지 끝, 잎새 위에 얹히고, 달빛이 타오르듯 나무의 어깨 위에 부서지고 있었다. '성실반' 안에서도 빨간 별 하나가 불꽃처럼 빛을 뿜고 있었다.

사실 그것은 불꽃이었다. 담뱃불. 저쪽 끝에 세 아이가 일어나 앉아 있었다. 팬티만 입은 그들의 어깨선이 부드럽고 힘차게 떠올랐다. 한 대의 담배를 셋이 나눠 피우는 모양이었다. 내 쪽에서 얼굴이 비스듬히 보이는 아이가 천천히 연기를 뿜었다. 연기가 아름다운 공허가 되어 금방 사라졌다.

아침은 자연스럽게 허리에 차가운 손을 밀어 넣어 나를 일으켰다. 나의 어설픈 혼란을 가라앉히기도 전에, 나는 길게 종이 울리는 것을 들었다. 종이 나를 깨웠는지 내가 깨어나 종소리를 들었는지 생각할 겨를도 없이, 다른 아이들이 후다닥 몸을 일으키고는 이불을 개기 시작했다.

나는 유리창을 통해 비치는 칼날 같은 예리한 햇빛에 난자되는 얼굴을 돌리며 충분한 잠을 허락해준 신에게 감사했다. 모든 혼란은 이미 잠 속에 가라앉아 있었다. 나는 얼른 일어나 옷을 주워 입고 아이들이 몰려 나가는 곳을 향해서 걸음을 재촉했다.

성당 내부는 내가 다니던 주일 학교 예배당보다 세 배는 더 크고, 아름답고 성대하였다. 오르간이 울리고 우리는 신의 아들인 것처럼 짐짓 엄숙한 얼굴을 하고 성가를 부르기 시작했다.

저 하늘나라 나 올라가

주님께 날마다 더 가까이

집으로 돌아오던 오솔길은 꽤 길었다. 그날따라 일찍 끝난 주일학교 예배를 마치고 현희 누나와 나는 말없이 걸어오고 있었다. 누나는 핼쑥한 얼굴이었는데, 무슨 말을 할 듯 말 듯 하려다가 입을 다물곤 하였다. 집이 거의 가까워왔을 때 누나는 조용히 입을 열었다.
"이번 주일 내로, 너와 내가 고아원에 가게 될 것 같애."
나는 그냥 고개를 끄덕였고 누나는 잠자코 고개를 숙였다.
전학 수속이 끝나지 않아 아침에 홀로 남게 된 나는 텅 빈 고아원 운동장에서, 마찬가지로 놀이터 의자에 앉아 있는 현희 누나를 발견하고 다가갔다.
"언제부터 학교 갈 수 있는 거야?"
"글쎄, 내일모레쯤."
누나의 얼굴은 상당히 평온해 보였다.
"밥은 많이 먹었니?"
"응, 한 그릇 다 먹었어."
나는 그네를 향하여 뛰어갔다. 커다란 포플러나무 아래 나는 높이 높이 하늘로 날아올랐다. 점점 뜨거워지는 오전의 햇볕에 하얗게 바랜 땅 위로, 내 그림자가 동그랗게 움직이고 있었다. 누나가 걸어왔다. 약간 웃는 모습이었으나 초췌해 보였다.

'저 하늘나라 나 올라가
주님께 날마다 더 가까이……'
갑자기 툭! 하고 무엇인가 내 호주머니에서 떨어졌다. 보랏빛 조개 모양의 뿔목걸이.

큰누나는 우리가 집을 떠나오기 전날, 그러니까 그저께, 두 개의 뿔목걸이를 우리 손에 각각 쥐어주고는, 쌓아놓은 이불 위에 머리를 얹고 울었다. 아랫목에서 불상처럼 앉아 있는 아버지는 자꾸만 오른쪽으로 기우는 몸체를 바로잡기 위해 시계추처럼 움직이고 있었다.

떠나던 날, 어제 아침, 나는 엄마가 정류장까지 따라오는 것을 완강하게 거부하였다. 그러나 엄마는 푸석푸석 부은 얼굴로 우리의 가방을 들고, 아침 안개가 뽀얗게 피어오르는 다리를 지나 버스 정류장까지 따라오셨다. 엄마는 버스 정류장 앞 가게에서 과자와 빵을 사서 가방에 넣어주시고는 목사님에게 가볍게 목례를 하였다.

우리가 버스를 탈 때 엄마는 전혀 울지 않았다. 단지 얼굴 아랫부분이 약간 일그러졌을 뿐이었다. 버스가 떠나고 우리가 맨 뒷자리에 자리를 잡고 앉아서 돌아본 엄마의 모습은 갑자기 종이 다리처럼 구겨지는 하반신을 두 손으로 얼싸안으며 쭈그려 앉는 것이었다.

모두가 학교로 떠난 고아원의 운동장은 점차 이글거리며 타오르기 시작했다. 우리는 시소 옆 나무의자에 말없이 앉아 있었다. 운동장은 얼음처럼 새하얗게 빛나며 타올랐다. 그때 누나가 일어나 건물로 들어갔다. 잠시 후 동굴에서 나오듯이 눈부신 햇살에 낯을 찡그리며 누나는 작은 그림자를 끌고서 총총히 뛰어왔다.

"먹을래?"

고구마 과자였다. 갑자기 허기가 거품처럼 부글부글 일기 시작했다. 나는 한 움큼 집은 고구마 과자를 와드득 깨물어 먹기 시작했다. 누나는 가만히 내가 먹는 모습을 보면서 희미하게 웃었다. 그때였다. 예기치 못했던 일이 나타났다.

환각이었을까. 뜨겁게 타오르는 운동장 모퉁이에 하얀 옷이 어른어른 피어올랐다. 우리는 놀라 바라보았다. 그것은 환각이 아니었다. 그것은 분명히 엄마였다. 엄마는 치마폭을 한 손으로 단단히 부여잡고, 남은 손으로 공중을 헤집으면서 달려왔다. 웬일일까. 엄마는 갑자기 갑부가 되어 산타클로스처럼 나타난 것일까? 엄마가 가까이 올수록 우리들 작은 가슴은 공기총을 본 참새들 심장처럼 더욱더 이리저리 거세게 뛰놀았다. 엄마는 얇게 울며 우리의 손을 붙잡았다. 집으로 돌아가자는 것이었다. 죽든 살든 같이 살자는 것이었다. 밤새 못 잔 엄마의 눈가가 푸석푸석하게 부어 있었다.
"하루 한 끼를 먹더라도……"
엄마는 꽉 쉰 목으로 띄엄띄엄 간신히 말을 이었다.
운동장 위에는 소리개 두 마리가 빙빙 원을 그리고 있었다. 그때였다. 현희 누나가 의연히 숙였던 머리를 들고 단호하게 말했다.
"난 여기 남을래. 엄마."
갑자기 엄마의 낯빛이 희어졌다.
"창후만 데리고 가요. 난 남겠어요."
누나는 얼굴을 미끄럼틀 저편 은행나무로 돌리고 입술을 깨물었다. 누나의 타오르는 시선이 은행나무 주변에 떨어지는 은행알처럼 여기저기 종잡을 수 없는 방향으로 떨어졌다. 누나는 다문 입술을 더욱 굳게 다물었으므로 입 부근에는 일그러진 근육이 섬세하게 나타났다.
"창후는 너무 약해서 안 돼요. 그치만 난 견딜 수 있어. 일생 동안 여기 있겠다는 건 아냐. 집 형편이 좋아지면 바로 돌아갈 거야. 여기서도 중학교는 다닐 수 있대."
그건 그랬다. 나는 숫기가 없는 편이었다. 사실 어제 얼마나 초조했던가. 짐짓 동요하지 않으려 했던 나의 마음이 사실은 얼마나 허약해 있었던가. 그에 비해 현희 누나는 힘이 세었으며, 어제만 해도 얼마나 의연하고 꿋꿋한 자세였던가. 웬만한 동갑내기 사내애들과도 싸워 이길 수 있었던 누나였기 때문에 나는 누나를 믿었다. 충분히 견딜 수 있을 거야. 암, 있고말고.

엄마는 계속 울고 있었다. 소리개가 이제는 한 마리만 빙빙 원을 그리며 날다가 막 동쪽 하늘 너머 긴 여운을 남기며 사라졌다. 나는 기뻤다. 이제는 집으로 돌아간다. 그러나 나는 누나를 위하여 슬픈 표정을 지어야 한다는 것을 알았다. 또한 나도 슬펐으므로 나는 충분히 그 표정을 지을 수 있었다. 엄마의 출현은 정말 낮꿈같이 혼란한 것이었다. 나는 그 뒤숭숭한 경황 속에서도 가장 확실히 지녀야 했던 감정을 얼굴 가득히 치장할 수 있었다. 운동장은 드디어 그 열기가 절정에 다다라 있었다. 백지처럼 창백한 운동장 기슭에는 검정에 가까운 관상목이 몇 달을 감지 않은 머리칼처럼 엉켜 뽀오얀 먼지를 뒤집어쓴 채 서 있었다.

아, 떠나는 기쁨이란. 나는 이제 학교로 돌아간다. 만화책, 운동화, 김밥, 흰 머릿수건, 미술대회, 오징어 가이생으로 나는 돌아간다.

단호한 결심으로 석고상처럼 굳은, 그러나 모델처럼 일그러진 듯 입 근처에 미소를 지은 누나는 결국 고아원에 남기로 했다. 방으로 들어가 나는 가방을 들고 나와 엄마에게 들리웠다. 그러고 나서 나는 누나가 머무를 방에 누나와 함께 들어가 짐가방을 열고 누나와 나의 소지품을 정확하게 구분하여 들고 나왔다. 고구마 과자는 누나에게 주었다.

우리가 야반도주하는 사람처럼 우리의 학교를 새어 나와 이곳에 숨어들었듯이, 나는 원장과의 어설픈 두번째 만남의 절차를 거치고, 고아원생들 몰래 아무 일 없었듯이 환상처럼 엄마의 손을 잡고 정문을 나섰다. 누나는 연신 굳은 미소를 지으며 정류장까지 따라왔다. 엄마는 계속 한숨을 쉬시며 간간이 눈물을 닦으셨는데, 나 역시 슬픈 것은 정말이었다. 가장 슬픈 표정을 짓기 위해, 나는 이따금씩 고아원 창백한 건물과 누나를 번갈아 쳐다보며 양미간을 찡그리곤 했다.

버스가 왔다. 아아, 그때 나는 갑자기 구토를 느꼈다. 버스를 향해, 그리고 모두, 아무것이든지 향해 내장 속까지 토하고 싶었다. 매슥 거리는 속을 가라앉히며 목젖까지 메마른 소리로 나는 누나에게 말하였다.

"잘 있어."

"잘 가."

누나는 활짝 웃었다.

나는 먼저 버스를 올라탔다. 엄마가 우시면서 누나와 몇 마디 말을 하고 따라 올라탔다. 버스가 뒤로 한 번 진동을 하더니 부르릉 떠나기 시작했다. 맨 뒷좌석에 앉아 나는 뒤돌아보았다.

누나가 손을 흔들며 서 있었다. 나는 그때 처음으로 현희 누나가 노란색 티셔츠에 보라색 치마를 입고 있음을 알았다. 무지무지 더운 날이었다. 내 얼굴에서 끈적거리는 물이 뚝뚝 떨어졌다. 누나가 멀리멀리 한 점 수평선이 되었을 때 나는 자세를 바로잡았다.

시외버스는 끝없이 달렸다. 엄마는 옆자리에서 고개를 떨군 채 잠자코 계셨다. 차창 밖으로 먼지가 뽀얗게 올랐다. 차창이 먼지로 뒤덮이면서 시야가 흐려졌다. 불현듯 나는 주머니 속에 손을 넣었다. 보랏빛 조개 모양의 뿔목걸이가 집혔다. 나는 창을 열었다. 그리고 사그라지는 먼지를 고스란히 받고 있는 신작로 위에 그것을 힘껏 던졌다. 그때였다. 갑자기 차가운 바람이 얼음 가루 뿌리듯, 차창을 부술 듯이 비집고 들어와, 내 온몸을 싸늘하게 훑고 지나갔다. 아아……

　길은 끝없이 먼 듯이 느껴졌다. 가도 가도 끝없이 보이는 길을 시외버스는 달렸다. 온몸에 소름이 돋는 것을 느끼며 나는 내 얼굴이 흠뻑 젖어 있는 것을 알았다. 분수처럼 추위가 솟아올라 나는 덜덜덜 떨고 있었다.

　신작로는 다시 맹렬한 기운으로 타오르기 시작했다. 창밖으로 똑같은 풍경들이 바람처럼 휙휙 스쳐갔다. 잘 있어, 잘 있어, 나는 중얼거리며 꿈꾸듯이 천천히 눈을 감았다.

겨울의 끝

1

 반쯤 잠을 벗은 상태로 윤국은 무의식적으로 냉기 서늘한 머리맡을 더듬었다. 그것이 하루를 시작하는 그의 습관이었다. 물론 간밤에 누군가 그의 방 안에 잠입하여 어떠한 변화를 남기고 갔을 리는 만무했고, 따라서 윤국의 머리맡은 어젯밤 그가 잠에 들던 상태 그대로였겠지만, 잠에서 깨어날 때마다 그는 자신의 머리맡을 더듬어 보는 것이었다. 그의 손에 냉수 한 그릇과 엊저녁 읽다 만 석간신문 한 장이 집혀졌다. 윤국은 몸을 뒤집고 엎드려서 한 그릇의 추위를 마시기 시작했다. 찬물을 마실 때의 명징한 기분, 짜릿짜릿하게 손마디마디까지 전해오는 차가운 바늘 같은 감각을 그는 사랑했다. 재떨이를 잡아당겨 담배에 불을 붙인 후에 그는 신문을 집어들었다. 항상 그랬듯이 별 내용은 눈에 뜨이지 않았다. 대강대강 지면을 훑어보다가 윤국은 문득 한 기사에 눈을 고정시켰다. "한강 변에서 한 사내 동사凍死. 스물댓 정도의 나이. 치명적 사인死因은 얼어붙기 전에 먹은 치사량의 극약." 대강 이런 내용이었는데, 잠깐 들여다보다가 윤국은 신문을 내동댕이쳐버렸다. 골 빈 놈이 여기도 있었군. 윤국이 신경질적으로 담뱃불을 비벼 껐다.

다시 잠이 몰려들고 있었다. 그는 반사적으로 고개를 좌우로 흔들었다. 창밖에서 바람 소리가 세차게 들려왔다. 창문이 부르르 떨 때마다 깨어진 유리창에 풀빵처럼 오려 붙인 종이 무늬들이 금에서 빠져나오려고 악을 썼다. 구두 소리 몇 개가 지나갔다. 멀리서 따각따각 들려오던 그 소리는 점차 쿵쿵거리는 둔탁한 음향으로 벽을 뚫고 그의 의식 안으로 깊이 잠입해왔고, 윤국이 그 소리에 대하여 미처 방어 자세를 갖추기도 전에 구두 소리는 다시 벽을 뚫고 사라져 갔다. 윤국은 다시 뒤채어 천장을 바라보았다. 머리 위로 수백 개의 동그라미들이 눈발처럼 쏟아져 내렸다. 동그라미들은 윤국의 눈앞까지 커다랗게 다가왔다가 다시 천장으로 조그만 점이 되어 들러붙는 것이었다. 다시 동그라미들이 쏟아져 내리다가, 이번에는 이리저리 모여 얼른 한 얼굴을 만들었다. 순간 윤국이 벌떡 일어났다. 10시 반. 그는 부랴부랴 옷을 주워 입기 시작했다. 승후와의 약속 시간은 이미 30분을 넘기고 있었다.

버스가 흔들리고 있었다. 창밖에는 차가운 겨울바람이 불고 있었다. 겨울 햇살이 엷은 미색으로 유리창 가득 비쳐 들어왔다. 버스가 급우회하면서 동시에 햇살이 그 각도를 바꿔 윤국의 무릎까지 기어 올라왔다. 버스가 흔들릴 때마다 윤국의 무릎 위에서 빛깔이 현란하게 춤추었다. 버스가 섰다. 차들이 죽 밀려 서 있었다. 붉은 신호등 여기저기서 클랙슨 소리가 불협화음으로 울리고 있었다. 갑자기 윤국의 얼굴이 일그러졌다.

벽을 통해서 짜증스러운 기색을 애써 감추려는 듯한 하숙집 아주머니의 음성이 들려왔다. 자정이 가까운 시간이었다. 막 잠이 들려는 때였는지 그녀의 목소리 가득 졸음이 끈적끈적 묻어 있었다.

"학생, 전화 받아요."

윤국은 마루로 뛰어나갔다. 추위 때문에 추리닝 속에서 맨몸이 덜덜 떨리고 있었다.

"여보세요."

"……"

"여보세요. 여보세요…… 여보세요?"

수화기에서 침묵이 흘렀다. 윤국이 가만히 수화기를 왼쪽에서 오른쪽으로 옮겨갔다. 잠시 후 짧은 숨소리가 윤국의 고막을 둔탁하게 두드렸다.

"누구십니까?"

윤국이 낮고 힘찬 소리로 흡사 명령하듯 입을 열었다.

"……승후……"

윤국의 머리에 승후의 대리석처럼 차가운 취한 얼굴이 금환일식처럼 윤곽만 환하게 떠올랐다.

"웬일이야!"

"……후회한다…… 나는…… 자신이 없어. 무섭다. ……만나자. 내일 아침 10시…… 후후."

승후는 짧은 숨소리를 내며 전화를 끊었다. 승후의 목소리는 폭풍주의보를 알리는 풍향계처럼 심하게 떨리고 있었다.

버스가 미끄러지듯 조용히 멈추었다. 다방 '권유'는 한강교가 바라보이는 곳이었다. 문을 밀치고 들어갔을 때, 어둠이 두꺼운 장막을 치고 셔터 내리듯 주르륵 윤국의 시야를 막았다. 구석구석을 뒤져도 승후는 보이지 않았다. 윤국은 갑자기 아득한 절망을 느끼며 구석 자리에 앉았다. 강이 보이고 있었다. 얼음이 은빛으로 빛나고 그 반짝이는 빙하 위로 낮게낮게 새가 날고 있었다. 다리 위에서 차들이 빠르게 움직였다. 다리 난간에 겨울 햇빛이 파도처럼 부딪혔고 그 조각들이 조금씩 윤국이 열어놓은 커튼 사이로 흘러들어왔다. 창밖의 풍경은 다방 안의 어둠, 적막과 묘한 대조를 불러일으키면서 윤국에게 까닭 모를 서글픔을 가져왔다.

윤국의 자리 곁에 수족관이 있었다. 빨간빛, 까만빛의 열대어들이 쉴 새 없이 입으로 물방울을 뿜으며 헤엄치고 있었다. 수조 바닥의 모래를 뒤져 먹으며 '후' 하고 모래를 뱉어냈다. 그들의 꼬리가 바닥을 스칠 때마다 수초와 모래가 뽀얗게 물을 가르며 기포를 일으켰다. 이 열대어들은 자신들이 수조 속에 갇힌 것을 알고 있을까. 열대의 아름답고 푸른 호수나 들끓는 아마존의 바다를 알고 있을까. 자신들이 이 수족관에 갇혀 있다는 것을 깨닫는 의식이 있다면 어쩌면 이들은 죽음을 감행할지도 모른다. 어쩌면 이 열대어들은 모든 것을 알고 있을지도 모른다. 갇혀 있음을 자신들의 운명처럼 감수하고 있는지도 모른다. 그렇다면 그것은 아름다운 생의 도박이다. 아아. 갇혀 있는 장엄한 생명인 것이다. 윤국이 가만히 수족관을 주시하다가 손가락으로 '툭' 하고 어항을 튀겼다. 그러나 열대어들은 눈 한 번 깜짝하지 않고 유유히 꼬리를 흔들며 물방울을 뿜어냈다. 그때, 문득 윤국은 옆얼굴 가득 자신을 바라보는 깊은 눈길을 느꼈다. 그는 천천히, 그러나 그 눈길에 대한 침착한 마음의 준비를 갖추며 얼굴을 돌렸다.

"안녕하세요."

정혜의 억양 없는 목소리에서 갈대가 서걱서걱하는 소리가 들렸다. 윤국은 자리를 고쳐 앉으며, 몸을 사리는 정혜의 파리한 얼굴이 퍽 야위어졌다고 생각했다.

"웬일이십니까?"

"……"

"춥죠?"

"추워요. 무척이나. 그렇지만 창을 통해서 보이는 밖은 퍽 따스해 보이네요."

갑자기 정혜가 재빠르게 지껄이기 시작했다. 그녀는 쉴 새 없이 핸드백을 만지작거렸다.

"승후 씨 왔었어요? 만났어요? 못 만나셨다구요?"

그녀도 승후와 약속이 있었던 모양이었다. 윤국의 말없는 무거운 시선을 느끼자, 그녀는 황망히 고개를 내리 숙이고 굳게 입을 다물고는 납빛 인형처럼 꼼짝도 하지 않았다. 그것은 흡사 아름다운 데스마스크 같았다. 승후는 정혜의 그런 모습을 사랑했던 것이었다. 모든 주위를 거부하려는 듯한 정혜의 닫힌 문門. 그러한 정혜의 눈빛은 누구에게나 차가운 빙벽을 느끼게 했다. 오랜 침묵에 지쳐 윤국의 시선은 다시 수족관으로 돌아갔다. 한 마리. 둘. 세 마리. 그러한 윤국과 정혜의 침묵 속에 보이지 않는 끈이 당겨지고 있었다. 그러나 그 침묵의 한쪽 끈을 당기고 있는 건 윤국 혼자뿐이었으며 정혜는 이미 그 게임을 거부하고 있었다.

"승후 씨를 만나고 오는 길이에요."

윤국은 묘한 배반감을 느꼈다고 생각하면서 한편으로 그는 문득 왜 그녀가 자기에게 그러한 얘기를 꺼내고 있는가 하는 생각이 들었다.

"우리는 한 시간 전에 만났어요. 모든 것은 끝났어요."

"……"

"그를 사랑한 것이 저를 지게 했을 뿐이에요. 이젠 아무것도 남지 않았어요. 아니 아무것도 잃은 게 없어요. 애초부터 아무것도 없었으니깐요."

정혜가 일어섰다. 한쪽으로 쏠려 내리는 머리칼을 쓸어 올린 다음 접혀 있던 치마의 주름을 펴면서 그녀는 말했다. 가겠어요. 억양 없는 목소리였다.

정혜가 나간 후 한참을 앉아 있다가 윤국은 '권유'를 나왔다. 칼날 같은 바람이 사정없이 뺨을 그어댔다. 사람들이 종종걸음으로 뛰어다니고 있었다. 자동차 클랙슨 소리가 잘게잘게 찢어져 여러 가닥으로 몰려들기 시작했다. 그 가닥가닥의 소리가 이번에는 서로 친친 얽혀서 동아줄마냥 굵은 소리로 윤국의 귀를 쑤시고 들었다. 아. 아. 아. 아. 아. 아. 어젯밤 떨고 있던 승후의 목소리가 윙윙 금속성의 울림으로 변하여 윤국을 괴롭혔다.

로터리를 막 돌았다고 느끼는 순간 눈발이 희끗희끗 날리기 시작했다. 이것이 올겨울의 마지막 눈일 것이다. 윤국의 어깨에 눈의 켜가 쌓이기 시작했다. 학교가 가까워왔을 때에는 벌써 눈이 거리 구석구석까지 들어차 있었다. 사람들이 신호등 앞에 모여 파란불이 켜질 때를 기다리며 어깨와 머리의 눈을 털고 있었다. 횡단보도에 무수히 찍힌 발자국 위로 얇게 드러나는 아스팔트 위에 사정없이 눈이 꽂혀 순식간에 그 발자국을 덮었다. 파란불.

방학 속의 캠퍼스는 썰물의 모래밭처럼 윤국의 의식에 새로운 풍경을 보여주었다. 교정의 곳곳 신비롭지 않은 부분이 없었다. 학교 뒤 숲으로 들어섰다. 아무도 앉은 흔적이 없는 벤치 위에 하얗게 눈이 쌓여 있었다. 그는 대강 손으로 눈을 쓸고 앉았다. 은빛 점들이 가득 찬 겨울 하늘을 나뭇가지들이 잘게 금을 그어 여러 조각으로 찢고 있었다. 윤국이 눈을 감았다. 감은 눈앞에서 시간이 혼미하게 춤추었다.
 비가 추적추적 내리고 있었다. 하늘은 온통 검은 그림자 몇 겹으로 가리어져 있었다. 윤국은 어느 지점에서 발을 멈추었다. 누구인가. 누가 이 늦은 밤 아무도 없는 숲속에 쓰러져 있는 것일까. 넓은 활엽수 잎새 가득 빗물 듣는 소리가 요란했다. 다가가는 윤국의 장딴지 부근을 향해 풀잎들이 일제히 빗방울들을 토해냈다. 윤국이 다가가서 우산으로 그를 가렸다.
 "여보세요."
 "가까이, 오지, 마……"
 쓰러져 있는 그가 들릴락 말락 한 그러나 분명한 음성으로 튕기듯이 말했다. 가까스로 쳐든 얼굴, 빗물과 흙으로 뒤범벅된 얼굴 가득, 일순간 번쩍하는 빛을 윤국은 만났다.
 "여보세요."
 윤국은 자신의 목소리가 이미 떨리고 있음을 느꼈다. 쓰러져 있는 그에게는 쉽게 접근할 수 없는 거리가 있음을 직감적으로 느꼈다. 그 사내는 술에 잔뜩 취해 있었다. 그러나 그의 음성은 한 음씩 끊어지면서도 강한 전류가 흐르는 고압선을 연상시켰다. 그의 얼굴이 가면처럼 보인다고 윤국이 느낀 순간 그 가면은 백색 종잇장처럼 허공에 쓰러질 듯 떠올랐다. 사내가 흐늘거리며 일어섰다.
 "후훗, 가까이 오지 마십쇼…… 저리 가세요. 전 아무의 도움도…… 필요 없습니다. ……아시겠어요?"
 윤국이 몇 걸음 물러섰다. 그때 윤국의 뒤에서 인기척이 났다. 윤국이 뒤를 돌아보았을 때 검은 우산을 받쳐 든 한 여자의 실루엣이 빗속을 흐르고 있었다.
 "승후 씨!"

여자의 음성에서 갈대가 서걱거리는 소리가 났다. 윤국이 옆으로 비켜섰다. 승후가 다시 쓰러졌다. 잎사귀들이 물 묻은 소리를 내며 부스럭거렸다. 여자가 다가갔다. 일어나세요. 승후가 벌떡 일어섰다. 여자가 우산을 그에게 가져갔다. 윤국이 몇 발자국 더 비켜섰다.

윤국의 발길에 차여 눈이 흩어졌다. 그가 머리를 흔들자 머리에서 흰 나비들이 우수수 소리치며 떨어졌다. 바람이 가지를 흔들 때마다 흰 나비들은 무거운 음성으로 나무 사이사이로 떼 지어 떨어졌다. 윤국이 일어섰다. 숲을 빠져나올 때 그는 등 뒤에서 나무 꼭대기에 쌓인 눈이 우우 허물어지는 소리를 얼핏 들었다.

문과대 건물을 돌아 나오면서 윤국은 얼른, 죽은 '윤석' 형의 얼굴을 떠올렸다. 형은 거의 5년을 끌다가 죽었다. 교통사고로 머리를 다친 후에 형은 죽음보다도 고요한 가사假死 상태에 빠졌다. 몇 달마다 간혹 의식이 찾아들 때가 있었는데, 그때마다 형은 윤국이 그때까지 한 번도 볼 수 없었던 고통의 표정으로 괴로워했다. 형의 가사 상태와 간혹 죽음처럼 찾아드는 고통의 의식은 주위 사람들에게도 이루 말할 수 없는 아픔을 가져다주었다. 윤국이 대학 1학년이던 겨울에 형은 자연사自然死하였다. 형은 의식이 들 때마다 언제나 자기를 죽여달라고 애원했다. 죽여줘. 죽여줘. 모두가 무서워. 내 육체적 고통보다 내 자신과의 외로움이 더 무서워. 어머니 아버지 모두 나의 식물 같은 살아 있음만으로도 그들의 윤리 의식을 충족시키고 있는 거야. 그들도 남이야.

윤국은 형이 이렇게 악을 쓸 때마다 인간의 외로움이란 지극히 주관적인 것이며, 그러한 주관은 상황의 종속물이라는 것, 또한 그러한 주관은 한 인간의 목숨과도 바꿀 수 있는 마지막 남은 집념이라는 사실을 확인하며 무서움으로 몸을 떨었다. 가사 상태가 5년이나 지속되자 의사는 식구들을 만날 때마다 가망이 없다는 말을 되풀이 함으로써, 은연중에 안락사를 종용하려는 뜻을 비치고 있었다. 그러한 형이 죽기 몇 달 전, 형은 아픔 때문에 구겨진 종이 냅킨처럼 얼굴을 일그러뜨리며 떠듬떠듬 입을 열었다. 형의 눈에 초점이 사라졌다. 형의 동공은 병실 흰 벽의 어느 한 점에 단단한 끈으로 묶여 있는 듯했다. 윤국아. 살고 싶어. 이렇게⋯⋯ 영원히 누워 있⋯⋯더라도, 아⋯⋯ 아. 죽음이 무섭지⋯⋯는 않아. 내⋯⋯ 육체가 숨 쉬고 있을 뿐이라도⋯⋯ 그것뿐이라도⋯⋯ 후후⋯⋯ 윤국아. 사람은 존재⋯⋯ 그 자체로도 존엄한 거야⋯⋯ '윤석' 형이 눈을 감으며 조용히 고개를 꺾었다. 그것이 형의 마지막 의식이었다. 그로부터 몇 달 동안 병상에 길게 누워 있다가 마침내 숨 쉬던 식물, 형은 죽었다. 병실의 창문에 눈발이 소리 없이 부딪히고 작은 눈가루들이 창살 위로 조금씩 키가 크고 있던 날이었다. 식구들이 조용히 그의 시체를 흰 천으로 덮었다.

그렇게 흰 천이 교정 가득 나뒹굴고 있었다. 윤국은 걸음을 빨리 했다. 교문을 나섰다. 신호등이 '팍' 하며 빨간불로 바뀌었다. 윤국은 그 자리에 우뚝 섰다.

2

푸석푸석 메마른 가을의 색깔이 발려 있는 다방 '권유'의 문을 밀치고 들어갔을 때는 거리의 반을 어둠이 출렁대고 있던 시간이었다. 구석 자리를 잡고 앉았을 때, 앞자리에 사내 하나가 앉아도 될까요, 하고 물은 후에 대답도 듣지 않고 소리 죽여 앉는 것을 윤국은 보았다. 얼굴이 분칠한 대리석처럼 희다 못해 푸른빛까지 발하고 있었다.

"이승후라고 합니다."

그가 정면으로 윤국을 바라다보았을 때, 윤국은 자신의 기억 속에서 빗물이 뚝뚝 떨어지던 여름밤 깊은 숲속의 한 장면을 끄집어냈다.

그렇구나. 정식으로 이름을 밝힌 상대는 이미 자신의 소개 속에서 벌써 단단한 밧줄로 나를 얽고 있다. 김윤국입니다. 윤국이 조용히 말했다. 그러나 윤국의 눈의 초점은 이미 승후를 벗어나 있었다. 여자가 서 있었다. 이건 이상한걸. 내가 갇히는 느낌이야. 아니 어쩌면 나로 하여금 그들을 가두게 하려는 듯도 하다. 윤국은 눈짓으로 승후의 옆자리를 가리켰다. 여자가 앉았다. 기다리고 있었다는 듯이.

"제 가까운 사람 하나가 요즘 자살을 결심하고 있더군요."

승후가 억양 없는 목소리로 말했다.

"……"

윤국이 말없이 그를 바라보았다. 승후의 눈에 두려움이 별처럼 떠 있었다. 이어서 별이 터졌다.

"자살을 어떻게 생각하십니까?"

윤국은 얼른 형을 떠올렸다. 그리고 승후를 향해 어렴풋이 웃어 보였다. 미친 자식, 아직도 이따위 감상주의자가 있었군.

"글쎄요. 상황 나름이겠죠."

"그건 아름다운 일이 아닐까요?"

승후가 애원하듯이 윤국을 바라보고 있었다.

"그건 경건한 게 아닐까요? 이걸 생각해보세요. 닫힌 공간이에요. 아니 진공 상태 속에 상처 입은 새가 갇혀 있어요. 모든 사람이 그

새를 외면하면서도 흘끔흘끔 보고 있어요. 아무도 그 새를 꺼낼 수도 없죠. 상처는 점점 심해지고. 새에게는 아무런 힘이 없어요. 단 죽음밖에……"

승후가 한꺼번에 토하듯이 말을 쏟아냈다. 윤국이 말없이 그를 쳐다보았다.

"본능은 진실이에요. 자살은 인간이 스스로를 지키기 위한 본능적인, 유일한 수단이 아닐까요. 최후의 적극적인 자기 보호가 아닐까요?"

"……"

"그러한 자살은 적극…… 권유해야 하지 않을까요?"

자신이 없군. 승후. 그것은 스스로가 해결할 일이야. 윤국은 갑자기 승후라는 사람에 대해, 승후가 가진 감상感傷의 깊이를 캐내어보고 싶은 충동을 느꼈다.

윤국은 순간 여자가 승후의 얼굴을 쏘아보고 있다는 것을 느끼면서 입을 열었다.

"자기 보호라구요? 순간적인 자기도취는 아닌가요? 자기 존재 집착의 패배에 대한 영웅적·보상적 합리화로서 자살을 사용하는 것은 아닐까요? 아니, 왜 살아야 하는가 하는 문제의 풀리지 않는 해답을 죽음이라는 비합리적인 방법으로 해결해보고자 하는 것일지도 모르죠."

윤국의 말이 끝나자마자 승후의 눈빛에 공포가 가득 찼다.

"당신은 몰라요. 당신의 죽음은 관념뿐이군요."

승후가 낮게 소리 질렀다. 여자가 승후의 옆얼굴을 몽롱히 보고 있었다. 이 여자는 누구인가. 마치 한 남자를 비호하고 있는 듯한 자세이면서도, 항상 남과의 사이에 거리를 두고 자신의 둘레에 동그랗고 두터운 원을 그리고 그 안에서 몸을 사리고 있는 듯한 이 여자는 누구일까.

"이 세상에 그런 뜻의 관념주의자는 없습니다. 모두 다 적어도 한 가지씩의 끈이 떨어진 부위는 있으니까요."

윤국은 말을 마치고 눈을 감았다. 음악이 폭포처럼 쏟아졌다. 망막 안쪽에서 붉은 눈이 내리기 시작했다. 눈[雪]은 망막 양쪽으로 갈라지고, 눈[雪]이 갈라진 자리에 검푸른 구멍이 생겨 거기서 분홍, 주홍빛 동그라미의 파문이 곱게 일었다. 윤국이 잠시 후 눈을 떴을 때 승후 들은 이미 자리를 떠나고 없었다. 윤국이 다방 '권유'를 나왔을 때 아스팔트 위에서 플라타너스의 붉고 노란 잎들이 펄렁펄렁 날리고 있었다. 이제 가을도 막바지에 접어들고 있었다.

토요일 오후였다. 몇 번의 서리가 쓸고 지나간 교정은 한산했다. 윤국은 캠퍼스 안에서 우연히 정혜를 만났다. 바람이 드세게 허공을 가르고 지나갔다. 교정 한가운데를 가로지르는 보도 가장자리를 골라 한 여자가 이리로 걸어오고 있었다. 책 서너 권을 가슴에 품은 여자의 긴 머리가 바람에 이리저리 휩쓸리고 있었다.

"저, 여보세요."

윤국이 부르자 그녀는 고개를 들고 한참이나 윤국을 쳐다보더니 가볍게 웃었다.

"바람이 몹시 불죠."

"겨울이니까요."

"첫눈이 오겠네."

하늘이 쉽게 어두워왔다. 바람이 가늘어지면서 더욱 세차게 불었다. 바람이 길옆의 은행나무를 스치고 지날 때마다 아직 떨어지지 않았던 은행잎들이 물보라 일으키듯 뽀얗게 길 위로 떨어져 내렸다. 잎은 이미 흰색에 가깝도록 바래어 있었다. 둘은 잠시 말을 멈추었다. 정혜가 작은 발로 땅 위에 깔린 낙엽을 들추어내는 동작을 계속했다.

"나가요."

정혜가 앞서서 걷기 시작했다. 윤국은 가방을 옆구리에 낀 채 천천히 따라 걸었다. 바람이 정혜의 스커트를 휘감을 적마다 그녀의 가느다란 다리의 윤곽이 드러났다. 윤국은 순간 추위를 느꼈다. 하늘이 회청색으로 변하고 있었다. 공중 가득 바람이 질긴 실처럼 친친 얽혀 있었다. 앞서가던 정혜가 일순간 발을 멈췄다.

"눈이 와요."

공중에 은빛 날벌레들이 한 마리 한 마리 자리를 잡기 시작했다. 수은 빛깔들이 낮은 하늘에 자리를 바꾸며 반짝반짝 빛나고 있었다. 순간, 윤국은 따뜻한 눈을 만났다. 그것은 환상 같은 정혜의 눈이었다. 언제나 수은주 아래의 마냥 차가웠던 그녀의 눈 속에서 그 차가움이 허물어지며 따뜻한 빛이 새롭게 켜지고 있었다. 그녀가 몽롱한 눈으로 걷기 시작했다.

"눈을 좋아하십니까?"

"좋아하고 싫어하는 문제가 아니에요. 아아! 눈이 오면 온통 거리가 없어져요."

그녀가 아름답게 탄식했다. 그 탄식은 그녀의 단정적인 말투를 간절한 바람으로 바꾸어주고 있었다.

다방 '권유'에 들어서자 실내에는 벌써 「징글 벨」이 울려 퍼지고 있었다. 그들은 어두컴컴한 구석 자리에 벌레처럼 숨어들었다. 징글 벨, 징글 벨. 윤국은 「징글 벨」을 들을 때마다 언제나 그 영롱한 방울

소리에 묻어 있는 끈끈한 죽음을 떠올리곤 했다. 그것은 윤석 형의 죽음이 가져다준 윤국의 새로운 청각聽覺이었다. 형이 죽은 후, 아버지의 직장 이동으로 서울에 혼자 남게 된 윤국이 맞은 첫 크리스마스는 퍽 우울한 것이 되어버렸다. 형과 죽음과의 만남은 결국 형이 죽음을 거부하는 방식으로 끝났다. 죽음에 대한 의식도 삶이 그 전제가 되어야 한다. 징글 벨, 징글 벨……

"무얼 그렇게 생각하세요?"

정혜가 징글 벨 속으로 뛰어들었다. 윤국이 시선을 고정시켰다. 이 여자는 의외로 쉬운 여자일지도 모른다. 정혜를 쳐다보면서 윤국은 무의식적으로 그녀의 눈에 자기의 눈을 가져갔다. 다시 차가운 빛. 아까의 따스한 불빛은 환각이었을까. 눈이 오면 거리가 없어져요. 눈이 오면 거리가 없어진다.

"사람이 어떠한 도식圖式을 만들어놓고 행동한다는 것은 그 도식에 자신이 묶여 있다는 것을 모르기 때문일 거예요. 그러나 저는 제가 만든 도식에 묶여 있다는 것을 스스로 알면서도 그것을 오히려 즐기는 편이에요. 우습죠? 전 사람을 믿지 않아요. 오히려 사람 사이에 있는 영원히 가까워질 수 없는 거리를 믿어요. ……후후…… 승후 씨가 사랑하는 것도 그 거리예요."

정혜가 한꺼번에 기관총을 난사하듯 그러나 낮은 목소리로 말했다. 그렇게 재빨리 말함으로써 그것은 일종의 자기 독백에 가까웠으며 정혜의 눈길이 윤국을 피해 있음으로 해서 더욱 독백처럼 들렸다.

"승후는 정혜 씨의 그 차가움만을 사랑하는 것일까요?"

정혜가 탁자에 놓인 윤국의 담뱃갑에서 한 개비를 뺐다. 그녀는 고개를 약간 숙이며 입으로 그것을 가져갔다. 동시에 윤국이 라이터를 켜서 그녀의 입술을 비추었다. 조금 당황했지만 윤국은 자신이 그러한 행위를 충분히 이해해줄 수 있다는 것을 그녀에게 재빨리 알림으로써 혹시 그녀가 가질지도 모를 윤리적 파행성에의 망설임을 제거하고 싶었던 것이었다. 그러나 그녀는 익숙한 솜씨로 연기를 뿜었다. 연기가 회청색 맴돌이로 허공을 날았다.

"모르겠어요. 사랑은 사람의 어느 특정한 속성에 대한 신비에서 출발하지만, 사랑의 대상이 그 속성을 벗어나 사람의 본질로 옮겨지지 않는 한, 저는 그 사랑을 파국이라고 믿어요…… 후…… 결국 제가 사람을 믿지 않는 한 사랑은 불가능해요. 우습죠? ……문제는 승후 씨가 그러한 저의 속성만을 사랑한다는 것이에요."

정혜는 썰물이 빠져나가는 듯한 어조로 말끝을 천천히 놓으면서 입을 다물었다.

둘은 밖으로 나왔다. 눈이 발목까지 차올랐다. 버스가 왔고 정혜가 탔다. 창문 안쪽에서 그녀는 윤국을 향해 몽롱한 얼굴로 조금 웃어보였다. 그러나 그 웃음이 채 끝나기도 전에 버스가 정혜의 웃음을 앞으로 '휙' 잡아당겼다. 어둠 속에서 눈이 서서히 그치고 있었다.

학기말고사가 가까워오는데도 언제부턴가 승후는 교정 어느 곳에도 모습을 나타내지 않았다. 윤국은 자신이 가늠할 수 없을 만큼 승후의 늪에 깊이 빠져 있음을 느꼈다. 그리고 그 느낌은 승후네 과의 한 친구, 동욱이라는 서글서글한 청년을 만나지 않을 수 없는 상태로 번졌다. 학생회관에서 그들은 만났다. 임동욱입니다. 김윤국입니다. 동욱은 자기가 승후와 그렇게 친하지 않았다는 사실을 밝힌 다음 승후 자식은 도대체가 깊이 사귀는 친구가 없었다고 말했다. 예전에는 꽤나 명랑, 아니 명랑해지려고 애쓰는 것 같았지요. 그런데 한 반년 전부터 학교 강의실에도 잘 나오지 않고 술만 마시며 말이 없어졌어요. 동욱과 헤어지고 나오면서 윤국은 천천히 담뱃불을 댕겼다. 요근래 승후에게서는 단 한 번 하숙집으로 전화가 왔을 뿐이었다. 그때도 꽤 늦은 밤이었는데 술에 만취한 승후의 목소리에서 촛불의 그을음 냄새가 느껴지는 것이었다.

"후훗…… 김윤국 씨…… 듣습니까? 어떻게 할까요? 그러한 자살은 권유해야 할까, 하는…… 말씀이라…… 이겁니다. 듣나?"

단절음을 내며 승후가 끊어졌다.

승후는 지금 어디서 무얼 하고 있는 것일까. 그와 정혜와의 관계는? 승후의 행동은 어디에서 연유하는 것일까. 윤국은 교문을 빠져나왔다. 바람이 세차게 불고 있었다. 어둠이 도시의 발목부터 차오르기 시작하였다.

늦잠을 자고 일어난 윤국은 커튼을 열었다. 해는 이미 중천에 떠 있었지만 창턱에 쌓여 있는 햇빛 부스러기라도 바라봄으로 해서 일상에 필요한 출발로서의 자양분을 섭취하려는 것이 윤국의 습관이었다.

이제 학기말고사도 끝났고 내일부터 정식으로 2학기 방학이 시작된다.

하숙집을 나와 버스 정류장까지 가는 도중에 윤국은 뜻밖에 정혜를 만났다. 이건 이상하군. 윤국의 하숙집에서 버스 정류장까지는 비교적 먼 거리였고 인적이 뜸한 곳이라 대낮에도 사람이 별로 많이 다니지 않았다. 정류장 못미처 중간쯤에 자리한 정신병원에서 막 나오는 정혜를 만난 것은 더욱 뜻밖이었다. 그러나 더욱 놀라운 표정을 지은 것은 정혜였다. 처음엔 당황한 듯이 제자리에 우뚝 섰다가, 정혜는 윤국을 향해 체념한 듯 고개를 숙여 보였다. 안녕하세요오.

정혜의 음성이 일순간 높아지면서 명랑하게 들려왔다. 윤국이 약간 앞서 걷기 시작했다. 정혜가 바삐 따라오며 먼저 말을 터뜨렸다.
"어때요?"
"뭐가 말입니까?"
"궁금하지도 않아요?"
"……그 안에 승후가 있습니까?"
그러나 정혜는 가슴에 안은 책들을 더욱 꽉 껴안으며 고개를 좌우로 흔들었다. 잠시 그녀는 얼굴을 긴장시키더니 곧 후후 하고 웃었다.
"아니에요. 엄마가 입원하고 계셔요. 벌써 몇 년째예요."
"……"
정혜는 또박또박 소리를 내며 몽롱히 걸었다.
"저는 다섯 남매 중 맏딸이에요. 어머니가 셋씩이나 있어요. 여섯째 동생이 또 다른 엄마 뱃속에 들어 있어요. 지금 저 병원에는 내 친엄마인 첫째 엄마가 입원하고 있어요. 우습죠?"
윤국은 웃지 않았다.
"재미있는 얘기 하나 해드릴까요?"
"……"
"제가 가끔씩 엄마를 찾아가면, 물론 엄마는 저를 딸이라고 알아보지는 못해요. 그런데 이상한 것은 엄마가 저를 만날 때마다 언제나 거울을 가지고 와서 화장을 시켜달라는 거예요. 어디서 모아두었는지 밥알이며 파 조각 같은 것이 들어 있는 몇 겹의 비닐봉지를 찬찬히 푸시는 거예요."
"……"
"화장을 시켜달라는 순간의 엄마의 눈빛이 그때만큼은 얼마나 진지하신지 몰라요."

정혜가 가늘게 실눈을 뜨고 윤국을 바라보면서 웃었다. 그들이 버스를 탔을 때 창밖으로 눈발이 서기 시작했다.

"……올겨울엔 눈이 많이 오죠? 벌써 여러 차례 눈이 온걸요."

"……"

"눈이 오면 거리가 없어져요."

정혜의 눈동자 가득 얼음이 녹고 있었다. 윤국은 이 환상을 빨리 붙잡아 그의 기억 속으로 끌어들이고 싶었다. 버스 차창에 눈이 부서져, 눈 부스러기가 녹으면서 수없이 얼음꽃을 만들고 있었다.

3

윤국은 신호등이 파란불로 바뀌는 것을 보고 재빨리 횡단보도를 건너기 시작했다. 눈이 엄청나게 와 있었다. 하긴 이 눈이 올겨울 마지막 눈이라니까. 이제 학교도 개강할 것이다. 뒷숲에 눈이 녹고 그 녹은 눈이 계곡을 따라 흐를 것이다. 눈이 바바리코트에 척척 붙었다. 어디로 갈 것인가.

로터리를 우회하다 말고 윤국은 발길을 멈추었다. 유리 간판 가게 앞에 만들어놓은 대형 눈사람 옆에 서서 정혜가 거울을 보고 있었다. 대형 거울. 윤국이 다가가서 그녀의 어깨를 쳤다.

"또 만났군요. 오늘은."

그녀가 윤국을 쳐다보더니 힘없이 웃었다. 눈 뭉치 부서지는 소리가 하얀 이빨 사이에서 새어 나왔다.

"좀, 걸어요."

그녀가 앞장서서 걷기 시작했다. 골목을 돌아 한길로 빠지자 어린이 놀이터가 나왔다. 그네의 흔들의자 위에 흰 살이 잔뜩 쪄 있었다. 정혜는 가는 철근 기둥 뒤로 손을 뒷짐 지고 천천히 등을 기댔다. 눈송이 속에서 선 채로 윤국이 담뱃불을 댕겼다.

"어젯밤, 우린 만났어요. 승후 씨가 저에게 말했어요. 너를 사랑할게. 이제 네 차가운 눈을 풀어. 그리고 사람을 사랑해줘. 나를. 나는 내가 정혜의 냉소적인 속성만을 여태껏 사랑해온 줄 알았었어. 그러나 이젠 알 수 있어. 정혜 네 모든 것을 나는 사랑했던 거야."

몽롱한 정혜의 눈동자 위에 눈꽃 하나가 오버랩되면서 정혜의 눈이 다시 따뜻하게 풀리고 있었다.

"전 그때 '거울'을 생각했어요. 제 경우에 있어서 사랑이란 사람들에게 자신들이 얼마만큼 맑은 거울인가를 각자 확인할 수 있게 해주는 것이었어요. 제 폐쇄성을 승후 씨에게만은 사랑을 위한 방법(승후 씨를 여는 방법)으로 사용하고 있었다는 것을 알았어요. 마주선 두 개의 거울에 비치는 것은 설사 서로의 허상이라 할지라도 그 거리가 없어질 수 있다는 것을 알았어요. 승후 씨가 저의 몸을 원했어요."

아, 아, 아 하고 정혜는 웃었다. 그리고 결심한 듯 재빨리 말하기 시작했다.

"아니 저의 전부를 확인해보려 했어요. 그가 저를 벗기다가 갑자기 제 몸에서 손을 뗐어요. 이게 아닐 거야. 승후 씨가 낮게 소리 지르고 문을 열고 밤거리로 뛰어나갔어요...... 오늘 아침 우린 다시 만났어요. 승후 씨가 헤어지자고 하더군요. 제가 그를 받아들이고자, 아니 사람을 사랑하고자 했을 때 그가 먼저 예전의 그로 돌아갔어요. 아아, 모르겠어요. 다시 원점이에요."

피곤해 보이는 그녀의 어깨를 향해 머리칼에서 눈이 부서지며 떨어졌다.
"제가 졌어요. 그를 사랑했던 것이 최초의 실수였고…… 그게 결국 저를 쓰러뜨렸던 거예요."
윤국이 발끝으로 조심조심 눈을 걷었다. 정혜의 억양 없는 목소리가 눈처럼 천천히 떨어졌다. 도시는 다시 어두워지기 시작했다. 정혜가 놀이터를 횡단하여 나가는 것을 보고 윤국이 따라 걸어갔다.
"눈이 곧 그칠 것 같군요."
정혜가 억양 없이 말했다. 그녀의 목소리에서 갈대가 서걱거리는 소리가 났다.

하숙집 방문을 열면서 윤국은 눈길로 책상 위를 더듬었다. 밖에서 돌아오면 으레 책상 위를 훑어보는 것이 그의 버릇이었다. 그것은 편지 등을 기다리는 마음이라기보다 윤국의 주위에 아무 일도 일어나지 않기를 바라는 마음이었다. 그러나 책상 위에는 메모지 한 장이 윤국을 기다리고 있었다. 하숙집 아주머니가 받은 전화 내용이 그것이었다.
'들어오는 즉시 나오라—승후.'
윤국은 다시 구두끈을 묶기 시작했다. 그칠 것 같던 눈이 아직도 내리고 있었다. 건물들이 묘비처럼 어둠 속에서 하얗게 질려 있었다. 윤국은 그때 도시 속에서 서서히 죽어가고 있는 겨울의 끝을 보았다.
'권유'로 막 들어가려고 할 때 윤국은 다방 앞에 눈을 뒤집어쓴 채 승후가 서 있는 것을 보았다. 승후의 파카는 새파란색이었다.
"여기야. 윤국."

입을 연 승후의 이빨이 희게 빛났다.
"같이 갈 데가 있어."
청색 파카가 말했다. 윤국이 고개를 끄덕이자 승후가 비척비척 움직였다. 몇 발자국 앞서가던 승후가 일순간 우뚝 섰다. 승후가 천천히 뒤를 돌아보고는 씩 웃었다. 윤국은 자신의 가슴 위로 한 줄기 바람이 스쳐감을 느꼈다.

그들이 눈길을 헤치며 당도한 곳은 한강교에서 하류 쪽으로 한참을 내려간 곳이었다. 강기슭에 얼어붙은 얼음 위에 눈이 높이 쌓여 있었다. 그들의 발은 흡사 곰의 발처럼 희었다. 눈발이 서서히 그쳐가고 있었다. 이제는 하늘에 날벌레같이 눈이 반짝반짝 떨어지는 것을 충분히 볼 수 있을 만큼 눈이 그치고 있었다.

"눈이 그칠 모양이지?"
"눈이 그친 지역이 어딘가 있겠지."
"잠깐 앉을까? 하고 싶은 이야기가 있어. 오늘은 전혀 마시지 않았어."

승후는 윤국의 대답을 듣지도 않고 먼저 대강 눈을 턴 널찍한 돌 위에 주저앉았다. 윤국도 따라 앉았다. 잠시 무거운 침묵이 흘렀다. 승후가 입을 열었다.

"엊저녁 석간을 읽어봤어? ······바로 이곳이야. 여기서 형이 자살했어."

아아······ 윤국은 하늘을 보았다. 눈 그친 하늘 가득 바람이 얽혀 있었다. 바람이 강변을 스칠 때마다 바람은 거대한 투명의 그물로 눈을 쓸어 강둑을 향해 날렸다. 세상은 캄캄했고 바람에 날리는 눈의 티만 반딧불처럼 빛났다. 승후의 억양 없이 낮은 목소리가 바람에 섞여 들려왔다.

"그저께 밤에 형이 나에게 자신의 자살을 말했을 때, 아니 오랫동안 생각해왔던 자살 얘기를 꺼냈을 때 나는 형을 말리지 않았어. 물론 내가 말렸다고 형이 내 말을 들을 사람도 아니었고. 그에게는 나름의 확신이 있었으니까……"

"……"

승후가 고개를 천천히 들었다.

"내 얼굴을 잘 봐."

바람에 휙휙 그의 머리칼이 앞뒤로 쏠려 넘어지고 있었다. 새하얀 그의 얼굴이 어둠 속에서 탈처럼 떠올랐다. 바람이 그의 말을 가로세로 잘게 찢었다. 승후가 마치 울 듯이 얼굴을 찡그렸다.

"아버지가 히로시마 원폭 당시에 일본에 있었어. 병을 만났고 어머니와 결혼했어. ……아아, 병신 같은 아버지. ……후! ……행여 20대를 넘기는 자식이 있으면 그는 백혈병의 씨앗이 심어지지 않은 자식이라더군. 아버지는 그걸 바라느라고, 우리, 형제들, 그 희생의 씨앗을 뿌렸어. 행여 핏줄을 이을까 해서. 아아 저주 같은 아버지는 아이를 여섯이나 낳았어……"

"……"

"백혈병은 그 2세에게 열다섯에서 스물다섯 사이에 대개 나타나. 내가 형제들 중에 다섯째야. 내가 고등학교 2학년 때 시집간 큰누나가 까닭 모르게 죽었고 그다음 해 큰형이 스물넷, 작은누나가 스물둘의 나이로 죽었어. 식구들이 하나씩 죽어갈 때마다 아버지는 이사를 해야 했어. 소문이 무서웠던 거지. 우리 남은 형제들은 스스로 그 죽음의 비밀을 터득하게 되었지…… 작년엔, 무지무지한 고통 끝에 막내가 열일곱으로 죽고 말았어."

윤국은 강 가운데를 바라보았다. 어둠이 허리를 얼음 위에 잠그고

서 있었다. 바람이 그들의 가슴과 뺨을 때렸다.
 "약 반년 전에 유일한 형제였던 작은형이 백혈병의 선고를 받았어. ……담담했어, 형은. 말없이 자신의 죽음이 다가오는 소리를 들으며 술을 마시기만 했어. 반년 동안 육체적 고통과 정신적 질식 그 사이를 오가며 형은 계속 자살만 생각하고 있었어. 그에게 있어서 자살은 자기 과시가 아니었지. 자기 자신과의 싸움 끝에 그는 스스로 죽음을 영위하고자 했던 거야. 순간적일 뿐이지만 그는 최후까지 자기 의식을 스스로 건강하게 소유하고 싶었던 것이지."
 "……"
 "그리고 그의 장엄한 작업을 방해하고 싶지도 않았어. 사실 반년씩이나 투병했다는 사실만으로도 형은 충분히 자살할 권리가 있었는지도 몰라. 그저께 밤에 형이 술에 취해 방에 들어오더군.
 '승후야, 간다.'
 나는 말없이 형을 바라보았어. 그의 충혈된 눈동자 안에서 거부할 수 없는 어떤 것을 나는 보았어. 형이 한참이나 나를 뚫어지게 보았고 나는 무서웠어.
 '갈 수 있겠어?'
 나는 한참 동안 입속을 맴돌던 말을 가까스로 뱉어냈어. 형이 고개를 끄덕였어. 나는 벽에 걸려 있던 내 외투를 내려 형의 어깨 위에 걸쳐주었어. 그리고 형은 나갔어."
 승후가 가벼운 한숨을 토해냈다. 그의 얼굴에 공포가 한 겹씩 깔리기 시작했다.
 "하룻밤, 다음 날 낮을 뜬눈으로 보내며 난 무서움으로 떨었어. 어제 석간에서 기다리던 형의 죽음을 보았어. 아아, 기다리던. ……형이 죽었다는 기사를 읽고 나는 타인의 객관적인 죽음을 보았어. 그러나 그것은 나의 죽음에 대한 예고였어. 난 그때 죽음에 얽매여 있던 내 관습에 대해 발작적으로 분노를 느꼈어. 형의 자살의 의미는 다음 문제였어. 나의 생명과 의식에 대한 보호 본능! 형의 죽음은 나의 공포를 강한 실체로 느끼게 해주었어. 그때까지 나는 모든 사람들과 어떠한 끈으로도 묶여지고 싶지 않았어. 죽음 앞에서도 언제든지 혼자일 수 있게 말이지. 정혜도 그래. 처음엔 정혜의 그 차가움 때문에 자유로웠어. 날 언제든 떠날 수 있게 해줄 수 있는 여자 같았던 거야. 그런데 그게 사랑이었나 봐. 형의 죽음이 나에게 그것이 사랑이다라고 알려주었나 봐. 갑자기 미칠 듯이 정혜가 보고 싶었어. 그녀를 안고 내 존재, 살아 있음을 확인하고 싶었어. 나는 죽는 순간까지 운명을 감수하리라는 생각을 했어."

"……"

"마침내 어젯밤 정혜를 만났고 사랑하겠다고 했어. 그녀가 웃더군. 승후 씨는 운명을 이겼군요. 아아, 그러나 말이지, 내가 그녀를 완전히 소유할 수 있게 된 순간 나는 역시 그녀를 나에게 묶어둘 수 없다는 생각이 드는 거야. 그리고 오늘 아침에 나는 헤어지자고 했고 헤어졌어. 그게 나였어. 항상 그랬듯이 죽음에 얽매여 있는 나를 다시 처참하게 확인했을 뿐이야……"

"정혜 씨는 승후의 내력을 알고 있나?"

윤국의 말투에서 서리가 우수수 떨어졌다. 승후가 고개를 끄덕였다. 강바람도 희미해지고 멀리서 기적 소리가 아득하게 들려왔다. 안개가 강심으로부터 피어오르기 시작하였다. 윤국이 승후의 어깨를 잡아 일으켰다. 시간은 10시를 넘어 있었다. 그들은 천천히 강을 벗어났다. 도시의 가슴을 향해서 안개가 스며들고 있었다. 윤국이 명령 투로 낮게 말했다.

"이것이 끝은 아니야. 이건 시작이야."
승후가 천천히 웃음을 흘렸다.
"끝내야 할 것 같아, 이쯤에서. 그것이 정혜나 나에게 최선일 것 같아. 언젠가 정혜와 나 사이에 어떠한 얼굴로 죽음이 그 모습을 내미는가를 나는 상상할 수 없어. 이쯤으로 끝나야 할 것 같아."
"이것은 네 죽음의 문제가 아니야. 정혜 씨는 너에게 언젠가 다가설지 모르는 그 죽음을 감수하면서, 오랫동안 자신을 묶고 있던 끈을 풀었어. 네가 풀어준 거야. 너는 그녀에게 구원이었어. ……또한 그녀 역시 너의 구원이었고."
"윤국!"
"인간에게는 죽음 앞에서도 초연한 무엇이 있어. 한 인간이 자신의 삶의 끝까지 의연한 자세를 흐트러뜨리지 않는 것보다 아름다운 행위는 없다고 생각해. 아무리 커다란 절망으로 파국이 온다 해도 사랑의 순간 그 시간의 아름다움은 끝까지 소멸되지 않아."
승후의 머리카락이 축축이 젖어 있었다. 윤국은 말을 마치고 겨울 이 안개 속으로 사라지는 것을 뚫어지게 바라보았다.
승후가 비척비척 걷기 시작했다. 윤국이 그의 어깨를 거세게 돌려 세웠다. 눈이 얼어붙는 소리가 들렸다.
"네 진실을 보여!"
묵직한 안개처럼 윤국이 말했을 때 윤국은 순간, 승후의 얼굴에서 고통으로 일그러지는 '윤석' 형의 얼굴을 보았다. 승후가 다시 걷기 시작했다. 그러나 몇 걸음 못 가서 승후는 가로등에 등을 기대었다. 그리고 수정처럼 빛나는 눈바닥으로 주르르 미끄러지며 주저앉았다. 밤이 깊어가고 있었다. 윤국은 그때 보았다. 캄캄한 심연의 도시 여기저기에 안개 속에서 빛나는 거울 조각을. 그리고 승후가 그 거울 위에서 정혜를 보고 있는 것을.

　윤국이 급히 안개가 가득 찬 공중전화 박스로 들어갔다. 그리고 천천히 그러나 힘차게 정혜의 전화번호를 돌리기 시작했다.

환상일지

1

나는 다시 한번 기차 시간을 확인하고 썰렁한 대합실을 천천히 걸어 나왔다. 하늘은 잔뜩 찌푸려 있었다. 금방이라도 눈이 쏟아질 듯이 잿빛 하늘은 어느 한쪽을 향해서 서서히 기울어져가고 있는 것 같다. 바람이 역사驛舍 앞을 거칠게 쓸고 지나갈 때마다 간간이 균열을 보이고 있는 포장된 역 광장에 소주병 두어 개와 휴지 쪼가리들이 이리저리 굴러다닌다. 행인들 서넛이 지나간다. 외투 깃 속에 얼굴을 파묻고 걸어가다가 문득 생각이 난 듯이 그들은 역 광장을 한번 힐끗 쳐다본 후 다시 제 갈 길로 걸어간다. 역사 앞 조금 못 미친 골목 어귀에는 추수가 끝난 벌판에 버려진 탈곡기들처럼 쓸쓸해 보이는 서넛의 포장마차가 눈에 띈다. 바람이 불 때마다 포장이 말려 올라가고 포장 안에서 두런두런 낮은 소리들이 새어 나온다.

오후 3시를 겨우 넘은 시간인데 벌써 장사를 하고 있다. 호떡과 오뎅과 소주를 팔고 있다. 군용 점퍼를 입은 40대 여자가 꼼장어를 다듬고 있다가 내가 들어서는 것을 보고는 한 손으로 엉거주춤 다듬던 것을 가린 채 멍하니 나를 쳐다본다. 오뎅 국물하고 소주 한잔 주십쇼. 나는 하도 낡아 회색으로 보이는 검정 바바리의 양 호주머니에

두 손을 찔러 넣은 채 엉거주춤 앉는다. 딱딱한 나무의자가 마치 유리창에 눌렸을 때 찌부러지는 얼굴의 감촉처럼 나의 차가운 엉덩이를 평면으로 받쳐준다. 바람 소리가 요란하다. 포장의 안쪽이라 그런지 천장에서부터 포장 끝단까지 더러운 노란 줄 서넛이 촛농처럼 굳어 있다. 여자는 내 앞에 펄펄 끓는 오뎅 국물을 놓으며 화들짝 손을 뗀다. 오뎅이 뜨겁다는 것을 은근히 자랑하려는 듯하다. 눈이 오려는가 보다고 그녀는 중얼거린다. 포장이 획획 날리고 있다. 길게 자란 내 머리카락이 자꾸만 옆으로 쓰러진다. 여자가 일어서서 밖으로 나간다. 포장 끝단에서 지익지익 끌리는 소리가 난다. 아마 부서진 블록 쪼가리를 얹었을 것이리라. 나는 담배를 한 대 피워 문다. 문득 아직 불을 켜지 않은 카바이드통이 눈에 띈다. 바바리 깃을 세우고 내가 셈을 치를 때 다시 요란한 소리와 함께 포장이 펄럭이며 블록이 구르는 소리가 난다. 나는 가볍게 눈인사를 한다. 여자가 다시 꼼장어를 만지기 시작한다.

   나는 시계를 보고 대합실로 들어선다. 대합실 가운데 조그만 난로를 둘러싸고 몇몇 사내들이 한쪽 귀에 마스크를 건 채로 불을 쬐고 있다. 나는 더러워 보이는 흰색 벽에 등을 기대고, 의자에 앉아 눈을 감는다. 멀리서 기적 소리가 들려온다. 사람들이 아쉬운 듯이 벗었던 장갑을 끼며 개찰구 쪽을 향하여 몸을 움직인다.

   교외선 열차는 토요일인데도 이상하게 텅텅 비어 있다. 시간이 너무 이른 모양이군. 나는 잠시 어디 앉을까 생각해본다. 그러나 생각해보기도 전에 발이 먼저 움직이고 있다. 객실 가장 어두운 구석 창문 옆자리에 앉아, 나는 힐끗 창밖을 쳐다본다. 한 번의 진동이 있은 후 열차가 떠나고 있다. 나는 습관처럼 눈을 감아본다. 그러나 바람이 차창을 세차게 때릴 때마다 깜짝깜짝 놀라 눈을 뜬다. 창밖으로 슬레이트 지붕들이 스쳐 뒤로 물러난다. 하얗게 서리 맞은 시금치 밭, 몇 개의 짚 낟가리가 지난다.

　나는 무엇을 확인하기 위하여 그곳에 가는 것일까. 미친 짓이지. 나는 담배를 피워 문다. 몇몇 승객들이 피운 담배 연기가 추위를 차단하기 위해 셔터를 내려놓은 답답한 객실 안에서 어디로도 빠져나가지 못하고 마치 은빛 베일처럼 천천히 펄럭이고 있다. 결과를 미리 알고 있는 시합, 나는 왜 나 스스로도 감당하지 못하는 이 권태로운 일상에 또다시 녀석을 불러들이고 있는 것일까. 웃기는 일이지. 도대체 이제 와서 녀석과의 만남이 무슨 의미가 있다는 것일까. 의미가 있다면 그것은 나 스스로와의 싸움일 뿐. 그러나 이미 알고 있는 결과에서 비롯되는 나의 부작위不作爲를 미리 경험하고 있는 나 자신에게 어떤 새로운 충격이 기다리고 있을 리는 만무하리라. 아아, 담뱃재 한 덩어리가 무릎까지 내려온 구겨진 바바리 한 끝에 작은 날벌레처럼 내려앉는다. 순간, 열차는 마치 줄다리기에서 한쪽이 우루루 허물어지듯이 불안정하게 정거한다. 객실에 서넛의 새로운 승객들이 후후 입김을 불면서 올라탄다. 그들은 이내 자리가 비어 있음을 알아채고 잠시 두리번거린 후, 두리번거린 것에 스스로도 좀 촌스러움을 느꼈던지 일부러 바닥을 꽝꽝 울리면서 자리를 잡는다. 한 사내가 내 쪽을 향해서 걸어온다. 사내는 안경을 쓰고 깡마른 몸을 갖고 있다. 그는 한참이나 망설이다가 내 눈치를 살피고는 나의 무표정한 얼굴과 마주친 후, 쑥스러운 표정으로 마주 보이는 내 앞자리에 앉는다. 기차가 떠나기 시작하자 그는 무슨 용무가 있어서 당신 앞에 앉았노라는 듯이 무엇인가 자꾸 말을 걸려고 상체를 앞으로 추스린다. 기차가 덜컹거리는 것이 내 온몸의 마디마디마다 예리하게 전해온다. 나의 눈은 계속 창밖으로 고정되어 있다. 얼마나 지났을까. 나는 눈을 뜨면서 그때까지 실은 내가 눈을 감고 있었다는 사실을 비로소 깨닫는다. 내가 눈을 뜨자 사내는 기다리고 있었다는 듯이 갑자기 창문에 서려 있는 성에 같은 것을 손가락으로 긁어 사과만큼한 구멍을 뚫어놓는다. 그리고 혼잣말로 대수롭지 않은 듯이 말한다.

"눈이 내리는군요."

나는 창밖을 내다본다. 진눈깨비군. 나는 다시 시선을 거둔다. 사내는 분명히 나에게 들릴 만큼 크게 말을 했다는 것을 스스로 확인하는 듯이 조심스럽게 나를 바라다본다.

"실례지만……"

사내는 말을 끊는다. 그리고 목에 감고 있던 군청색 목도리를 잡아당겨 손에 들고 있던 안경을 조심스레 닦기 시작한다. 안경을 벗은 사내의 눈 부위가 고약을 발라서 부기가 빠진 종기의 그것마냥 붉게 솟아 있다. 사내는 눈을 찡그리며 당신에게 무례한 것은 다 이 눈 때문이라는 듯이 어줍잖게 웃으며 말을 잇는다.

"담배 한 대 얻을 수 있을까요?"

나는 피식 웃는다. 바바리 속 주머니에서 담뱃갑을 끄집어낸다. 내가 성냥을 긋자 그는 재빨리 두 손으로 등피를 만들어 내 손아귀 가까이 가져온다.

"초행이신가 부죠?"

"아뇨, 두번쨉니다."

"……"

"1년 만이죠."

"그건 초행이나 마찬가지죠. 어쩐지 낯이 익지 않은 분이라서, 저

환상일지 229

는 매일, 물론 오늘은 토요일이니까 빠르지요, 이 기차로 출퇴근하는걸요. 조그만 면에서 일하는 말단 공무원이랍니다. 고등학교 졸업하고 군軍까지 계산하지 않아두 벌써 4년째나 이 기차를 타거든요. 그래서 그런지 이 기차를 타시는 단골들은 거의 알아볼 수 있지요."

눈[雪]은 벌써 들판을 질척질척 빠뜨리고 있다. 차창 가득 화석처럼 얼음덩어리들이 맹렬하게 부딪쳐 부서진다.

"실례지만……"

그는 또다시 말을 끊는다. 사내는 묘한 버릇을 가지고 있다. 내가 충분히 그의 말을 기다릴 시간을 준다. 그의 그러한 화법은 묘하게 사람들을 그에게로 이끌어가기에 넉넉하다.

"형씨가 무슨 용무로 이 기차를 타셨는지 제가 맞혀볼까요?"

"……해보세요."

"여자분 만나러 가시는 거죠?"

"여자요?"

"틀림없죠?"

그는 자신만만하게 웃는다. 그것은 마치 사내가 잘못 맞혔다 할지라도 그 과장된 말투와 함께 정말로 사내의 말처럼 여자를 만나러 가는 것처럼 생각이 들 정도이다. 하하하, 나는 소리 내어 웃는다. 사내는 그것 보라는 듯이 함께 껄껄 웃는다. 사내가 내게 입을 가까이 대고 말을 잇는다.

"이건 직감인데요. 저는 매일 형씨같이 초면인 사람의 용무를 알아맞혀보는 묘한 습관이 있어서요. 벌써 2년째나 이런 장난을 하는데, 요즘은 거의 틀림없다니까요."

"틀렸습니다. 다시 해보세요."

"아니, 분명합니다. 다시 해보나 마나예요."

나는 사내의 유도 심문에 빠져드는 듯한 생각이 든다. 그러나 그것이 조금도 불쾌하지 않은 느낌을 주는 것은 무슨 까닭일까.

"친구를 만나러 가는 길입니다. 1년 만에 만나는 놈이죠. 우리는 1년 후, 그러니까 오늘이죠, 다시 그곳에서 만나기루 약속을 했어요. 조금 감상적感傷的인 얘기지만……"

"물론 여자 친구겠죠."

"아뇨, 남잡니다."

나는 '남잡니다' 하는 내 말에서 '잡'의 'ㅂ'이 'ㅁ'으로 발음되어 나올 때의 그 단정적 어투에 스스로 약간 놀라고 만다.

"형씨는 나를 속이시는군요."

나는 하하, 웃고 만다. 차창 유리 가득 진눈깨비가 촛농처럼 떨어져 창틀 위에 하얀 톱밥처럼 쌓인다. 지나쳐가는 벌판으로 밑동만 남은 벼들이 우르르 쓸려 지난다. 바람 소리가 요란하다.

그때, 객실의 칸막이 문이 드르륵 열린다. 몇몇 사람들이 그쪽으로 시선을 돌린다. 그러한 시선에 개의치 않는 것을 습관처럼 여기듯이, 요란한 소리를 내며 깡마른 여자 하나가 털이 듬성듬성 빠진 낡은 모피 외투를 걸치고 들어온다.

"개 같은 새끼들. 계집년을 처음 봤나?"

여자의 핏기 없는 얼굴에 주홍색으로 짙게 그린 입술이 마치 잠시 붙어 있는 꽃 이파리처럼 심하게 움직인다. 분노를 참지 못하고 씨근거리는 미간에서 눈 아래까지 짙은 어둠이 드리워져 있다. 저쪽 앞 칸의 객실에서 와하하하, 웃는 군인들의 모습이 얼핏 보이는가 싶더니 여자의 거친 손놀림에 의해서 국방색 점퍼의 한 조각도 남기지 않고 문이 꽝, 닫혀버린다. 여자가 값싸 보이는 고동색 부츠를 신고 꽝꽝 못을 박듯이 통로를 걸어오더니, 우리가 앉은 뒷좌석에 털

썩 몸을 던지듯이 앉는다. 허술한 향수 냄새가 풍긴다. 여자가 핸드백을 여는 소리가 탁, 하고 나더니 이어서 껌 씹는 소리가 크게 들려온다.

"보나 마나 창녀예요."

사내가 흘낏 여자를 보더니 낮게 소곤댄다. 그런 부류의 여자들은 아주 잘 알고 있다는 듯이 자신만만한 표정이 얼굴에 갑자기 나타났다가 사라진다.

"그것도 변두리 창녀인데요."

나는 눈을 감는다. 눈을 감은 채 담배를 피워 물다가 문득 눈을 떠, 그에게도 한 개비 권한다. 담배는 반도 채 타지 않은 채, 나의 구두 밑창에서 소리 없이 부서진다.

"어디까지 가십니까?"

사내는 꽤나 추근추근하다. 하기야 매일같이 이 객차를 타고 통근하려니 오죽이나 심심할까 싶다.

"C읍입니다."

사내의 입가에 환한 웃음이 번진다. 그는 마치 그것을 알고 있었다는 듯이 고개를 끄덕인다.

"그래요? 저도 거기까지 갑니다."

"아직 얼마나 더 가야 하죠?"

"다음, 다음이에요. 그런데 거긴 어떻게 가게 되셨나요? 하필이면······."

"그냥, 작년에 그 친구 녀석하고 무작정 표를 끊은 게 그렇게 됐어요."

기차는 진눈깨비를 뚫고 달린다. 나는 문을 조금 열어본다. 사정없이 날카로운 쇠꽃[鐵花]처럼 눈발이 내 얼굴에 박힌다. 나는 얼굴을 차창 밖으로 내민다. 사내도 함께 나를 얼싸안을 듯이 다가와서 창밖으로 고개를 내민다.

그때, 멀리 굽어지는 철로 위에 조그만 소년 하나가 신호등처럼 서 있는 것이 눈에 띈다. 마치 어떤 결연한 각오를 한 듯이 당당하게 서서, 그는 전문가처럼 기차를 기다리고 있다. 나는 갑자기 어떤 섬뜩한 생生의 단면을 보는 듯한 추상적 착시錯視를 느낀다. 사내가 소리지른다. 저…… 저…… 소년이 기차를 등지고 철길을 내닫기 시작한다. 진눈깨비가 기차보다도 먼저 소년의 등 뒤로 무수한 총알이 되어 날아간다. 기관사가 소리 지르는 것이 여기까지 들린다. 아슬아슬하다고 생각하는 순간, 소년이 철길 옆으로 재빨리 내려선다. 갑자기 내 등 뒤에서 째지는 소리가 난다.

"거기, 창문 좀 닫지 못해옷?"

여자의 머리카락은 얼음 가루로 뒤덮여 있다. 나는 셔터를 내린다. 사내가 실없이 웃는다. 고 녀석 아, 참 망할 녀석, 가끔씩 저런 녀석들이 한둘쯤은 있다니까……

불현듯 중얼거리던 사내가 이상한 말을 한 듯싶다. 나는 그 말이 무슨 말인가 싶어 사내 쪽을 향해 상체를 조금 구부린다. 사내는 여전히 눈동자를 창문 쪽으로 고정시킨 채 중얼거린다.

"산다는 게 어떤 것인지…… 형씨……"

"……"

"아니요, 이건 대수롭지 않은 말입니다. 그저, 아까 그 녀석을 보니까 불현듯 그런 생각이 드는군요……"

2

기차가 C읍에 도착할 때까지 사내는 말이 없다. 여자가 혼자서 껌을 씹는 소리가 들려올 뿐이다. 드디어 C읍에 나는 도착한 것이다. 나를 기다리고 있는 것은 무엇일까, 아아, 미친 짓이지. 설령 나의 이 알 수 없이 아득한 불안감과 절망감이 녀석과의 만남으로 인하여 치유된다 하더라도, 그것 역시 내가 미리 준비해둔 관념의 한 가지 색에 지나지 않음을 나는 알고 있다. 기차가 선다.

사내는 목도리를 칭칭 목에 감고 조그만 검정색 도시락 가방을 옆구리에 낀다. 기차에서 내려 우리가 역 내로 들어섰을 때, 뒤에서 밭은 기침 소리가 난다. 사내가 얼핏 돌아보고 나서 내 옆구리를 잡아당기며 소근댄다.

"아까, 그 여자예요."

여자는 조그만 슈트케이스와 종이 봉지 꾸러미 한 개를 양손에 나눠 쥐고 입도 가리지 못한 채, 서서 기침을 하고 있다.

사내와 나는 역을 빠져나온다. 비포장도로가 양쪽으로 갈라져 있다. 나는 작년에 녀석과 함께 있었던 C다방의 위치를 가늠해본다. 내가 아직까지 C다방의 이름을 기억하는 이유는 그것이 C읍과 상호商號가 같기 때문이다. 사내가 안경을 닦으며 묻는다.

"어디로 가십니까?"

"전 이쪽인 것 같습니다."

"……"

"아니, 이쪽이 확실합니다."

"그래요? 그러면 우리는 여기에서 헤어져야겠군요. 부디 만날 분은 꼭 만나보시기 바랍니다. 전 이쪽이거든요."

나는 사내의 손을 잡다 말고 갑자기 쓸쓸해짐을 느낀다.
"우리, 술이나 한잔할까요?"
사내는 마치 그럴 줄 알았다는 듯이 크게 웃는다.
"미안하군요. 저는 술을 못합니다. 안녕히 가십시오."
나는 갑자기 자신이 심하게 부끄러워진다. 안녕히 가십시오. 사내가 돌아서다 말고 나를 쳐다보더니 빙그레 웃는다. 당신이 만날 사람은 내가 아닐 텐데요,라는 듯한 묘한 웃음을 던진다. 나는 악수를 풀고 사라져가는 사내의 뒷모습을 본다. 그리고 내 손이 아직까지 허공에 떠 있음을 알고 황급히 호주머니 속에 쑤셔 넣는다. 나는 무작정 짚이는 대로 비포장도로 왼편에 직각으로 뻗은 골목길로 접어든다. 길 양편으로 작은 가게 몇 개가 지나고 블록 담장이 듬성듬성 줄을 잇고 있다. 진눈깨비는 어느덧 함박눈으로 변해 있다. 질척거리는 골목을 한참 올라가다 보니, 한 떼의 초등학생들로 보이는 계집아이들이 우르르 몰려 내려온다. 나는 그중 노란 '주번' 완장을 찬 안경잡이 계집아이에게 다가간다.
"얘, 이곳에 초등학교가 어디에 있지?"
여자애들이 와그르르 웃는다. 별걸 다 물으시네요, 아저씨. 우리가 초등학생으로 보이신다면 바로 요 위가 초등학교가 아니겠어요? 하고 웃는 듯이 느껴진다.

학교 정문 옆에 C다방이 있었다. 초등학교 옆에 다방이 있다는 사실이 좀 우습지만 이 C읍에서는 학교 선생을 대상으로 하는 유일한 다방이 아닐까 생각해본다. 아마 그 점이 신기했기에 우리가 작년에 무작정 이 C다방으로 들어갔으리라. 정문 앞에서 다방으로 이르는 조금 넓은 길에서 아이들이 눈싸움을 하고 있다. 아저씨, 비켜요. 그래, 나는 이렇게 비켜 걷는다.

다방 안으로 들어선다. 카운터 쪽에 조잡한 조화造花가 멋을 부리려고 장식된 듯이 천장에서부터 길게 아래를 향해 늘어져 있다. 이 파리들보다 꽃이 더 많아서 무슨 과일들처럼 보인다. 머리를 단정하게 깎은 청년 둘이 난롯불에 손을 쬐며 무엇인가 얘기하고 있을 뿐 그 외의 손님은 보이지 않는다. 카운터에 앉아 주간지를 뒤적이던 레지가 구석 자리에 앉은 나를 보더니 난로 위에 얹었던 주전자에서 끓는 물을 사기컵 하나 가득 부은 다음 테이블로 그것을 가져온다. 왜 이런 구석에 앉아 있어요? 난롯가로 다가와 앉지 그러세요? 하는 듯한 눈빛을 보낸다. 다방에 손님이 적을 때, 새 손님이 들어오면 굉장히 반가운 척하는 게 정상적일 텐데, 그렇지 않은 것을 보면 평상시에도 거의 사람이 없는 다방이라 아예 손님에게 신경을 쓰나 안 쓰나 마찬가지라고 생각하는 것이 분명하다.

"아가씨는 이곳에서 언제부터, 일하고 있죠?"

"한, 2년 됐어요."

귀찮다는 듯이 짧게 잘라 말하는 그녀는 이런 촌구석에서 2년씩이나 썩고 있는 것을 손님이 우습게 느끼건 말건, 자기는 그런 것쯤은 개의치 않는다는 듯한 행동을 묘한 적개심을 지닌 억양으로 드러내는 것을 잊지 않는 듯하다.

"혹시 저를 본 적이 있습니까?"

물론 나도 그녀를 기억하지 못한다.

"아뇨, 전 이곳 단골들을 아주 잘 알고 있기 때문에 그만큼 단골이 아닌 사람들에게는 신경을 덜 쓰게 되는 편이에요. 사실 단골이 아닌 사람들은 이 다방을 거의 찾지 않거든요."

"1년 전에 한 번 온 적이 있습니다."

"어머! 제가 그런 신라 시대 적 손님을 어떻게 알아요? 그런데 어떻게 이런 곳엘 다 오셨죠?"

'이런 곳'이라는 그녀의 자조적인 표현에서 나는 내가 이 다방의 분위기와는 어딘지 동떨어져 보이는 모습이거나 느낌을 주고 있을지도 모른다는 생각을 한다. 그녀는 심심한 판에 시간이나 죽이자는 듯이 물어보지도 않고 커피 두 잔을 가져와 한 잔을 내 앞에 놓고 나머지는 자기가 손에 들고는, 홀짝 한 모금 마셔버린다.

"약속이 있습니다. 친구와 만나기로 했으니까요."

"몇 시에?"

"7시, 아니 8……시던가?"

"무슨 약속이 그래요?"

"그게 무슨 상관이 있습니까? 시간은 아무래도 좋은 약속이었습니다."

"어머, 아저씨는 참 한가한 사람인가 봐. 아니면 그 친구분이 이 근처에 사시든가……"

"……둘 다 아닙니다."

나는 담배를 피워 문다. 그는 오지 않을 것이다. 아니면 내가 그를 만나지 않을는지도 모른다. 1년이 지난 지금 나는 변한 것이 있었던가? 그는 변했다. 그러나 그와 내가 마지막으로 얼굴을 본 1년 전의 오늘, 그가 나에게 그 자신이 어떠한 식으로 변모해갈 것인가에 대하여 암시했었다 하더라도, 내가 그런 암시를 무심코 흘려버렸을 경우, 그가 지금 변해 있다는 나의 인식은 1년 전에 내가 깨달아야 했던 인식의 뒤늦은 자각에 불과하고, 그런 경우 그는 전혀 변한 게 없다는 뜻이 된다.

시간, 아니 시간이 갖는 추상성으로 인하여 내 말에 설득력이 없어진다면 나의 지금이라고 해두자. 나의 지금이란 알 수 없는 미혹으로 가득 차 있다. 한마디로 어떤 정열이나 긴장감 없는 권태의 늪 같은 것일 테지. 그것이 어떤 계기에서 비롯되었다면, 나는 이런 막연함으로부터 또 다른 계기를 통하여 탈출할 수도 있을 거야. 하지만 이러한 늪은 나의 짧은 생生을 언제나 지배해왔던 숙명적인 것이야. 마치 당구장에서 큐대를 바르는 가루 주머니를 만질 때의 부드럽고 섬뜩한, 손가락으로 누르면 쑥 들어간 채 나오지 않는, 의식의 표면 같은 느낌이지……

나는 그때 그에게 "너에게 그러한 사유야말로 너무도 사소하고 한심한 것이어서 오히려 그러한 절망의 내부를 들여다볼 필요조차 없을 정도로 사치한 감상 같군" 하고 빈정댄 듯하다.

그래, 넌 이해할 수 없을지도 몰라. 대개의 인간들이란 자신이 어떠한 형식적 자극을 통해서만 고통을 당하는 듯이 생각하고, 심지어 자신의 근원적·선험적 아픔까지도 단순한 몇 개 이유들로써 도식화해버린다는 것을 나도 알고 있어. 예를 들어 물질의 있고 없음이나 정신의 해방·구속 같은 것들, 그런 것들이 미치지 않는 곳에 내 생의 알 수 없는 비애가 있다. 아아, 긴장감 없는 생이란. 난 월남전이 계속되고 있었더라면 자원해서 파월 장병들 틈에 끼어버렸을 거야. C읍에 너와 내가 무작정 기차를 타고 도착해서 이곳에 우연히 앉아 있다. 이것이 무슨 의미가 될까. 우리가 몇 개월이 지난 이후에 다시 만난다 하더라도 우리는 무엇을 어떻게 변화시킬 수 있을까. 우리가 행여 우리의 삶에 대하여 가지는 쓸쓸함을 제거한다고 해도 그것은 제거된 것이 아니라 또 다른 모습으로 변형된, 쓸쓸함으로 다가올 뿐이야.

그때 나는 녀석의 그 연체동물과도 같이 흐느적거리는 말투에 대고 소리친 기억이 있다.

네가 바라는 월남전만큼의 절박한 죽음 앞에서의 긴장을 너의 생, 현재에서 처절하게 느낄 수 있는 파국이 너에게 다가오기를 바랄 수밖에 내가 할 일은 없겠군. 그러한 파국이 너에게는 축제일 테니까. 또한 네가 생각하는 그 따위 쓸쓸함이나 막막한 차단감 같은 것들은 모든 인간이 괄호 안에 묶어두고 살아가고 있음을 너도 알고 있을 텐데. 마치 네가 세상에 태어난 자체가 네 의지와는 무관한 한 개 괄호인 것처럼.

손끝까지 담배가 타들어온다. 나는 얼른 그것을 재떨이에 담는다. 레지는 이미 자리를 뜨고 없다. 그때 나는 녀석의 감상이나 관념을 사치한 것으로 비난해버렸지만, 사실 현재의 내 생활을 휩싸고 있는 암울하고 막막한 느낌들은 어쩌면 그와 동질의 것이 아닐까 하는 생각이 홀연히 뇌리를 스치고 지나간다. 나는 또다시 담배를 꺼내 불을 붙일까 하다가 그냥 일어선다. 카운터로 가까이 가자 레지가 눈을 동그랗게 뜨고 나를 쳐다본다.
"지금 겨우 7시 5분이에요. 8시일지두 모른다고 하셨잖아요?"
나는 그냥 웃으면서 찻값 2인분을 치르고 장갑을 낀다. 레지가 고맙다는 듯이 웃으며 말한다.
"아저씨, 사실은 여기서 만나려고 하신 게 아니군요?"

"여기서 만나기로 했습니다. 그러나 그가 오지 않을 것이라는 것을 나는 벌써 알고 있었거든요."

"뭐라고요?"

"아니, 됐습니다. 내가 갑자기 그를 만나기가 싫어졌습니다. 이젠 됐지요?"

여자는 곰곰이 무엇인가 생각하다가 갑자기 호호호 웃는다. 나는 그 웃음의 의미를 알 수 없다.

다방을 나오니 갑자기 추위가 온몸을 휩싼다. 그러나 그러한 추위는 나에게 너무도 친숙한 것이다.

내가 역 부근으로 돌아왔을 때는 이미 거리 곳곳에 더러워 보이는 각종의 간판들이 전깃불 아래에서, 서로 눈에 잘 뜨이기 위해 발돋움하고 사진을 찍으려는 결혼식장의 손님들처럼 요란하게 붙어 있다. 언제 이러한 빛들이 숨어 있었을까 알 수 없는 일이군. 나는 역 부근의 허름한 술집을 찾아 들어간다. 취기는 눈에서부터 솟아 얼굴을 압지처럼 축축이 적셔온다. 다시는 돌아오지 않을 것이다. 나의 이러한 시간, 이러한 사유, 이러한 행적은 언젠가 나에게 흑백사진처럼 색채를 알 수 없는 환상으로서만 기억될 것이다. 그러나 그러한 기억들은 언제나 그림자처럼 나를 놓아주지 않을 것이다.

술집 문을 나오면서 나는 이상한 기척을 느낀다. 누군가 내 등 뒤에서 걸어오고 있다. 나는 가로등처럼 우뚝 선다. 뒤를 돌아다보았을 때, 아아, 아까 기차 안에서 보았던 여자가 내 시야 아래로 흔들리며 다가온다. 털이 듬성듬성 빠진 모피 외투 속에서 여자는 희미하게 웃으면서 다가온다. 여자는 여전히 양손에 슈트케이스와 종이 봉지 하나를 꼭 붙잡고 있다.

"아저씨."

여자가 또다시 밭은기침을 시작한다. 여자가 머리의 눈을 턴다. 눈은 이제 조그만 싸라기로 변해 있다. 여자의 머리칼 속에서, 채집망 안에서 날벌레들이 달아나듯 싸락눈들이 뛰어내린다.

"아저씨 저랑 같이 가요. 잠만 재워주시면 돼요."

여자가 내 어깨에 팔을 두른다. 나는 목 언저리에 두꺼운 머플러를 걸친 느낌이 든다. 내가 고개를 조금 돌려보니 내 시야에 들어오는 그녀의 옆얼굴에서 흐릿한 눈빛이 가스등처럼 켜져 있다.

"술 마시느라고 몽땅 날렸지 뭐예요."

여자의 입에서는 한 모금의 술 냄새도 나지 않는다. 그러나 술 냄새보다 더 깊고 짙은 알 수 없는 느낌의 냄새가 나의 눈을 통해 들어온다. 나는 발목까지 푹푹 빠지는 눈길을 걷는다. 여자가 끌려오듯이 붙어 있다. 여자가 두른 팔에 힘이 빠진다. 종이 봉지가 찢어지며 새빨간 사과 두어 알과 소주 한 병이 눈 속에 파묻힌다. 나는 천천히 그것들을 끄집어내어 품속에 안는다. 그것들이 떨어졌던 자리에 생긴 깊은 구멍 몇 개가 하얀 눈을 뜨고 잠시 나를 바라다본다.

여인숙 2층 목조 계단을 삐걱이며 올라가는 동안 여자가 소리 없이 흐느껴 우는 것 같다. 손바닥만 한 방 안에 들어가 더러운 분홍 누비이불 위에 힘겹게 쓰러지고 나서 여자가 조금 큰 소리로 운다. 사환 아이가 숙박계를 가져왔을 때, 비로소 그녀는 울음을 그친다. 조그만 물 주전자와 컵 한 개, 마른 수건 한 장을 놓고 사환 아이가 물러난다. 여자는 슈트케이스에서 거울을 꺼내 정성껏 화장을 하기 시작한다. 나는 방 한구석에 앉아 여자가 화장하는 것을 지켜본다. 눈을 맞은 머리를 곱게 빗질하고 얼굴에 콜드크림을 바른다. 여자는 입술을 아주 오랫동안 그린다. 입술에 파리해 보이는 붉은 꽃 이

파리를 얹은 것 같다. 갑자기 그녀가 한숨을 쉬더니 결심한 듯이 나를 쏘아보면서 입을 연다. 내가 묻기도 전에 자신의 이야기를 꺼내는 것을 보면, 어쩌면 그녀가 나를 자신의 필요한 말 상대로 유혹했을지도 모른다는 느낌이 든다.

"나도 사실 그놈을 진짜루 믿은 것은 아니었다구요. 걔는 그야말로 삼류 이발관 면도사였어요. 그야말루 삼류 영화 같은 얘기지만, 나두 삼류 영화가 어떤 것인지쯤은 다 알고 있다구요. 내가 미쳤지, 정말이지 나는 걔한테 한 푼도 받지 않았어요. 엄마한테는 다른 손님들에게서 받은 팁을 모았다가 그 새끼 ×값이라구 속여서 바쳤어요. 우리는 열심히 벌어서 장차 결혼까지 하기루 했다구요."

여자가 말을 끊는다. 그리고 윗목에 놓인 소주병을 이빨 사이로 가져간다.

"아저씨, 한잔하실래요? 아저씬 참 좋은 사람 같애. 그런데 말이 없어요. 난 말이 없는 사람은 딱 질색이야."

나는 여자가 따라주는 술을 마시며 아득한 편안함을 느껴본다. 술은 식도를 은도금하며 흘러내리고 위벽으로 들어가 칼날이 된다.

"그 새끼가…… 그러니까 넉 달 전에 고향에 가서 이발소를 차린다구 제 저금통까지 모조리 갖구 날랐어요. 조금만 기다리라구, 형편 잡히면 데리러 온다구 하면서. 나도 좀 의심이 가긴 했지만, 우리 같은 여자들은 그런 의심보다는 좀 수상쩍다 싶어도 그간의 의리를 소중히 생각한다구요."

여자가 이번에는 사과를 깎기 시작한다. 지붕 어디쯤에선가 계단처럼 눈이 밀려 고드름이 주르륵 떨어지는 소리가 들린다.

"아무리 기다려도 그가 오지 않는 거예요. 마침내 오늘 손님도 안 받고 그가 적어준 주소대루 와봤던 거예요. 이발소 하나가 있긴 있는데 그는 없었어요. 주인한테 물어보니까 한 두서너 달 전쯤에 한 사내가 찾아와서 이발소를 팔겠느냐고만 물어보고 간 적은 있다는 거예요. 아마 그가 처음에는 나와의 약속을 지키려다가 맘이 변해서 돈만 가지고 다른 곳으로 가버린 것일 거예요."

여자가 벗어놓은 모피 외투 위에 블라우스를 던지다 말고 참, 내 부츠, 하더니 문을 연다. 여자는 정성껏 신발을 모두어 들고 방 한구석에 신문지 한 장을 깐 다음 신발을 그 위에 올려놓는다.

……여자가 치마를 올리고 눕는다. 너무 익숙한 자세라 나는 갑자기 엄청난 쓸쓸함을 느낀다. 내가 다가가서 그녀의 얼굴을 보니 그녀의 눈에서 맑은 눈물이 흘러내리고 있다. 나는 그녀를 일으키려 한다. 사실 오늘만큼은 이런 곳에서 이런 짓 하긴 싫었는데…… 알구 있어요. 일어나요…… 그러면 아저씨에게 미안해서……

여자가 내 부축을 가볍게 저지하고 일어나 앉아 눈물을 닦다가 하하 웃는다. 나는 바바리코트 안주머니를 뒤져 납작이 찌부러진 담뱃갑을 꺼낸다. 여자에게도 한 개비 권한다. 여자가 받는다. 그녀는 화투나 칠까, 하고 혼잣말을 하더니 슈트케이스에서 모서리가 매끈하게 닳은 화투를 꺼낸다. 패를 돌리는 것이 능란한 솜씨다. 담배 연기가 회청색으로 퍼져 허공에 추상화를 그린다.

"아저씨는 웬일로 혼자세요?"

"친구를 만나기로 했는데……"

"못 만나셨다는 거지요? 안되셨군요."

정말 여자는 안된 표정을 짓는다. 내가 뒤집은 패에 통통하게 살진 사슴 한 마리가 단풍을 보고 있다. 여자는 사슴을 빼앗기고 나자 가볍게 한숨을 쉰다.

"어떤 사람이세요? 아저씨는 무슨 일을 하시는 사람인가요?"

"그냥 평범한 사람이죠. 아가씨가 길을 가다가 우연히 툭툭 어깨를 스치는 그런 사람이지요."

"……사실 지금도 그이를 향한 감정은 변함이 없어요. 솔직히 나는 그가 아직도 이발소를 차리기 위해 다른 곳을 물색하고 있는 중이거나, 일을 해서 돈을 더 보태려구 하고 있을 거라고 생각하고 있어요. 그리고 그때까지는 나를 찾지 않을 거예요. 그리고 나도 그쯤은 참을 수 있어요…… 그리구…… 어떠한 그 이상의 것두 난, 다 혼자서 참을 수 있어요."

결국 나는 그녀에게 밤 1시까지 860원을 잃는다.

나는 방 한구석에 등을 기대고 앉아 있다. 여자는 편안히 자고 있다. 나는 어둠 속에 앉아 담배를 피운다. 담뱃불이 야광충처럼 반짝거린다. 바람 소리가 창을 더듬고 지나간다. 여자가 이따금씩 몸을 뒤챈다. 그러나 나는 그것이 더욱 깊고 편안한 잠을 위해서 뒤채는 몸짓임을 잘 알고 있다.

3

내가 잠깐 앉은 채로 잠이 들었던 모양이다. 잠에서 깨어나 보니 여자는 간 곳이 없고 내 발밑께에 'MEMO'라는 활자가 박힌 종이가 한 장 놓여 있다.

'난 말이 적은 사람은 딱 질색이지만, 이제부터는 안 그러기루 했어요. 행복하게 사세요.'

나는 담배를 한 대 피워 문다. 그래, 그녀는 잘 참아낼 것이다. 어쩌면, 이발사 사내와의 영원한 결별까지도 참아낼 것이다. 나는 앞으로 그녀가 잘 살아가기를 바랄 뿐이다. 사내에 대해 그녀가 계속해서 사랑하기를 바랄 뿐이다. 그것이 증오의 힘이든 애정의 힘이든 상관없는 일이다. 환상이란 삶의 도피이며 정면 대결에의 회피라는 생각은 좁은 편견의 오류일 뿐이다. 삶과 정면 대결하여 절망을 극복하기 위한 우리들의 힘은 어디에서 오는가. 그것들은 모두 어둡고 습습하여 정체를 알 수 없는, 그러나 사람들에게 각자 다른 모습으로 추정되는, 환상 또는 허상에서 비롯되어 존재할 것이다. 우리의 정신적 양식糧食이 비롯되는 곳은 환상이다. 그리고 그러한 환상이 존재하는 어두움의 창고를 인식하는 개인의 성숙에서 우리의 삶과의 끈질긴 투쟁은 그 무기를 얻게 되리라. 설령 그 이발사가 그녀 앞에 영원히 모습을 나타내지 않을지라도, 그녀 앞에 언젠가 다른 사람, 다른 시차로 새로운 끈이 나타나 그녀를 지탱해줄 때까지의 그 생존의 힘은 그녀의 이발사에 대한 애증일 것이다.

 나는 여인숙을 나와 부근의 식당에서 간단히 아침 식사를 한다. 눈은 어젯밤에 이미 그쳐 있고 C읍의 아침은 미지의 설국雪國으로 하얗게 빛난다. 나는 역으로 걸어갔다. 나는 돌아갈 것이다. 대단한 강설이었다. 다행히도 간밤과 오늘 아침의 제설 작업으로 기차가 운행되고 있다. 벽이 새하얗게 얼어 있다. 차표를 끊고 기다리는 사람들의 말소리가 텅텅 벽에서 서로 부딪쳐 울리고 있다. 기적 소리가 울린다.

 객실로 들어선다. 나는 자리를 잡고 앉아 눈을 감는다. 그래, 나는 돌아가고 있는 것이다. 1년 만에 이곳에 온 나는 과연 무엇을 확인한 것일까. 그러나 '무엇'을 생각하는 순간 그 모든 확인의 목적은 삽시간에 사라짐을 나는 이미 알고 있다. 나는 습관적으로 담배를 피워 문다. 손아귀 벽에서 빨갛게 타오르는 불. 기적이 운다. 기차가 떠나기 시작한다. 차창 밖으로 신선한 아침 공기가 휘파람을 불며 뛰어다닌다. 풍경들이 하얗게 눈을 뜨고 말을 탄 듯 흔들거리며 지나간다. 잠시 눈을 감았다가 떴을 때 기차는 막 아침 안개밭 속으로 들어가고 있다. 온 세상이 아득한 흰 물처럼 보인다. 내 얼굴 가득히 물이 묻는 듯한 착각에 빠진다. 그래, 나는 내 이름 위에 이삿짐처럼 얹힌, 내가 끌고 다녀야 할, 생의 무게를 너무도 비극적인 것으로 알고 있었다. 그러나 그러한 알 수 없이 막막한 권태와도 같은 생의 무게와의 시소 놀음에서 언제나 패배함을 스스로 즐기고 있었던 것은 아니었을까. 녀석과 나는 그러한 중량감과의 동행同行의 방법이 달랐던 것이다. 그가 그러한 삶의 중량감을 언제나 무거워하여 마침내 그것을 던져버림으로써 해결한 반면, 나는 어쩌면 그것을 은밀히 즐기고 있었을지도 모른다는 생각이 갑자기 내 의식을 세게 쳤다. 내 삶 곳곳에 미리 숨어 있다가 갑자기 악수를 청할 당혹한 그 절망의 정체를 나는 희망이라고 불러온 것은 아니었는지. 아아, 목구멍 가득히 안개가 들어찬 느낌이다.

내가 눈을 뜬 것은 순전히 누가 내 어깨를 강하게 흔든 탓이다. 내가 눈을 부비며 그를 쳐다보았을 때, 나는 뜻밖에도 그가 어제 만났던 그 공무원 사내임을 단박에 알 수 있다.

"다음 정거장에서 막 내리려고 승강구 쪽으로 오다 보니 형씨가 주무시고 계십디다그려. 그래 깨울까 말까 하다가 결국은 깨우게 되었습니다. 인사라도 하고 가려고요. 일요일에도 특근이 있어서요."

그러나 나는 사내가 처음 기차를 탔을 때부터 줄곧 나를 보고 있었다는 확신이 서는 것을 막을 수가 없다. 그는 어제의 그 군청색 목도리를 여전히 달팽이처럼 도르르 목에 감고 있다.

"그래, 어제 그 여자 친구분은 잘 만나보셨습니까?"

나는 빙그레 웃고 만다. 그때 기차가 조용히 선다. 사내는 내게 묘한 웃음을 던지면서 머뭇머뭇 내린다. 그러나 내리고 난 사내는 무엇인가 곰곰이 생각하다가 갑자기 내가 앉은 좌석의 창문을 두드린다. 나는 창문을 연다.

"아니, 어쩌면 형씨가 만날 사람을 내가 잘못 맞혔는지도 몰라요. 어째 형씨를 보니까 그런 생각이 드는군요."

기적 소리가 안개를 주사기에 넣고 제로의 눈금에 가깝게 눌렀을 때처럼 비명을 지른다. 사내가 크게 소리친다.

"그래, 친구분은 잘 만나보셨습니까?"

나는 갑자기 그때 기차가 이대로 떠나버리면 안 될 것 같아 조급해진다. 창밖으로 머리를 내밀고 나는 악쓰듯이 크고 빠르게 소리친다.

"당신이 바로 맞혔는지도 몰라요. 사실 제 친구 놈은 이미 죽은 놈이에요. 제가 그놈을 마지막으로 본 게 1년 전 어제의 C읍이었어요. 게다가 우리의 약속은 처음부터 없었던 것이었고요. 그는 저와 헤어진 뒤 두어 달 만에 자살해버렸던 겁니다. 저는 어제 그 친구의 환상을 만나러 갔던 거예요. 아니, 어쩌면 만날 수도 없는 그 친구를 만나려 했던 나 자신의 환상을 만나러 간 셈이죠. 그러나 저는 전혀 예기치 못한, 어쩌면 당신의 직감은 예감했을지도 모르는 또 다른 환상을 만났던 거예요…… 그리고, 참…… 인생은, ……살아볼 만한 것일지두 모르겠어요. 우리에겐 알 수 없는 막막한 일들이 너무도 많이 남아 있거든요. 절망이라는 것은 이미 모든 것을 알아버려 더 이상 꿈꿀 것이 없다는 뜻이고, 우리들 앞으로 언젠가 불쑥불쑥 튀어나올 의지나 정열의 시간들을 우리는 희망이라고 부르지 않, 습, 니, 까?"

나의 말끝이 기적 소리에 잘려 뚝뚝 부러진다. 사내는 나의 빠르고 부정확한 말을 다 알아들었는지 못 알아들었는지, 하여간 입가에 애매한 미소를 짓더니, 떠나기 시작하는 기차를 따라 갑자기 뛰어오기 시작한다.

"여보세요— 형씨. 이미 알아버렸겠지만…… 사람은 어느 정도 자기가 행복하다는 착,각에 빠질 줄 알아야 한다는 것이……"

나는 사내의 소리를 잘 듣기 위해서 차창 밖으로 고개를 힘껏 젖히지만, 손을 흔들며 뛰어오던 사내는 이미, 안개 속에 갇혀버리고 더 이상 보이지 않는다. 나는 갑자기 사내가 소리친 '착각'이라는 단어가 사진기의 셔터를 누르듯 내 가슴 어떤 부위에 네거티브 필름처럼 새겨지는 느낌을 받으며 얼결에 큰 한숨을 내뿜는다. 그러나 행복하다는 환상, 아니 착각 그 이후의 것은 이미 착각이 아님을 사내도 알고 있으리라. 렌즈는 사물의 허상虛像을 보지만 그것은 우리들의 실상을 가리키는 좌표가 된다. 행복이라는 것은 하나의 관념이지만 우리의 신념 속에 머무는 관념은 그 어떤 사물보다 견고한 것이다.

안개는 끝없이 허물어지고 있다. 아아, 안개는 내 입술 끝에서도 고요히 피어오르고 있다.

미로

 육중한 유리문을 열다 말고 나는 물에 흠뻑 젖어 있는 것처럼 유리 속에 미끈미끈하게 갇혀 있는 내 모습을 보고 갑자기 심한 갈증을 느꼈다. 그러고 보니 조금 전에 식당에서 식사를 마친 후 약을 먹을 때 약만 먹고 물은 마시지 않았다는 사실을 기억해내고는 나는 실없이 웃음이 터져 나오는 것을 참을 수 없었다. 하, 하, 하, 이거 정신이 나갔군. 나는 몇 번 헛기침을 한 후에 도어를 열고 대기실로 들어갔다.

 접수를 하고 나서 딱딱한 나무의자 위에 앉아 순서를 기다리다가 나는 더 이상 텁텁한 목을 참을 수 없어 벌떡 일어났다. 그러나 대리석의 바닥이 얼음처럼 빛나고 있는 이 넓은 공간에서 아무리 찾아도 물은 없었다. 세상에 먹을 물 하나 없다니. 찾는 것을 거의 포기하다시피 하며 막 자리에 앉으려 하다가 나는 그제서야 미처 생각지 못했던 커피 자동판매기를 발견했다. 표적을 눈앞에 두자 더욱더 목이 텁텁해지면서 아까 먹었던 가루약이 목젖 가득 떡고물처럼 엉겨붙어 있는 듯한 느낌이 가슴 깊은 곳에서부터 꾸역꾸역 차올랐다.
 밀크커피, 커피, 블랙커피, 코코아, 동전 떨어지는 소리가 들렸다. 블랙커피의 버튼을 누르려고 손가락을 가져가면서 순간적으로 나는 까닭 모를 불안감을 느꼈다. 아니나 다를까 몇 번이나 버튼을 눌러도 커피는 나오지 않았다. 네 가지 종류의 음료를 여기저기 피아노 건반 두드리듯 눌러보았지만 마찬가지였다. 갑자기 머리가 어지러웠다. 사람들이 떠드는 소리가 물속에서 소리치듯 아득히 들려왔다. 이마에서 하반신을 향해 어지러움이 전류 흐르듯 스쳐갔다.

나는 비틀거리며 되돌아와 딱딱한 나무의자에 다리를 꺾고 앉았다. 눈앞으로 휘청휘청 사람들이 지나갔다. 청바지 사이로 노란 스커트가 지나갔고 그 사이로 판탈롱과 아동화가 걸어갔다. 아무리 기다려도 내 이름은 불리지 않았다. 하기야 여기 이 수많은 사람들이 각자에게는 가장 중요한 환부患部를 가지고 앉아 의사의 치료를 기다리고 있는 것이었다. 한켠에서는 진료를 마친 사람들이 약을 타기 위해 약 창구 앞에 몰려들어 자기들의 약 번호를 기다리고 있었다. 창밖으로는 유리 조각같이 얇고 투명한 햇살이 공중에서 날아다니고 있었다. 315번, 128번, 27번…… 사람들은 마이크를 통해서 자신들의 번호가 불릴 때마다, 늦게 가면 혹시 남들이 자기의 약을 빼앗아가지나 않을까 하는 두려운 걸음걸이로 허겁지겁 약 창구 앞으로 뛰어가는 것이었다. 315번이세요? 예, 제가 315번인데요. 여기 315번 약 드려! 315번 약 여기 있어요. 27번! 27번!

8번 이비인후과 진료실 앞에서 수없이 사람들이 들락날락하고 있었다. 어디가 아파요? 코안이 헐었어요. 목이 따끔따끔해요. 편도선이군요. 중이염이에요. 편도선이 허겁지겁 문을 열고 나오자 이번에는 중이염이 들어갔다. 사람들이 아지랑이처럼 눈앞에서 가물거렸다. 내 잔등 위에 뜨거운 햇살이 그 갈기 한 끝을 힘차게 박았다. 오늘은 수술을 예약해야겠다. 나는 눈을 치켜떴다. 자꾸만 눈이 감기고 있었다. 갈증으로 해서 입 천장이 가뭄으로 갈라진 논바닥처럼 건조한 사기질로 느껴졌다. 이래서는 안 된다. 나는 혓바닥에 침을 발라 입안을 자꾸 적셨다. 대기실의 높은 천장에 매달린 형광등이 얇은 금속성의 울림을 내며 하얗게 빛나고 있었다. 사람들의 구두 소리와 웃음소리가 대기실 사방의 벽에 부딪혔다. 웃음소리의 끝이 뚝뚝 부러져서 여기저기 날카롭게 꽂히고 있었다.

내 병든 귀를 처음 진찰한 레지던트는 백색 가운 왼편 가슴에 청색으로 '金相萬'이란 한자 이름까지 곱게 달고 있는 30대 초반의 혈색 좋은 사내였다.
"어디가 아프십니까?"
"……오른쪽 귀예요."
나는 죄지은 사람마냥 새빨갛게 얼굴을 물들이면서 떠듬떠듬 말했다. 그것은 나의 신체의 고장을 타인에게 보일 때의 두려움과 남들과 같이 건강하게 스스로를 보호하지 못했다는 게으름에 대한 무의식적인 부끄러움 때문이었다. 더구나 내 귀의 고장처럼 거의 10년 동안의 고질적인 경우에 있어서는 더욱 그랬던 것이었다.
"언제부터 아팠습니까?"
은테 안경을 쓴 그의 음성에서 크레졸 냄새가 났다. 그가 이마에 감은 반사경 속에서 유리창을 통해 스며든 햇빛이 플래시처럼 부서졌다.
"……약 9년쯤 되었을 겁니다."
나는 엉겁결에 1년의 기간을 깎아 말했다. 그리고 흘끔 그의 동정을 살폈다. 실팍한 구릿빛 얼굴에는 아무런 변화도 없었다. 그러나 안경 속에서 실눈을 뜬 그의 눈빛에서 지루한 표정을 나는 언뜻 읽었다.

"그동안 뭘 했어요? 고치지도 않고······"

그가 내 귀에 은빛의 가느다란 금속통을 꽂고 얼굴을 가까이 가져다 대는 순간 나는 그의 곱고 길다란 손가락과 얼굴에서 번들거리는 기름기를 보았다.

"귀청이 없군요. 만성 중이염이에요."

그가 무감각하게 말했다. 억양 없는 목소리가 흡사 반짝거리는 청진기의 대롱을 연상시켰다.

"하나도 없습니까?"

"조금 붙어 있는데 거의 없는 거나 마찬가집니다. 그동안 귀청이 조각조각 떨어져 나간 것 같군요. 고름은, 계속 나옵니까?"

그의 목소리가 오르간의 미끄러운 '솔' 음을 쉬지 않고 내고 있었다. 나는 말이 목에 가시처럼 박혀 나오지 않는 것을 느끼고 더욱 당황했다. 무슨 말을 해야 이 사람에게 욕을 먹지 않을까 생각하다가 나는 엉겁결에 고개만 끄덕이고 말았다.

"수술을 받아보시겠습니까?"

"수술은 어떻게 받지요? 효과는 있나요?"

"이식수술입니다."

그가 간단히 말했고 나는 수술이라는 엄청난 단어의 위압감 때문에 더욱 어쩔 줄을 몰라 했다.

"비용은 얼마 들지 않을 겁니다. 의료보험이니까 10만 원 조금 더 들 겁니다."

그가 내 얼굴에서 영양실조의 흔적을 발견하기나 한 듯한 말투로, 나를 위로하려는 것 같아서 나는 조금 불쾌했다. 받아야지요. 내가 한숨 쉬듯 말을 끝내자마자 그는 가는 철사 대롱 끝에 솜을 매달고 잉크 같은 액체를 잔뜩 묻힌 후에 내 귀를 후비기 시작했다.

"우선 고름을 제거해야 하니까, 고름이 마를 때까지는 여기서 치료를 받아야 합니다. 그 후에 수술을 하세요."

몇 개의 솜방망이로 내 귀를 청소하고 약을 뿌린 다음에 의사는 여전히 지루한 눈빛으로 말했다.

"약 받아 가세요. 수납처에 가서 돈부터 내시고."

갑자기 웅성웅성하는 소리에 나는 앞자리 나무의자에 팔을 고이고 파묻었던 머리를 치켜들었다. 사람들이 옆 복도로 몰려가고 있었다. 한 사내의 울음소리가 복도 가득 찌렁찌렁 울리고 있었다. 사람들이 그 사내를 에워싸며 복도를 걸어갔으나 사내에게 가까이 접근하려는 사람은 아무도 없었다.

내가 그 행렬을 뚫고 사내를 관찰할 수 있는 거리까지 다가갔을 때, 마침 사내는 복도에 놓아둔 긴 의자 위에 큰 소리로 울며 쓰러지는 중이었다. 사내의 얼굴이 눈물로 뒤범벅이 되어 있었다. 아이고오…… 내 새끼야…… 헉…… 헉…… 아이고오…… 이렇게 죽……죽을 줄 내가 알았냐…… 아이구우우…… 사내의 목소리가 뚝뚝 끊어졌다. 눈물을 삼키는 호흡 사이에서 동물이 죽어가는 신음 소리가 배어 나왔다.

사람들은 모두 측은한 표정을 짓고 있었다. 그러나 그들은 사내를 보며 혀를 차기도 하고 얼굴을 쓱쓱 부벼 내리면서도 자기 옆 사람들이 어떠한 표정을 짓고 있나 흘끔흘끔 바라보는 것을 게을리하지 않았다. 그때 경비원 차림의 남자 하나가 울고 있는 사내에게 가까이 갔다. 어이! 일어나세요. 자! 자. 고정하세요. 아이구우! 아아…… 사내의 눈, 코, 입이 마치 냇물에 쓸려가는 조약돌 같았다.

"어떻게 된 일입니까?"

나는 옆에 선 검은 안경에게 침통한 음성으로 물었다.
"아마 아들이 수술을 받다가 죽은 모양이에요."
"어디를 수술했답니까?"
"모르겠습니다."
사내가 경비원의 부축을 받으며 일어섰다. 비틀거리면서 복도 저 끝으로 나가는 사내의 때 묻은 와이셔츠가 바지 바깥으로 구깃구깃 흘러나와 있는 게 얼핏 눈에 띄었다.
그때, 나는 묘한 표정들을 보았다. 사내에게서 가까운 거리에 있는 사람들로부터 먼 뒤쪽에 서 있는 사람들까지의 그들의 표정은 제각기 묘한 양상을 띠고 있었다. 뒤쪽으로 갈수록 그들은 조금씩 웃음기를 참으려고 애쓰는 표정들이었다. 사내에게서 가까운 사람들의 '참, 안됐군요' 하는 말투, '쯧쯧' 혀를 차는 말투에도 살그머니 각자의 웃음기가 묻어 있는 것이었으며, 저 끝에서 사내의 울음소리를 듣고 있는 축들은 아예 웃고 있는 사람들도 있었다. 나는 문득 모든 불행과 모든 괴로움에 대한 가장 효과적인 위안은 자신보다 더한층 비참한 자들을 바라보는 일이라고 말한 쇼펜하우어가 생각났다. 사람들은, 자신들의 병과 사내의 절망의 크기를 남몰래 각자의 저울에 달고 있는 듯한 눈치였고, 그 결과가 스스로에게 위안을 줄 때에는 자신도 모르게 얼굴의 주름살 사이나 입술, 눈꺼풀 사이로 살며시 웃음을 뱉어내고 있었다. 나는 휘청거리는 몸을 가누며 나무의자로 되돌아왔다. 벌써 내 진료 순서를 기다린 지 20여 분이 지나고 있었다. 오늘은 수술을 접수시킬 것이다.
벌써 내가 내 귀의 고장을 느끼면서 괴로워한 것은 강산이 한 번 뒤바뀌는 세월이었다. 그동안 병원 한 번 가지 않은 것은 순전히 나의 병을 남에게 보일 때 느끼는 수치스러움이 커다란 공포로 느껴져야 했던 나의 어리석음 때문이었다. 하기야 그때 나는 너무 어렸었다. 초등학교 때부터 아팠으니까. 그땐 나을 줄 알았었지. 그러나 시간이 지날수록 이것은 낫지 못할 병일지도 모른다는 생각이 들면서 그것은 점차 나에게 어떠한 확신처럼 여겨졌던 것이었다. 그리고 그 확신을 무너뜨리기에 너무 약하고 겁이 많았던 나는 그래서 언제나 내 귀의 콤플렉스에 얽매여왔던 것이었다. 그사이에 강산이 한 번 변했다.

그런데 얼마 전 내 성한 왼쪽 귀까지 곰팡이균의 침투로 딱지가 앉기 시작하는 것이 아닌가. 이거 안 되겠군. 나는 그제서야 사태의 심각성을 알았다. 심리적 확신이고 수치심이고 나는 내 관념의 올가미를 벗어던지고 병원을 찾은 것이었다. 인근 병원에서 왼쪽 귀를 몇 달 만에 고치고 나서, 나는 오른쪽의 고질적인 귓병을 행여 고쳐볼까(이 말투부터가 내가 오른쪽 귀에 대해 이것은 불치의 병이다라고 확신하는 하나의 심리적 증거인 것 같다) 하는 마음에서 이곳 종합병원을 찾은 것이었다.

그러나 내가 '고막 이식수술'을 내 오른쪽 귀를 고치는 최후의 확실한 수단으로 늘 생각해오고 있었던 것도 사실이었다. 약으로야 못 고치겠지만 고막을 이식한다는 데야 제까짓 귀가 낫지 않고는 못 배길 것이다. 이렇듯이 나는 현대 의학을 내 비장의 무기처럼 믿고 있는 것이었다. 또한 처음 만나자마자 김상만 레지던트가 수술은 당연한 것이며 평범한 일이다, 하는 말투로 수술을 권했을 때, 나는 떨리는 마음 한편으로 역시 의술이란 대단한 거로구나 하며 흐뭇해했던 것이었다. 문제는 그 '고막 이식수술'이란 말이었다. 듣기만 해도 끔찍한 말이었다. 물론 요즘 의술은 개구리 배처럼 가로세로 수직 이등분선으로 귀를 찍찍 찢어놓고 수술하지는 않는다고 했지만 '수술'이란 그 어감이 얼마나 무섭게 다가오는지 나는 거의 몸서리를 칠 정도였다. 게다가 고막을 이식할 때 잘못 건드려 중추신경 이상을 일으킨다거나…… 이렇게 생각하다가 나는 나 자신이 얼마나 소심하고 멍텅구리 같은 의학 상식을 갖고 있는가 하는 자각에 빠졌고 급기야 내 어리석음 때문에 조금 우울해져버렸다.

"이현익 씨!"
나는 벌떡 일어났다. 그리고 간호사를 가볍게 밀치며 진료실로 들어갔다. 진료실 안에서도 환자들이 줄을 서고 있었다. 8번 진료실 안에는 치료대 회전의자가 다섯 개가 있었고 그 위에 앉은 축농증, 중이염, 편도선들이 조금이라도 더 아파하려고 애쓰면서 의사들의 눈치를 살피고 있었다.
한참 후에 내가 치료대 위에 앉았을 때, 레지던트 하나가 웃으면서 다가왔다. 이현익 씨 맞죠? 하고 나서 내 진료 카드를 한 번 죽 훑어보고는 다른 카드 위에 내 것을 툭 튕겨놓았다. 이곳 종합병원에서는 한 환자에 대해 여러 레지던트들이 로테이션 진료를 함으로써 어느 개인이 저지를지도 모르는 오진이나 실수를 막는 것 같았다. 드레싱dressing을 하기 전에 이·현·익 씨죠? 다시 한번 확인한 다음, 그는 수술을 받아야겠군요 하면서 내 귀에 예의 금속통을 꽂는 것이었다.
"술 잡수셨습니까?"
"아뇨."
하면서 나는 엊저녁에 마신 생맥주 한 조끼를 생각해내고 순간적으로 깊은 죄책감에 빠졌다.
"고름이 줄지 않고 있어요."

나는 죄인같이 내심 당황하고 있었다.

"수술을 접수하세요. 지금 접수시켜야 한 열흘 후에 수술 받을 수 있을 겁니다. 워낙 밀려서······"

그때 간호사가 다가와 그에게 전화가 왔다고 알려주었다. 레지던트가 전화기로 천천히 걸어갔다.

"하하하······ 음······ 빨리 끝내고 나가지······ 응······ 그래, 거기서······ 하하하······ 기다리라구······ 요즘엔 웬 환자들이 그렇게 많은지 말야······ 하하하······ 글쎄 말야······ 잠깐만! (그는 잠시 송화기를 막았다) 왜 무슨 일이야. 미스 김, 알았어, 내가 곧 간다구 그래······ 하하하. 아냐······ 그래그래. 얘기해······"

내 귀에는 여전히 금속통이 꽂혀 있는 채였다. 한참이나 하하하 하더니 그가 돌아왔다. 어디가 아프시다구요? 아, 참! 수술하셔야겠어요. 그가 내 귀를 마구 후비기 시작했다. 으음 하고 나는 더 이상 참을 수 없어 신음을 토하고 말았다. 아, 참! 그가 다시 내 귀에서 솜을 빼고는 옆방으로 바삐 걸어갔다. 한참이 지나서야 그가 돌아왔다.

"됐습니다."

나는 쫓기듯이 의자에서 내려왔다. 그리고 진료실 한켠에 마련된 수술 접수처로 다가가서 진료 카드를 꽉 붙잡은 다음 둥글게 모인 사람들 사이에 섞였다. 한참 만에 내 순서가 되었을 때, 순간, 어느 여인의 금가락지 낀 통통한 손이 테이블 위로 날아와 슬쩍 진료 카드를 던졌다.

"아유우! 안 돼욧! 우리 애는 고등학생이라 토요일밖에 시간이 없어요."

"보시다시피 쫙 밀렸어요. 보세요! 이 날짜에는 다섯 명 수술 환자가 이미 예약됐다구요."

그러자 두 개의 턱을 가진 그 여인이 옆에 선 간호사의 팔꿈치를 툭 쳤다.

"선생님. 이분은 외과 최 박사님 소개로 오신 분이세요."

"아…… 그러세요? 그럼…… 가만있자. 그럼 여기 이 사람을 다음 주로 빼고 아드님을 여기로 넣어드리지요. 됐습니까?"

"됐어요."

여자가 여유 있게 돌아섰다. 향수 냄새에 땀 냄새가 섞여서 이상한 말똥 냄새가 풍겼다.

"어떻게 오셨습니까? 어디가 아프시죠?"

"……귀……귄데요. 수술을 좀……"

나는 쩔쩔매며 진료 카드를 보였다. 접수처에 앉은 의사가 미간을 찌푸렸다. 나는 간이 철렁 내려앉는 것 같았다. 의사가 내 카드를 툭 퉁겨 테이블 한쪽으로 밀어놓은 다음 지루한 표정으로, 몇 번 말해야 알아듣겠느냐, 이런 환자들 땜에 일의 속도가 느려진다니까 하는 말투로 내쐽듯이 말을 던졌다.

"청력 검사도 안 받고 어떻게 귀 수술을 하려고 하십니까?"

그는 귀찮다는 듯이 말을 끊고 내 뒤에 서 있던 깡마른 중년의 진료 카드를 받아 읽기 시작했다. 나는 당황을 감추지 못하며 나의 카드를 들고 물러났다. 바로 곁에 김상만 레지던트가 서 있는 것을 보지 않았더라면 나는 심한 모멸감을 느껴 주저앉았을지도 몰랐다.

"저어…… 청력 검사를 받은 후라야 수술을 받을 수…… 있다던데요……"

그는 껌을 씹고 있었다. 근육이 움직일 때마다 실팍한 그의 얼굴에서 번지르르 윤택이 흘렀다.

"저쪽 복도 끝에서 오른쪽으로 꺾어진 곳에 청력 검사실이 있으니까 거기서 측정을 받으세요."

그가 다른 곳을 쳐다보면서 억양 없이 말했다. 내가 좀더 물어보려고 그를 바라보려 했을 때 그는 이미 반사경을 번쩍이며 옆의 의사와 웃으며 얘기하고 있었다.

나는 얼른 8번 진료실을 빠져나왔다. 복도 양편에 사람들이 죽 늘어서 있었다. 일단 진료실 밖으로 나오면 환자들은 자기들이 정상인이라고 애써 나타내질 못해 당황하는 표정들이었다. 껌을 씹는 여자, 콜라를 마시는 어린이, 빽빽 필터까지 담배를 피워대는 어떤 할아버지는 주위 사람들의 눈총을 자신의 연령으로써 가볍게 묵살하려는 듯이 여유 있는 표정으로 연기를 확확 뿜어냈다.

복도 끝을 돌아서니 그의 말대로 측정실이 있었다. 청력 검사실답게 육중하고 두꺼운 쿠션으로 몇 겹을 입힌 도어가 당당하게 서 있었다. 나는 문을 열고 들어가면서 마치 고요한 '귀'의 속으로 들어가는 듯한 착각을 받았다.

"여기가 청력 검사실인가요?"

담당 여직원이 살짝 웃으며 내 가슴에 달린 배지를 바라보았다. 학생이시군요. 지금은 검사 중이니까 한 시간 뒤에 다시 오세요. 그 진료 카드는 이리 주시고요. 참! 수납계에 가서 영수증 끊어 오세요.

한 시간이라는 여유가 수중에 들어오자 나는 뛸 듯이 기뻤다. 청력 검사라는 것이 주는 공포는 마치 '암의 진단'에서 느끼는 것과 흡사한 것이었기 때문이었다.

사람에게는 '기대 공포'라는 것이 있다. 이것은 어쩌면 공포 한가운데서 느끼는 심리적 긴장과 불안보다 훨씬 견디기 힘들 것이다. 왜냐하면 기대 공포는 그 공포라는 실체에다 사람의 상상력을 첨가

시키기 때문이다. 이렇게 생각하다 보니 나는 내가 지금 기뻐할 하등의 이유가 없음을 알았다. 그리고 초조해지기 시작했다. 사실상 청력 검사의 결과는 나의 병에 대한 일상적 결론과 별로 다르지 않을 것이다. 귀가 나쁘다. 수술해야 한다. 그러나 그러한 귓병에 대한 고질적 고정관념이 '측정'이라는 객관적·과학적 시각으로써 확인될 때 느껴야 할 절망을 나는 지금부터 서서히 감지하기 시작했다. 그러나 나는 사실 청력 검사 도중에 내가 맞부딪쳐야 할 소리의 덫을 더욱 무서워하고 있었다.

나는 무작정 측정실을 빠져나와 아무 복도나 찾아들어갔다. 이 종합병원은 정면에서 바라볼 때 앞 건물의 넓이와 높이만 보일 뿐 측면의 길이는 잘 알 수 없었다. 단독 병원 같은 네다섯 개의 건물이 낭하와 계단들로 톱니바퀴처럼 물려 하나의 길다란 건물을 이루고 있었기 때문이었다.

한참을 걸어가다 보니 크레졸 냄새가 유독 진하게 풍겨오기 시작했다. 그 냄새는 불결한 것의 균을 없앤다는 콧대 높은 향기로 으스대며 보이지 않는 곳에 숨어서 푹푹 입김을 뿜고 있었다.

어떤 복도로 접어들어 얼마를 가다 보니 '환자 보호자 대기실'이란 팻말이 붙어 있는 방이 보였다. 나는 잠시 망설이다가 곧 힘차게 문을 열었다. 50대의 중년 부인 한 명과 두 명의 장년 신사, 서너 명의 젊은이, 아이를 업은 30대로 보이는 여인이 깜짝 놀라는 표정으로 나를 바라보았다. 그러나 그들은 곧, 아무것도 아니었군 하는 태도로 다시 자신들의 일에 열중하기 시작했다. 젊은이들은 왁자지껄 떠들고 싶은 심정을 애써 참으며 조용조용, 그러나 중요한 순간에는 낮고 힘차게 자신들의 목소리를 절제하면서 얌전히 트럼프를 치고 있었다. 50대 중년 부인은 쉬지 않고 귤을 까먹고 있었는데 발밑에 쌓여 있는 껍질로 보아 수십 개는 족히 될 것 같았다. 30대 여인은 조용조용 한숨을 쉬며 생각난 듯 이마의 땀을 훔치고 있었다. 장년 신사 두 분은 연방 빡빡 담배를 빨아대며 둘 다 한쪽 다리에 다른 쪽 다리를 포개놓은 자세로, 손짓 발짓 심지어 고갯짓까지 하며 열심히 이야기를 하는 것이었다.

"……그래, 하여튼 한 사장은 복이 많다고 해야겠지."

"먹고 싶은 술 다 먹고 말이지."

"처음엔 의사들이 애걸을 했다지 아마. 이 병은 술만 먹으면 재발하니 제발 1년만 참아주십사 하구 말야."

"하하하, 그게 되나? 한 사장 같은 분이……"

"하여튼 보통 사람 같으면 그 약값 감당 못 해서 네댓 번은 죽었을 거야."

"돈만 있으면 그만이지 뭐. 먹고 재발하고 고치고 먹고……"

"하기야 먹지 말라 금지되고 나면 사람이란 더 먹고 싶어지는 것이 아닌가. 또 스릴도 있구."

"그럼…… 그럴 때 술맛 기차잖아?"

"근데 웃기는 것은 말야, 처음 몇 번은 의사들도 술 먹지 말라 애걸하던 것이 점차로 무관심해지더라는 거야. 아, 돈 벌고 좋잖아, 안 그래?"

"귀빈 대접이지 뭐, 하하하."

젊은이들끼리 서로 승강이가 벌어졌다. 내막을 잘 들어보니 포커를 치는 모양인데, 딴 돈을 합해 얼마 이상이 되면 맹장 수술을 하고 입원해 있는 친구에게 통조림을 사 가기로 되었던 모양이었다. 그런데 잃은 쪽이 자꾸만 더 치자고 고집을 피우고 있었다. 50대 여인은 계속 귤을 까먹고 있었다. 그 여인의 가방이 아직도 두툼한 것으로 보아 앞으로도 한 시간은 족히 무료함을 때울 수 있을 것 같았다. 나는 시계를 보고 일어섰다. 막 문을 열려고 할 때 나는 문 근처에 앉아 있던 아이를 업은 여인이 가방에서 무엇인가 꺼내어 손수건으로 정성껏 닦는 것을 보았다. 그것은 곰보투성이의 조막만 한 사과였다. 햇빛이 유리창을 찌르고 들어와 그 조그만 사과의 속살 깊이 박히는 듯한 환각을 등 뒤로 느끼며 나는 문을 열고 나왔다.

측정 시간이 되기 전에 나는 또다시 심한 갈증을 느꼈다. 나는 이 비인후과 대기실을 벗어나 복도 하나를 지나 비뇨기과 대기실 앞 자동판매기로 갔다. 밀크커피, 커피, 블랙커피, 코코아. 동전 떨어지는 소리를 들으며 나는 밀크커피를 꾹꾹 눌렀다. 나오지 않았다. 고장인가? '판매 중'이라는 네모 표지 가득히 불이 켜져 있는 것을 보고 나는 울화통이 터졌다. 나는 밀크커피커피블랙커피코코아를 좌르륵 눌렀고, 다음에는 순서를 바꿔 마구 눌러보았지만 결과는 마찬가지였다. 그러나 더욱더 나의 화를 돋운 것은 판매기 옆 의자 위에서 조그만 소녀 하나가 홀짝홀짝 코코아를 마시고 있는 것을 보았을 때였다. 모락모락 피어오르는 연기가 소녀의 속눈썹에 닿을 때마다 소녀는 눈을 슬쩍 내리감고 코코아의 이국적 향취를 은근히 음미하는 듯한 표정을 짓는 것이었다.

"애!"

"네?"

"너, 그 코코아 여기서 사 먹었니?"

나는 그렇게 물어보면서 소녀가 다른 곳에서 사 먹었다고 대답하기를 간절히 바라고 있었다. 그리고 그 바람은 부들부들 손끝을 떨게 하는 수모까지 가져다주었다. 그러나 소녀는 고개를 끄덕끄덕하면서 게다가 흰색의 긴 양말을 신은 다리까지 위아래로 번갈아가며 흔드는 것이었다.
"얘! 내 부탁 하나 들어줄래?"
"뭔데요?"
"자…… 100원 줄게, 자…… 가져…… 그리구 이 동전 좀 넣어서 아저씨 코코아 먹게 해줘."
나는 또 130원을 건네주며 말했다.
"아저씬 손이 없나요?"
라고 말하는 소녀의 눈 안 가득 날카로운 경계심이 짙게 드리워지는 것을 나는 보았다.
"딴 뜻은 없구, 그냥 너같이 예쁜 아이가 가져다주는 것을 먹고 싶어서 그래."
소녀가 입을 비쭉거리면서 일어섰다. 쪼르르 달려가더니 동전을 막 넣으려다가 소녀가 멈칫 섰다.
"에이, 아저씨! 판매 중진데요?"
나는 벌떡 일어나 판매기 앞에 섰다. 어느 틈엔가 판매 중지 표지에 빨간불이 약 오르지 하는 듯이 켜져 있었다. 아아, 입안 가득 가루약이 쩍쩍 들러붙는 듯한 느낌을 받으며, 급기야 나는 휘청휘청 화장실로 들어가고 말았다. 세면대 위에 물을 틀어놓고 나는 걸신들린 것처럼 한참이나 물을 마셨다. 물방울들이 얼굴로 튀었다. 물을 마신 후에 나는 탈진한 얼굴로 거울을 바라보았다. 비눗방울 세 개가 얼굴에 튀어 있었다.

청력 검사실에 들어서면서 나는 아까와 같이 거대한 '귓'속으로 들어가는 듯한 느낌을 받았다. 이현익 씨예요? 네. 저 안으로 들어가세요. 청력 검사실 안에 또 조그만 독방이 있었다. 측정실 구석에 자리 잡고 있는 그 조그만 방, 두 벽은 청력 검사실 벽에 붙어 있고, 한쪽은 유리, 나머지 한쪽은 두꺼운 스펀지 문으로 되어 있었다. 나를 이끌고 들어간 여직원이 생긋 웃으면서 나에게 다가와 양쪽 귀에 리시버 같은 것을 꽂아주었다. 그리고 내 손 안에는 버튼 하나가 주어졌다. 나는 마치 디스크자키가 된 기분이었다. 독방 안은 정말 물속처럼 고요했다. 여자가 실험실 밖으로 나가더니 유리를 면한 맞은편에 앉았다.

"잘 들으세요. 들려요? 들리면 버튼을 누르세요."

소리는 크게 들렸다. 나는 버튼을 힘껏 눌렀다. 그러나 왼쪽 귀에 그것은 천둥소리 같았지만 오른쪽 귀에는 거의 감각이 없었다.

"자, 잘 들으세요. 소리가 들릴 거예요. '붕' 하는 소리가 들리면 버튼을 누르세요."

먼저 왼쪽 귀의 실험이 시작되었다. '붕' 하고 꿀벌의 날개 터는 듯한 소리는 큰 기계 소리로부터 점차 작은 소리로, 가는 소리로, 마치 머리카락 같은 소리로, 안개의 끈과 같은 소리로 차례차례 희미해져갔지만 나의 왼쪽 귀는 여유 있게 그 모든 소리를 들을 수 있었다. 여자가 무엇인가 체크하는 게 보였다.

이번에는 오른쪽 아픈 귀의 차례다. 나는 온몸의 감각을 그곳에 집중하고 메아리같이 아득한 소리를 잡기 위하여 마비된 오른쪽 귀에 남아 있는 몇 가닥 촉수를 일깨웠다. 처음 몇 개의 소리는 잡을 수 있었다. 그러나 그 소리가 점점 작아지면서 나는 초조해지기 시작했다. 내가 소리를 놓치고 버튼을 누르지 못하면 '붕' 소리는 점점 커졌고, 버튼을 누르면 점점 작아졌다. 이러한 소리의 언덕을 몇 번 오르락내리락하자 나는 이제 '소리'라는 관념에 혼동을 일으키기 시작했고, 급기야는 시간적 이미지로써 소리를 판별해내려고 애쓰기 시작했다. 즉 일정한 간격을 두고 소리가 들려오기 때문에 소리가 작아지다가 들리지 않으면 '이때쯤이면 소리가 들려야 한다'라는 논리에 따라 불쌍한 나의 오른쪽 귀는 환청을 듣는 것이었다. 아니, 어쩌면 환청이 아닌지도 몰랐다. 왜냐하면 환청과 실제 소리조차 구분할 수 없었으므로. 뽕…… 뽕…… 뿌…… 부…… 웅…… 웅…… 우우…… 아, 나는 머리를 흔들었다. 그리고 내가 10년 동안 지녀왔던 불신의 뿌리가 그 실체로써 가슴에 박히는 것을 보고 있었다. 나는 급기야 거의 환청에 따라 버튼을 눌렀다. 곧 여자가 고개를 갸웃했다. 마이크를 통해 그녀의 음성이 들려왔다.

"잘 누르세요. 물론 미세한 음까지 잡아야 하지만 아무거나 막 누르지 마세요."

그녀는 그렇게 말하고 나서 너무했다 싶었는지 환자를 향해 아시겠어요? 하며 방긋 미소를 보내는 것이었다.

시간이 흐르자 급기야 나는 다리가 후들거리기 시작했고 얼굴에는 거의 마비 증세가 왔다. 나는 얼핏 어린 시절 홍역을 앓았던 기억이 생각났고 짙은 아욱국 냄새를 맡았다. 한참 후에 그녀는 또다시 머리를 갸웃하더니 결심한 듯이 말하는 것이었다.

"알았어요. 자, 이번에는 파도 소리 같은 것이 들릴 거예요. 그 소리 사이에 '띠―' 하는 고운 소리가 섞일 거예요. '띠' 소리가 들리면 누르세요. 작은 소리라도요. 아셨죠?"

파도 소리는 무슨 파도 소리. 철그물 몇백 겹을 뚫고 지나가는 바람의 비명처럼, 그것은 완전한 소리의 벽이었다. 그 빽빽한 철그물 벽을 뚫고 고운 '띠' 소리가 기어 나올 때마다, 충실한 내 왼쪽 귀는 여지없이 버튼을 눌렀다. 어떤 때는 '띠' 하는 소리가 작아지다가 커지기도 하고 어떤 때는 그 잡음이 커졌다가 작아지고 하였다.

드디어 또다시 오른쪽 귀의 차례였다. 처음에는 지글지글 빵 굽는 소리가 들려왔다. 내가 그 속에서 암석 속의 금맥처럼 고운 '띠' 하는 소리를 용케 잡아내자 이번에는 그 잡음이 마구 커지는 것이었다. 내가 멍청히 있자 이번에는 '띠' 하는 소리가 마치 나를 비웃는 듯이 크게 들렸다. 잡음 사이에 끼인 소리를 구별해내는 것은 먼젓번 실험보다 훨씬 어려웠고, 더욱 힘들여 정성껏 나의 감각의 촉수를 뻗어보았지만 이번 게임은 쉽사리 나의 TKO패였다. 그것은 완전한 소리의 늪이었다.

나오세요. 그녀의 말이 끝나고 나서 내가 리시버를 뽑았을 때, 방금 거대한 안개 속을 헤매다 나온 듯한 착각에 빠졌다고 느끼면서 나는 내 얼굴이며 잔등 가득 질펀히 땀이 흐르고 있음을 알 수 있었다. 그녀의 곁에 가서 나는 내 진료 카드 위에 놓여진 청력 검사 그래프를 보았다. 그래프 윗단에 있는 까만 볼펜의 선은 꽤 높이 올라간 꺾은선그래프였고, 그 밑 한참 아래에서는 역시 까만색의 낮은 그래프가 포복하고 있었는데 더군다나 후자의 그래프는 빨간 볼펜으로 수정되었다가 다시 까만 그래프로 변한 것이라 아주 복잡해 보였다.

나는 천천히 거대한 귓속에서 나왔다. 사지가 폭포처럼 아래를 향해 힘없이 떨어졌다.

내가 진료 카드를 가지고 이비인후과 제8호실에 들어섰을 때도 환자들은 아직까지 바글바글 끓고 있었다. 그러나 나의 눈은 그 가운데서 쉽게 김상만 씨를 골라내었고, 나는 '드디어 책임을 완수했습니다' 하는 표정으로 그에게 카드를 건네주었다. 그는 가볍게 청력 검사 기록표를 한 번 훑어보더니 튕기듯이 나에게 돌려주었다.
"소용없겠어요."
나는 처음엔 잘 갈피를 잡을 수 없었다.
"네?"
"소용없겠어요. 청신경聽神經이 거의 망가졌어요, 이런 귀는 수술을 해도 별 차이가 없을 거예요."
그는 마치 내 귀를 툭 튕기는 듯한 시선으로 바라보면서, 내가 멍청히 서 있는 것을 귀찮아하는 눈빛으로 내려다보았다. 그는 나보다 키가 컸다. 그는, 이런 일은 대수롭지 않아, 죽는 사람도 있다구 하는 듯이 지루한 음성으로 말을 이었다.
"거의 차도는 없겠지만 안 하는 것보다 낫겠지요. 해보시려면 하시든가."
그러고는 뒤도 돌아보지 않고 진료실 바닥에 딱딱 구두 소리를 박으며 문께로 걸어가는 것이었다.
나는 잠시 서 있었다. 내 환부는 수술마저도 닿지 못하는 청신경이었군. 나는 내가 그토록 믿었던 비장의 메스가 쨍강쨍강 깨어지는 소리를 들었다. 내가 그토록 두려워했던 수술의 압박감이 사실은 얼마나 사치스러웠던가를 확연히 깨달을 수 있었다. 그러나 나는 반사적으로 수술 접수처에 앉아 있는 의사에게 진료 카드를 가지고 갔다.
"저…… 청력 검사가 이렇게 나왔는데 수술을 하면 어떨까요."
"안 되겠어요. 해봤자 소용도 없겠구만. 청신경이 무지무지 망가졌어요."
이렇게 간단히 무너져서는 안 된다. 그래, 무엇인가가 보이지 않는 어떤 것 속에서 내 귀가 살해되고 있는 것이다. 나는 낚아채듯 진

료 카드를 빼앗아 접수처 바로 오른편에서 진료를 하는 뚱뚱한 레지
던트에게 갔다. 그는 치료 때문인지 내가 서 있는 것을 전혀 눈치채
지 못했다. 내가 몇 번이나 저, 저 하며 말을 붙이려고 할 때마다 그
는 잠시 중단하고 있던 치료를 계속하는 것이었다. 마침내 그 환자
가 의자에서 내려오고 다른 환자가 올라가려 할 때 나는 거의 사정
조로 그 레지던트의 팔을 잡고 내 진료 카드를 보였다.
　"소용없겠어요. 그래도 한번 해보시든지……"
　나는 다시 그 옆에서 진료를 하는 맘씨 좋게 생긴 레지던트에게
다가갔다. 그는 마침 간호사와 껄껄거리며 이야기를 하고 있는 중이
었다. 하하하, 하여간 닥터 장은 무지무지한 술고래라니깐. 네? 아
아, 이거요? 청신경이 다 망가졌어요. 그래, 아하하, 글쎄, 어제는 말
이야……
　나는 다시 발걸음을 옮겼다. 소용없겠어요…… 소용없겠어요……
나는 갑자기 내가 입고 있는 옷이 상당히 초라하다는 것을 느꼈다.
순간적으로 나는 여기저기 보릿자루들처럼 심어져 있는 환자들을
바라보았다. 그들은 모두 자신의 환부를 가리고 있었다. 일단 진료
대 위에서 환부가 드러나기 전까지는 태연한 표정으로 진주 목걸이,
팔찌, 악어 구두를 신고 건강한 주홍색으로 입술을 칠하고 있었다.
　나는 최후로 다시 김상만 레지던트를 찾기로 했다. 그가 짜증스런
눈초리로 나를 바라보았다.
　"정말 안 되겠어요?"
　"그렇다니까요."
　"그럼 이 병원에 그만 나와도 되겠지요?"
　그가 어이없다는 듯 실소를 터뜨리며 고개를 끄덕였다. 나는 이제
모든 것을 확인하였다. 그러나 이대로 주저앉을 수는 없다고 생각하

며 고개를 숙인 채 입술을 한 번 깨문 다음 나는 조금 언성을 높였다.
"청신경이 망가졌……"
"왜 자꾸 몇 번이나 물어보는 거요? 귀찮게시리!"
내 말이 끝나기도 전에 그가 버럭 소리를 질렀다. 일분일초도 아까운 그의 얼굴 위로 시뻘겋게 분노가 파도처럼 덮쳐오는 것을 나는 멍하니 바라보았다.
나는 조용히 진료 카드를 건네주고 그곳을 빠져나왔다.

복도를 걸어가면서 이상한 금속성의 날카로운 소리가 바늘처럼 귀를 찌르는 것을 나는 느꼈다. 그 소리들은 점차로 파도 소리 같기도 하고 빵 굽는 소리 같기도 한 커다란 잡음으로 확산되었고, 내 귀가 그 소리들을 담을 수 없을 만큼 철철 넘쳐흐르자 나는 이상하게 진공의 늪에서 붕붕 날고 있는 듯한 착각에 빠졌다. 환자인 듯싶은 조그만 사내아이가 커피를 마시고 있었다. 정신을 차리자, 나는 내가 어디로 어떻게 걸어왔는지 도무지 알 수가 없었다. 그곳이 어디인지조차 분간할 수 없었다. 그냥 앞으로 쭉 뻗다가 일정한 지점에서 양쪽으로 갈라지는 단단한 복도뿐이었다. 나는 그냥 정신없이 걷기 시작했다. 복도가 끝나고 층계가 나오자 나는 무작정 밑으로 내려갔다. 한참을 내려가다 보니 보일러실이 보였다. 나는 다시 층계를 오르기 시작했다. 몇 층이라는 표지판에도 불이 나가 있었고 계단은 깜깜한 암흑이었다. 나는 아무 층이나 올라가 무작정 우측으로 걷기 시작했다. 다리가 아파왔다. 수술실이 보였다. 복도는 끝이 없는 듯했다. 화장실이 있었고 나는 물을 틀었으며 머리를 담갔다. 다시 몇 개의 복도를 지나 아래층으로 내려갔다. 화분 몇 개가 있었다. 진료실 내과가 보였다. 한참을 다시 걸었다. 그곳은 회랑같이 널찍한 곳이었다. 순간 커다란 액자가 내 시야를 막아섰다. 히포크라테스 선서였다. 나는 다시 걷기 시작했다. 낭하, 회랑, 수술실, 층계, 화장실, 유리창뿐이었다. 아니 모두 복도였다. 천천히 걷기 시작했다. 갑자기 몇 줄의 복도들이 일어서서 긴 칼이 되어 깊숙이 눈을 찔러왔다. 나는 쓰러졌다. 나는 미로에 빠져버린 것이었다. 출구를 모르겠어. 나는 다시 걷기 시작했다. 저쪽 복도 끝에서 간호사 하나가 무서운 얼굴을 하고 납인형처럼 걸어갔다. 끝없는 복도였다. 나는 병원 안에서 길을 잃은 것이 아니다. 이것은 단순히 병원의 미로가 아니다. 나는 힘없이 중얼거리면서 복도에 미끄러져 주저앉았다. 그때였다. 내 오른쪽 아픈 귀에서 기름 속에서 막 건져낸 듯한 미끈미끈한 웃음소리들이 요란하게 울려 퍼지는 것을 나는 들었다. 그것은 상상할 수도 없이 거대한 기계 소리 같았는데, 나는 그 웃음소리에서 얼핏 사람들의 비명 소리를 들은 것 같았다. 나는 천천히 눈을 감았다. 온몸의 세포 구멍마다 썰물처럼 힘이 빠져나가고 있었다.

그날의 물망초

다방 문이 조금 열리면서 이 병장, 아니 이정식 형이 길게 가르마 한 머리를 손가락으로 천천히 훑으며 들어오는 것이 보였다. 그는 군에 있을 때부터 자신이 사회에서 얼마나 탐스럽고 부드러운 헤어스타일을 하고 다녔는가 설명하기 위해 무척 애를 쓰곤 했었으며 제대하고 나서 그가 가장 먼저 해야 할 일은 샴푸와 헤어드라이기를 구입하는 것이라고 얘기했던 것이었는데, 지금 문득 그가 머리를 쓰다듬는 행위를 보면서 나는 실소를 금할 수 없었다. 그런데 정식 형의 뒤에 웬 아가씨 하나가 다소곳이 따라 들어오며 다방 실내를 천천히 살펴보는 것이 나의 눈에 띄었고, 그 두 사람이 걸어오고 있는 간격이 그리 가깝지 않았다 하더라도 나는 금방 그 두 사람이 연인 사이임을 직감적으로 알아차렸고 그러한 느낌은 갑자기 나를 우울하게 만들었다. 결국 이정식 형이 오늘 나를 만나자고 한 이유가 새로운 자신의 애인을 나에게 소개할 겸 약속을 해버렸을지도 모른다고 생각하니 나의 그러한 느낌은 한결 단정적인 것으로 되어버렸고 그러한 단정은 정식 형이 어떠한 분명한 의도로서 나에게 표명할 그 무엇이 있다는 뜻도 되었기에 나는 더욱 우울해졌던 것이다.

이 병장을 내가 처음 알게 된 것은 훈련소에서 자대 배치를 받고 난 후 내무반에서였다. 나의 첫 신고식 때, 유달리 멋을 부리려고 하면서도 그의 내성적인 성격으로 인하여 신병 따위는 무관심하다는 듯 침상 위에서 팔을 베고 누워 담배를 피워대면서 간간이 실눈을 뜨고 나를 쳐다보던 그의 얼굴을 나는 아직도 생생하게 기억하고 있다. 그러한 그의 성격 때문인지 내가 갓 일병을 달고 그가 제대 1개월을 남겨놓았을 때까지 그와 나는 거의 개인적인 접촉을 갖지 못했다. 그러다가 그가 나를 어느 날 갑자기 군수과 제1종 창고 뒤로 불러낸 것이 그와 내가 가까워진 시초였던 것 같다.

지금 생각해보면 그러한 말쯤은 내가 일하는 사무실이나 연병장 쯤에서 아무렇게나 할 말이었던 것 같은데 굳이 창고 뒤로 불러낸 그의 행위는 그의 소심하고도 내성적인 성격을 잘 나타내주고 있던 것 같다. 그는 어떻게 들었는지 내가 입대 전에 글줄이나 썼다는 사실을 알고 있었다. 아마 인사과의 신상명세서에 씌어진 취미란에 문학이니 또는 활동란에 문학회 운운하고 적은 나의 일종의 과시 행위에서 그것을 알았으리라. 그는 갑자기 군대 생활이 지겹고 권태로워 죽겠다고 얘기했다. '지겹고'와 '권태로워'라는 동의어를 둘 다 사용하는 그가 얼마나 자신의 말에 멋을 부리려 하는지 알 것 같았다. 그는 자신의 고된 훈련소 생활, 고달픈 신병 생활 다 겪어내고 이제 제대 1개월 남았는데 자신의 그 '지겹고 권태로운' 것은 점점 심해진다는 것이었다. 나는 그때 갓 일병이었으므로 편안한 소리 하고 있군, 하고 속으로 그를 비웃어주었지만 후에 내가 그의 계급쯤이 되자 그 사실이 맞다는 것을 알게 되었다.

이 병장의 요점은 이런 것이었다. 즉 자신의 무료함을 채우기 위해 지난 주일 외출했을 때 청계호수 부근에서 한 아가씨를 알게 되었다는 것이다(그는 처음에 '꼬셨'까지 말하다가 얼른 '알게 되었다'고

정정했다). 그래서 그녀의 주소까지 알게 되었다는 것인데 편지를 보내 다시 그녀를 만나고 싶다, 그러니 김 일병 자네가 대리 편지 좀 써주라, 하면서 사제 담배인 거북선 한 개비를 권했다. 자네는 사회에서도 글 좀 썼다면서, 하는 것이었다. 나는 좀 느긋한 입장이 되었으므로 갑자기 결정적 패를 쥔 심정이 되어 하늘 같은 고참님에게 아, 이 병장님은 제대 1개월 남겨놓고 무슨 연애를 다 하시려구요, 하고 빈정댔던 것이다. 이 병장은 얼굴이 새빨개지면서 그건 그런 게 아니고, 하면서 얼버무렸다. 나는 마지못해 승락하는 듯이 이 병장의 제의를 허락하고 근무 중에 써서 저녁 식사 때 드리겠습니다, 단 제 편지가 이 병장님이 직접 쓰셨다는 인상을 주기 위해선 생생한 현장을 자세하게 묘사해주십시오, 예를 들어 손목 정도까지는 잡았습니까, 하고 물었다. 이 병장은 선선히 자신이 할 수 있는 온갖 미사여구를 구사하여 자신의 경험을 늘어놓았고 나는 그날, 과장 최 소령이 외출한 틈을 타서 연병장이 내려다보이는 탁자에 앉아 편지를 쓰게 되었다.

기억은 잘 나지 않지만 그녀의 수준(?)까지 고려하여(그녀는 제약회사 경리원이었다) 좀 감상적이고 의미심장해 보이는 수사법을 사용했던 것 같다. 이를테면 "저를 아직까지 기억하고 계십니까, 그 뜨겁던 유월의 하오 햇빛은 은빛 접시를 수면 위로 가득히 던지며 찰랑대던 어느 일요일. 그대의 수첩을 펴보십시오, 그러면 웬 푸른 제복을 입고 쓸쓸해 보이는 한 사내의 모습이 얇은 그림자처럼 그대가 어린 시절 채집하던 나팔꽃 이파리처럼 끼여 있을 것입니다……" 하는 듯이 좀 유치해 보이면서도 웬만한 여자들을 한없는 감상 속에 빠뜨리는 문구가 가득히 들어 있었다. 하여간 그런 식으로 시작된 나의 대리 편지 횟수와 이 병장의 외출 후 귀가 때 그의 빛나는 표정은 정비례하였다. 이 병장은 급기야 평일에도 위병소를 빠져나가 그녀를 만나곤 한 모양이었다. 어느 날 이 병장이 나에게 갖다준 고급 볼펜 한 자루는 그때 그의 사업(?)의 호황을 잘 설명해주었다. 즉 그녀는 그날 이 병장을 면회했으며 빵 한 상자와 고급 볼펜, 만년필을 선물하였던 것인데, 이 병장은 그녀에게서 받은 선물 중 나에게 사례조로 볼펜을 주었던 것이다. 하여간 그들의 사업이 잘 진행되는 것을 보면서 나는 한편으로는 기쁘기도 하고 그의 말투와는 다른 대리 편지 때문에 나의 마음이 불안해지기도 했다. 그러나 아마 이 병장의 내성적인 성격으로 인하여 그녀를 만나면 시종 의미심장한 침묵으로 일관했을 것으로, 그 화려한 편지 문구들과는 다른 어떤 침묵 속에서 오히려 그녀는 더욱더 이 병장의 그 믿음직한 침묵을 편지 문구와 마찬가지로 사랑했을 것 같았다.

그러던 중 제대 3, 4일을 남겨두고 갑자기 이 병장이 나에게 그녀와 결별을 할 결심임을 알려주었다. 나는 깜짝 놀랐으며 그 이유를 물었는데, 확실히는 기억나지 않지만 이 병장은 그때, 자기는 그녀를 사랑한다, 하지만 제대 이후에 민간인의 신분으로도 계속 그녀를 사랑할지는 의문이다, 이를테면 제대 이후의 스스로의 새로운 사회인으로서의 출발에 대한 불안과 그녀와의 사랑을 병행할 자신도 없을뿐더러, 그녀가 어쩌면 자신을 구속하는 어떤 끈 같은 것인지도 모른다는 것이었다.

나는 이 병장의 그러한 돌변에 대해 분통이 터졌으나(아마 분통이 터진 이유는 나도 간접적으로 그녀와 교제하고 있었다는 느낌에서였을 것이다) 명령에 복종하는 기분으로 나는 그녀와 편지 속에서 헤어져야 할 운명에 처한 것이다.

이 병장은 나에게 그녀와는 키스조차 없었노라는 식으로 자신의 죄책감을 덜어버리려는 듯이 변명했고 나는 충분히 그것을 믿었으나 그런 것을 믿는다는 것이 그녀와 이 병장의 이별을 어떤 식으로도 정당화할 수 없음 또한 알고 있었다. "미안합니다. 사랑은 미안해하지 않는 것이라고 「러브 스토리」에서 제니가 말했으나 나는 올리버만큼 진실한 사랑을 그대에게 베풀지 못했던 것 같군요. 나는 단지 우리들의 한때의 환상 같은 사랑이 우리 삶의 한 젊은 페이지 속에 아름다운 추억으로 가꿔지기를 바랐습니다. 그러한 바람은 그것이 이별일지라도 아름다운 추억의 재산이 될 것이며 이러한 아름다운 재산은 그대와 제가 똑같이 반분하는 것입니다……" 하는 길고 긴 장문의 편지를 써서 주었다. 이 병장은 그 편지를 품에 넣더니 빙긋 웃으며 조그만 액세서리 물망초 모양의 금속을 보여주었다. 이별의 표지로서 '날 잊지 말아요'라는 상징을 선택했을 이 병장의 단순성에 나는 빙긋 웃으면서 동시에 가슴 깊숙이 지나가는 텅 빈 공허를 느꼈다. 결국 이중의 사랑이 끝난 셈이었다. 이 병장은 그날 그녀를 만나 편지와 선물을 주고 귀대했고 나에게 그녀에 대해서는 일언반구 말도 없이 "고마웠다, 내가 제대하면 내가 널 찾아 걸쭉히 술 한잔 사겠다" 하고 부대를 떠나버렸던 것이다. 문제는 또 일어났는데 그것은 이 병장이 제대한 지 며칠 후 그녀에게서 온 답장이었다. 그걸 보면 이 병장이 자신의 제대조차 은폐해버린 것이 틀림없었다.

그녀는 참 착한 여자였다. "이 병장님의 마음을 충분히 알겠습니다. 그동안 고마웠습니다. 물망초는 참 아름다웠습니다. 행복을 빌겠습니다." 이것뿐이었다. 그녀가 이정식이라는 이름을 알면서도 굳이 '이 병장'이라 쓴 것을 보면 어쩌면 그녀도 처음부터 그들의 사랑이 군대식으로 절도 있게 끝날 것임을 예감했을지도 모를 일이었다. 나는 답장을 써줄까 하는 짓궂은 생각을 곧 지워버렸다. 그리고 그녀를 까맣게 잊었다가 오늘 이 병장, 아니 이정식 형의 연락을 받고 제대한 지 일주일 만인 짧은 머리에 점퍼 차림으로 다방에서 이정식 형을 기다리다가 형의 새로운 애인을 보고 갑자기 얼굴도 모르고 이름만 아는 옛날의 그녀를 떠올렸던 것이었고, 그것이 나를 조금은 우울하게 했던 것이다.

이정식 형은 나를 보더니 갑자기 얼싸안았다. 그리고 잠시 말을 잊은 채 자신의 반가움을 좀더 확실하고 깊게 표현하기 위한 첫마디를 생각해내는 듯 가만히 서 있었다. 그때였다. 나는 분명히 그의 애인의 원피스 상단에 붙은 무엇인가를 발견하고는 그만 소리를 지를 뻔했다. 그것은 분명히 물망초 모양의 금빛 액세서리였다.

어떤 신춘문예

1

12월의 햇살은 짧다. 오후 5시가 넘자 사무실 유리창 밖으로 보이는 도시는 어느새 암전으로 접어드는 무대처럼 어둑어둑해지고 있다. 사무실 구석에서는 주전자에서 물이 끓듯 쉬익쉬익 스팀 소리가 들려오고 있었지만, 며칠 전부터 감기 기운이 있던 터라 나는 의자에 걸쳐놓았던 윗저고리를 입기로 한다. 한쪽 팔을 끼워 넣는 순간 책상 위에 산더미처럼 쌓인 원고 뭉치가 눈에 들어온다. 갑자기 온몸에서 힘이 빠져나간다. 입던 윗저고리가 바닥에 떨어진다.

원고 뭉치들은 책상 위에만 있는 것이 아니었다. 내 의자 주위에 놓인 여덟 개의 대형 라면 박스 가득가득 그것은 포개져 쌓여 있다. 그것들은 마치 반품으로 되돌아온 재고 서적들 같다. 나는 오늘 아침에 습관처럼 의자를 뒤로 밀며 일어서다가 원고 박스 하나를 건드렸는데 흡사 집이 무너지는 듯한 비명 소리가 들렸다.

"김 형, 오늘이 마감이던가? 고생 좀 하겠군."

문화부 근처를 지나가던 입사 동기생 박이었다.

"나도 한때는 문학청년이었다는 것 김 형 알지? 지금도 저 원고 더미를 보니까 대학 시절 매년 겨울 찾아오던 신춘문예병이 생각나는군."

"자네 나도 모르게 응모한 것 아냐?"

내 말이 끝나기도 전에 박은 코웃음을 치며 사무실 저편으로 사라지고 있다. 하기야 신문 기자치고 문학청년 아니었던 사람이 어디 있겠나.

신춘문예. 그렇다. 나는 몇 시간 후면 원고 접수를 마감하고 시·소설·희곡·평론 등으로 장르를 분류해야 한다. 오늘은 자정까지만 하고 나머지는 내일 해치우자. 눈대중으로 살펴보니 올해 역시 시·소설 등 모두 합쳐 대강 2천 편이 될 것 같았다.

2천 명의 다리가 떠오른다. 신문사 앞에서, 혹은 우체국 앞에서 주저하는 다리들. 검은색, 갈색 구두들. 2천 명의 손도 떠오른다. 다방에서, 빈 강의실에서, 방바닥에서, 스탠드만 켜놓은 책상 위에서 원고지 위를 방황하는, 원고지를 거칠게 찢어버리는, 머리카락을 쥐어뜯는 수천 개의 손들. 느닷없이 뭉크의 그림이 연상된다. 크리스마스가 그리고 올 것이다. 남들은 술집에서, 교회에서, 혹은 거리에서 밤을 새우는 동안 이들은 일찍 귀가하리라. 신문사에서 보낸 전보가 없느냐고, 어디선가 전화가 걸려오지 않았느냐고, 이들은 불안스럽게 가족들의 얼굴을 살펴볼 것이다. 어떤 사람은 12월 31일까지도 전보를 기다리리라. 1월 1일자 신문을 펼쳐 보는 떨리는 손들, 찌푸린 눈들, 신문을 집어 던지는 성난, 혹은 맥 빠진 동작들이 보인다. 자신의 친구가 응모했는데 당선자가 누군지 알고 싶다며 신문사에 전화를 걸어오는 '본인'도 있으리라.

문화부 기자로 있으면서 이번으로 두번째 맡게 되는 신춘문예다. 문학 담당 기자가 대해보는 응모자들의 글은 그러나 대부분이 안쓰럽다. 자신이 능력이 있는지 없는지조차 판단하지 못하는 수천의 얼굴들이 나는 가엾다. 내일까지 분류 작업을 끝내고 예심 위원들에게 통보해야 한다고 지시한 후 데스크는 약속이 있다며 5시에 나가버렸다.

그때 나는 누군가 내 옆에 서 있음을 감지한다. 앉은 채 고개를 옆으로 돌리니 두툼한 외투의 허리춤이 보인다.

"저, 아직 안 늦었지요?"

"오늘이 마감입니다. 소설이신가요?"

사내가 들고 있는 봉투가 두툼하다.

"원고 앞뒷면에 주소와 이름, 전화번호 등은 다 쓰셨지요?"

사내는 아, 예, 하고는 내게 원고를 건네준다. 나는 봉투를 찢어 내용물을 꺼낸다. 찢긴 봉투를 쓰레기통에 버릴 때 사내의 손이 떨리고 있음을 나는 안다.

"저, 혹시…… 당선자가 결정되면 언제쯤 연락이 옵니까?"

나는 대답 대신 "선생님이 당선되시길 바랍니다"라고 말하며 사내의 얼굴을 쳐다본다. 사내는 40대 중반으로 보인다. 내 말이 끝나기 무섭게 사내의 얼굴이 확 밝아진다.

"고, 고맙습니다."

"제가 심사 위원은 아닙니다만."

나는 농담을 던지고는 볼펜을 손가락 사이에 끼운다. 사내는 그 동작을 통해 내가 그만 가주었으면 좋겠다는 표시를 보내고 있음을 금방 깨닫는다.

"그럼 수고하십시오."

그때 나는 사내의 눈과 정면으로 부딪친다. 가만, 어딘가 낯이 익은 얼굴이다. 사내 역시 고개를 갸우뚱한다. 사내의 동그란 검은 테 안경 너머에 있는 눈이 정전 직전의 필라멘트처럼 깜박인다.

"어디서 뵌 듯한데……"

그러나 나는 생각이 잘 나지 않는다. 사내 역시 자신 없는 표정이 역력하다.

"길거리에서 우연히 본 얼굴이겠죠."

"그런 것…… 같군요."

사내는 다시 한번 나를 바라보지만 기억의 힘은 금세 체념에게 자리를 내주고 만다. 그의 눈은 다시 흐릿하게 돌아온다.

사내가 사무실을 나간다. 나는 책상 위에 놓인 그의 소설을 끌어당긴다. 이름이 이도엽이다. 이도엽. 생소한 이름이다. 어쩌다 길거리에서 마주친 사람이 틀림없는 것 같다. 단편소설인데 제목이 「가난의 집의 기록」이다. 열 장 정도 원고지를 넘겨보다가 나는 한숨을 쉰다. 이건 소설이라기보다는 넋두리군. 안됐지만 이 작품은 예선에서 탈락할 것 같다. 붓글씨처럼 멋부린 필체는 문인 되기를 꿈꾸는 사내의 안타까운 성실성을 보여주는 듯하지만, 그것이 오히려 치기 스럽다.

2

신문사 층계를 내려오면서 나는 어지러워 쓰러질 뻔하였다. 벌써 몇 년째인가. 20년째다. 20년 낙방, 이것은 기록일 것이다. 그런데 나는 왜 번번이 낙방하는지 이해할 수가 없다. 지금까지 단 한 번도 심사평에 오르지도 못했다. 미친 짓이다. 나는 매년 1월 1일자 신문을 펼쳐 보고 나서 끊임없이 입술을 깨물었지만 11월 초만 되면 또다시 원고지를 붙들지 않을 수 없는 것이다. 이것은 천형이다. 나는 층계를 내려오다 한참 동안 벽에 머리를 기대고 서 있었다.

그러나 올해는 기대해볼 만하다. 조금 전 만난 그 젊은 기자의 인상이 좋았다. 어디선가 많이 본 듯한 얼굴인데…… 어쨌든 그가 "선생님이 당선되시길 바랍니다"라고 말했을 때 나는 너무 고마워서 소리를 지를 뻔하지 않았던가. 만일 당선이 된다면 그 기자에게 술 한잔을 사리라. 한 잔이라니? 열 잔이라도 나는 살 것이다.

게다가 나는 올해 얼마나 멋진 필명으로 응모했던가.

이도엽.

내가 제일 좋아하는 러시아 작가 '도스토옙스키'에서 본뜬 필명이다. 응모 단편 제목도 그의 「죽음의 집의 기록」을 패러디한 「가난의 집의 기록」이 아니었던가. 나는 이 응모작에 신춘문예에 20년 동안이나 낙방하면서 끝끝내 절망하지 않고 작가가 되는 40대 남자 이야기를 썼다. 가난과 질병을 딛고 작가가 되는 주인공의 이야기는 스스로 읽어봐도 손색이 없을 정도로 감동적이었다. 내용만 봐도 심사 위원들의 동정표를 기대함 직하다. 글씨도 좋았다. 내 글씨가 워낙 난필이라 올해 역시 아내가 대필했다. 말이 나왔으니 말이지 아내의 붓글씨 솜씨는 자랑할 만하다. 마흔 가까이 늦장가를 가는 바람에 아직 유치원에 다니는 아들놈이 글씨만큼은 외탁을 해야 할 텐데.

어쨌든 올해엔 좋은 소식이 있을 것도 같다. 소설가가 된다면 오오! 나는 직장을 그만두고 오직 글만 쓸 것이다. 내 나이? 무슨 소리. 이병주, 박완서 선생도 얼마나 많은 나이로 문단에 나왔던가. 게다가 난 20년 동안이나 낙방했던 터라 재고가 풍부하다. 등단 첫해엔 창작집을 묶어낼 작정이다. 물론 모두 낙방한 작품들이지만 내가 제일 부러워하는 작가 이문열의 출세작 『사람의 아들』도 한 번 낙방했던 소설이라는 것을 나는 알고 있다.

서소문을 빠져나와 시청 로터리를 우회하다 보니 어두운 하늘에 희끗희끗 눈발이 비치고 있다. 나는 외투 깃을 세우고 안경을 고쳐 쓴다. 집으로 곧바로 들어가기엔 너무 아까운 날씨지만 아내는 내심 나를 목이 빠지게 기다릴 것이다. 사실 아내는 얼마나 지긋지긋해할까. 제발 좀 그만 쓰라고, 당신은 글재주가 없다고, 얼마나 잔소리를 늘어놓았는지 20년 동안 쌓인 잔소리를 모아 엮으면 넉넉히 대하장편소설이 될 것이다.

참, 아까 그 젊은 기자 어디서 많이 본 듯한 얼굴인데, 누굴까, 내가 잘못했어. 그에게 내 소설을 즉석에서 읽어보라고 해볼걸.

불광동에서 버스를 내리니 눈발이 훨씬 굵어져 있다. 집 어귀 시장통에 들러 나는 동태 세 마리와 소주 한 병, 그리고 아들놈을 위한 봉봉과자 한 봉지를 산다. 오늘이 12월 10일. 집에 도착하면 엊그제 갖다놓은 일거리를 처리해야 하는데, 하지만 신춘문예에 응모한 날은 어떤 일도 손에 잡히지 않는다. 해산한 여자가 며칠 동안 방바닥에 누워 있어야 하듯.

양철 문을 두드린다. 이건 언제 봐도 판잣집에 다름없다. 전세니까 내 집도 아니지. 아내가 방문을 열고 슬리퍼를 끄는 소리가 들린다.

"당신이에요? 원고 갖다줬어요?"

문을 여는 아내의 흰 스웨터 안쪽으로 빛바랜 내복이 보인다. 나는 고개를 숙인다.

"웬 눈이람."

"퇴근하는 길에 신문사 들렀다 오는 참이야. 당신 올해 내 필명이 이도엽인 것 잊지 말어. 이도엽 찾는 전화 오면 끊어버리지 말라구."

아내는 픽 웃는다. 어이없다는 자조적 웃음이지만 일말의 기대를 갖고 있는 듯한 느낌이 따스하다.

나는 물건을 아내에게 건네주고 방에 들어간다. 아이는 TV 만화 영화를 보고 있다. 불현듯 나는 아이에게 다가가 뺨을 쓰다듬는다.

"아빠, 눈 떨어져, 저리 비켜."

아이는 시선을 TV 화면에 고정시킨 채 손으로 내 허리를 밀친다. 머리와 외투에 잔뜩 붙어 있던 눈이 방바닥에 마구 떨어진다. 나는 천천히 외투를 벗는다.

책상 위에 놓여진 종이 조각들이 눈에 와 닿는다. 학년 말 성적을 집계하던 용지다. 나는 가볍게 한숨을 쉰다. 초등학교 선생 20년이 넘었구나. 무슨 선생이 20년이 넘도록 교감 자리 하나 못 따느냐고 아내는 성화를 부려왔다. 아내의 핀잔에 나는 할 말이 없다. 그래, 소설만 당선되면 선생도 끝이다. 학년 말 성적을 이번 주까지는 다 내야 할 텐데.

갑자기 어떤 시간의 그림자가 섬광처럼 내 머리를 훑고 간다. 그랬다. 아까 그 젊은 기자. 내가 20년 전 처음 교편을 잡던 해 5학년 내 학급의 반장이었어. 분명하다. 그 기자…… 못에 걸기 위해 들고 있던 외투가 방바닥에 힘없이 떨어진다. 머리에 붙어 있던 눈송이들이 녹아 이마에서 뺨으로 주르륵 흘러내린다.

노마네 마을의 개

전쟁은 장맛비처럼 줄기차게 대지에 흙줄을 파며 지나갔다. 노마네 마을은 구멍투성이였다. 전쟁이 끝난 후 마을 사람들은 다리를 놓고 종루를 고치며 밭을 일구기에 여념이 없었다. 가을이 다 갈 때까지 마을 사람들은 분홍빛 사막 위에 꽃을 피우듯이 열심히 마을을 깁고 기웠다. 그러던 어느 날 마을이 어느 정도 회복되고, 겨울이 소리 없이 다가왔을 때 노마의 마을에는 이상한 소문이 떠돌기 시작하였다.

밤이면 흰빛의 미친개가 나타나 사람을 물어 죽인다는 소문이 그것이었다. 더구나 그 개는 전쟁 동안 굴 속에 숨어 죽은 사람을 뜯어 먹으며 살아왔다고 사람들은 수군대었다. 마을 사람들은 불안에 떨기 시작하였다.

밤이면 문을 걸어 잠갔으며 어느 날 밤부턴가는 마을이 대낮같이 횃불을 머리에 인 채 활활 타올랐으며 언제부턴가는 밤마다 갓난아이의 입을 헝겊으로 틀어막아 소리를 못 지르게 하는 집이 하나하나 늘어갔다. 밤마다 소문은 비누 거품처럼 사람들 사이에서 더욱 부풀어 올랐고, 두려움은 점점 그 개를 보았다는 사람이 늘어감에 따라 커져갔다.

어느 날 흰 눈이 구름 허물어지듯 마을을 뒤덮으면서, 마을 사람들은 급기야 그들의 눈에 뜨이는 개란 개는 모조리 미친개처럼 느끼기 시작하였다.

그 후로 개들이 하나하나 죽어갔다. 하얀 개뿐이 아니라 검정, 노랑, 빨강 개까지 죽음을 당하기 시작하였다. 마을은 또 다른 전쟁으로 번져갔다. 개들은 밤마다 피를 흘리며 쇠줄을 끊고 산속으로 달아났다. 그러나 달아난 개들은 다음 날이면 산 중턱에 사금파리에 베인 발바닥같이 배가 갈린 채 죽어 있었다. 사람들은 미친개의 피를 먹으면 미친개에 물리지 않는다는 또 다른 소문으로 인하여, 죽은 개 주위에 붉게 물든 눈까지 한 움큼씩 퍼서, 그 밴 피를 빨아 먹었다.

그러나 노마는 자기의 삽살개를 광 속 깊이깊이 감추어두었다. 삽살개는 절대로 미치지 않았다고 노마는 생각했다. 그러나 사람들이 숨겨둔 개까지 찾아내어 죽이기 시작했을 때, 어느 날 밤 노마는 삽살개를 끌어안고 얼음 뒤덮인 산을 올라갔다. 산꼭대기의 바위 사이에 삽살개를 감추어두고 노마는 울면서 내려왔다. 다음 날, 최후의 개인 삽살개를 잡기 위해, 마을 사람들은 손에 손에 몽둥이와 칼을 들고 산으로 올랐다. 산은 온통 반짝반짝 빛나는 보석 같았다. 사람들은 뻣뻣이 굳은 얼굴을 찡그리며 말없이 산을 올랐다. 노마도 어른들을 따라 올랐다. 삽살개는 쉽사리 눈에 띄지 않았다. 사람들은 바위틈, 소나무 가지 끝이며 덤불 속까지 샅샅이 뒤졌다. 사냥은 저녁까지 계속되었고, 희끗희끗 눈발이 내리기 시작했다. 눈은 바람 속에 섞이어 꽃처럼 흩날리었다.

눈이 그치고 새파란 밤하늘에 달이 떠오르고 산 밑의 동네가 얼음처럼 빛나던 밤중에, 삽살개는 산꼭대기 바위틈에서 쪼그린 채 문풍지같이 떨고 있는 모습으로 발견되었다. 사람들이 다가갔고 삽살개는 아름다운 모습으로 학살당하였다. 사람들이 그 피를 걷어 먹기 시작했을 때, 눈 위에 꽃잎 같은 핏방울이 점점이 떨어질 때, 노마의 가슴에는 약솜처럼 고요한 피곤이 몰려왔다.

개들은 이제 그 그림자조차 가위에 잘린 채 마을에서 사라졌다. 이제 마을의 밤은 성대를 잃은 고요 속에서 예전의 어둠을 되찾았다. 그러나 그 고요는 오래지 않아 미친개가 언제 또다시 나타나지 않을까 하는 불안에 빠져들면서 다시 술렁이기 시작했다. 마을 사람들은 또다시 횃불과 몽둥이를 준비하였지만 개들은 한 마리도 나타나지 않았다. 개들이 나타나지 않을수록 마을 사람들은 더욱 초조해했고 두 눈에 빨강 거미줄을 세우며 밤을 지새웠다. 그러다가 겨울이 막바지에 이르렀을 때 이상하게도 마을 사람들이 하나하나 밤마다 산과 들을 쏘다니기 시작하였다.

나뭇가지에 걸려 찢긴 윗옷을 걸치고 신발을 잃어버린 채 그들은 미친개를 찾아 헤매기 시작하였다. 아침이면 그들은 큰 소리로 울부짖다가 쓰러져 잠이 들었다.

그해의 마지막 눈이 산사태처럼 쏟아지던 밤, 노마는 온몸에 흰 눈을 맞으며 미친 마을을 떠났다. 강물처럼 무릎 위로 차오르는 눈길을 헤엄치듯 사라져 다시는 마을로 돌아오지 않았다.

면허

어제도 그 예감이 적중했다구, 벌써 다섯번째 내 예감은 맞아떨어졌지. 그럼, 자식들아, 서둘지 말고 듣기나 해. 그래, 물론 내가 소싯적에 점성술이나 관상학 정도는 쬐끔 공부해봤지. 그치만 어제 같은 경우는, 그 다섯 번에 걸쳐 일어난 내 예감은 점占 가지고는 이해가 안 된단 말씀야. 그건 그래, 그래 틀림없는 직감이었지. 늬들 텔레파시라구 알고 있니? 그런 걸 거야. 어제 아침에 나는 이상한 기분이 들었던 거야. 자식들아, 무식한 것들이 어른 말씀하시는데 왜 자꾸 끼어들어! 아까도 말했지만 나는 그 텔레파시를 가지고 정신병원 앞 골목에 숨어 놈을 기다리고 있었어. 틀림없이 병원을 도망쳐 나오는 정신병자였거든. 아하, 그거? 그래 그래, 시간은 이른 새벽이었어. 그 전날은 외박을 했지. 어디서 잤는지는 모르겠지만 기분에 좀 추웠던 것 같애. 우리 집? 우리 집은 근사해. 2층에 내 아담한 방이 있지. 그래 그래, 한참 기다렸어. 어휴, 왜 이렇게 골통이 나쁘냐? 어제 새벽 정신병원 앞이랬잖아. 한 시간쯤 기다렸지. 그래, 드디어 그놈이 나온 거야. 주제에 안경까지 끼었더라. 머리는 미친놈마냥 뒤숭숭하구, 얼굴은 참을 수 없는 못난이였지. 나는 그놈을 보자마자 벌써 다섯번째나 바로 그 자리에서 만난 놈이라는 것을 알 수 있었어. 나는 얼른 그 자리를 피했어. 왜냐구? 전에 네 번 다 피했으니까. 어제도 예외는 아니었어. 그리고 나는 급히 골목을 뛰었다구. 거리는 좀 추웠어. 이른 새벽이었으니까. 놈이 쫓아오는 것 같아 마구 뛰었지만, 병원 앞에서 그 집까지 가는 시간은 10분은 족히 걸렸을 거야. 그것은 아주 보잘것없는 술집이었어. 그 집 담벼락에는 항상 싱싱한 지린내가 아지랑이처럼 피어났지. 응, 모퉁이에 있었어. 문은 덜컹거리는 유리문이었어. 히히, 그것뿐이 아니야. 자식들아, 아까 말한 그 정신병자와의 예감은 이제부터 시작이지. 하여튼 나는 문을 열고 들어갔어. 문은 의외로 손쉽게 닫혀주었어. 술집에는 아무도 없었어. 아니 남자들이 빛바랜 채로 질서 있게 앉아 있었어. 그래서 한 탁자에 주저앉았지. 그리고 술을 시켰지. 소주였지, 물론. 주인 아줌마? 주인 아줌마는 없었어. 주인 아저씨 혼자 어울리지 않는 앞치마를 두르고 어색하게 맞아주었어. 근데 말이야, 소주를 막 들이켜려는데, 난 또한 어떤 예감을 느끼고 뒤를 돌아보았지. 난 유리문을 등지고 앉아 있었거든. 자식이 유리문 앞에 서 있었어. 그리고 문을 여는 거야. 난 조금도 당황하지 않았어. 그건 습관이었어. 다섯번째나 같은 짓거리였거든. 나는 그 녀석을 몽땅 예감하고 기다리고 있었어. 녀석은 충실한 배우처럼 나를 따라주었지. 녀석은 들어와서 내 탁자 맞은편에 앉으며 자연스럽게 말했어. 그리고 주인 여자에게 말했어.

"커피 한 잔 주세요."

세상에 그런 뻔뻔스런 놈이 있나, 거긴 술집이었다구. 자식은 게다가 나를 보면서 실실 웃는 거야. 비웃는 것처럼 하여튼 무서운 일이었어.

"여긴 다방이 아니오."

나는 태연하게 말했지. 녀석은 순간 놀라는 척했어. 오른손으로 안경테를 슬쩍 치키며 고개를 바딱 세웠거든.

"지금 댁이 무얼 마시고 있길래?"

"난 쇠주 처먹고 있시다."

나는 일부러 말투를 험하게 했어. 물론 녀석에게 겁을 주기 위해서였지. 왜냐하면 녀석은 무섭도록 냉정해 보였어. 난 냉정한 놈은 딱 질색이야. 그런 놈들에게선 이상한 곤충들이 생각나. 푸릇한 피를 가진 족속들이란 생각이 들거든.

"그게 쇠주요? 커피지."

녀석이 이죽댔어. 나는 깜짝 놀랐지. 보니까 내가 들고 있는 잔에 담긴 것은 쇠주가 아닌 커피였던 거야. 게다가 그곳은 다방이었어. 새벽이라 손님은 없었고, 주인 아저씨 아닌 레지 몇이 카운터 앞에서 조잘대고 있었고, 우리는 맨 끝 탁자에 단둘이 앉아 있었어.

나는 무서워졌어. 녀석이 요술을 부린 게 아닌가 했지. 왜냐하면 녀석은 금시계를 차고 있었는데, 그건 마치 마술 부리는 여편네 팔찌처럼 번쩍번쩍 기괴한 빛을 뿜고 있었기 때문이야. 정신병자가 틀림없었는데 말이지. 그런데 내 두려움은 즉시 풀어졌어. 왜냐구? 그건 다섯 번씩이나 하는 똑같은 짓이었어. 오오, 그건 빠뜨렸군. 거의 한 달에 한 번 정도 그랬어. 하여튼 놀랄 필요는 없었어. 습관이란 무서운 거야. 그건 우리들의 의식을 멋대로 구속하거든.

"그래, 요새도 소설 쓰시오?"

녀석이 물어왔어.

"물론이죠."

우린 구면이었으니까, 녀석은 내 직업을 알고 있었어.

"요즘은 무얼 쓰시오?"

녀석이 또 물어오길래 나는 재빨리 말했어. 이때다, 한 거야. 단도직입이었지.

"파블로프의 조건반사를 소재로 한 자료를 수집하고 있시다. 참, 당신 정신병자 아니오? 아까 정신병원에서 나오는 걸 봤는데……"

녀석은 흠칫 놀라서 쥐고 있던 찻잔의 숟가락을 놓쳐버렸어. 그러고는 얼굴이 새파랗게 변해가는 거야. 나는 불안해지기 시작했지. 원래 정신병자란 자기가 병자인지 모르는데, 이 자식은 이상하지 않나. 나는 내 예감에 불길한 어떤 것을 느끼고 불안해졌어. 그러나 나의 불안은 곧 가셔버렸지. 녀석은 곧 웃어젖히기 시작했거든. 그리고 심각한 채 물었어. 녀석의 웃느라고 벌렸던 입가의 근육이 삽시간에 일그러졌어. 그러고는,

"그래 이 세상에 자기가 정신병자가 아니라고 우기는 사람이 어디 있겠소?"

녀석은 철학자처럼 눈을 반쯤 감고 말했어. 무슨 기찬 패러독스라도 말한 마냥. '있지요' 하고 나는 빙그레 웃으며 대답했지.

"아니 그런 쓸개 빠진 멍청이들이 있단 말요?"

"바로 자네 같은 정신병자 말야."

"내가 정신병자란 말이야?"

"그렇지, 이 바보 새끼야. 넌 행복한 작대기야. 니가 정신병자란 걸 모르니까 정신병자지 뭐야."

"그럼 네놈은, 저 거리의 병든 닭처럼 꼬박꼬박 졸며 걸어가는 인간들은 자기들이 정신병자라는 걸 알고 있다는 소리를 하는 거야?"

"그럼, 당연하지. 그러길래 그분들은 꿈을 꾸는 거야. 꿈은 그들에게 그들이 정신병자라는 생각을 잠시 잊게 해주지."

"그럼 그분들은 잠잘 때만 정신병자겠네?"

"당연하잖아, 이 머저리야. 게다가 그들은 아침 햇살에 반응하는 미련한 개나 돼지야. 말이지, 너 그들이 왜 아침이면 옷을 입구, 구두

신구, 이빨 닦고 밖에 나가는 줄 아니? 그건 말이야, 남들한테 자기가 정신병자라는 게 탄로 날까 봐 그러는 거야. 왜 탄로 나는 걸 겁내는 줄 아니? 자기들이 정신병자라는 것을 알기 때문이야. 또, 파블로프의 개들이 왜 침을 흘리는지 알아? 고기 처먹겠다구 그러지. 우리들에게 악마 같은 종소리는 햇빛이야. 은은한 투명체의 알갱이에 우리는 넋을 빼앗기고 침을 흘리는 거야. 그걸 어떤 병신 같은 염세주의자는 생의 맹목적 의지라고 하드라. 그건 자기기만이고 허위고 합리화야. 정신병자인 그들은 다 죽어야 돼. 누군가 정신병균을 뿌리고 있어."

"이 자식아, 그럼 너는 내가 행복하다고 생각하는구나. 자기가 정신병자인지도 모르는 정신병자니깐."

"좀 입 닥쳐, 너는 행복의 개념이나 알고 있니? 마셔, 내 것까지, 난 한 모금도 안 마셨어. 행복이란 덜 불행하다는 뜻이야. 니가 불행할 이유가 있니? 넌 애초부터 혼돈이었어. 그러나 너는 좀 똑똑한 놈 같다, 정신병자치고는. 너 얼마 됐니? 병원에 있은 지."

"몇 년 실습받고 지금 병원에 있는 중이야."

"자식! 퇴원해도 되겠다. 실습까지 다 아는구나. 세상에 두 다리 교차하면서 기어다니는 놈치구 실습 아는 놈이 없다니까. 너 실습이 뭔지 아니? 연극을 위한 연습 비슷한 거야. 너는 배우들이 가장 똑똑한 부조리 인간이란 궤변을 알고 있니? 우리는 벌써 다섯번째 이 지랄이지만 자부심을 가져야 돼. 재밌잖니?"

"너 말이 좀 심하구나, 술 좀 들어라."

"자식! 너 정말 미쳤구나, 여긴 다방이야. 아까 내가 여길 술집인 것처럼 말한 것은 장난이었다구. 난 아까 니가 정말 똑똑한 놈인 줄 알았어. 근데 이제 보니 순 진짜 미친놈 아냐? 여긴 다방이야! 다방!

면허 291

정신 돌려, 이 멍청아."

　녀석은 내 말에 진짜 균형을 잃은 듯했어. 그리고 이빨 새로 숨겨두었던 커피 몇 방울을 내 얼굴에 쏘아댔어. 제법 화가 난 듯한 얼굴이었지. 나는 태연히 앉아서 손마디를 꺾고 있었지. 물론 녀석에게 겁을 주기 위해서였어. 녀석이 시계를 보더군. 그건 금시계였는데 마치 여편네 팔찌 같았다니깐. 그리고 시계를 보던 녀석이 흠칫 놀라는 거야. 그러고는 태연을 가장하면서 나를 보았어. 놈은 침착하게 말하려고 애쓰는 것 같았어. 왜냐하면 녀석의 새끼손가락이 바르르 떨리고 있었거든. 녀석은 화난 표정으로 그러나 냉정하게 말했어.

　"27호 환자, 그만하지. 벌써 다섯번째 장난이야. 내가 찾으러 나올 줄 알고 병원 앞에 숨어서 기다리기나 하고, 멀쩡한 체해갖구 말도 없이 다섯 번이나 병원을 나가면 어떡하나. 어젯밤은 또 어디서 잤어? 또 거리에서 밤샜지? 자, 이제 병원에 들어가지. 동료 환자들이 기다리고 있어."

　힛힛힛. 내 방은 2층이었고 나는 정신병자 27호였지. 녀석은 인턴 생활 몇 년 거친 닥터였걸랑? 히히 나는 녀석의 양 어깨를 두 손으로 짚었어. 그리고 씩씩거리는 녀석을 앉히고 담배를 물려주었지.

　―겨울 햇살을 받아 화사한 방 안에는 깨끗한 탁자 하나와 커피 두 잔이 졸고 있었고, 방 한가운데 칸막이 친 저쪽 시트 옆에서 간호사가 주전자에 물을 끓이고 있었다. 나는 녀석을 앉히고 다시 원고를 들고 말했다.

　"어때, 함께 연극 대사조로 읽어보았는데 전보다는 많이 나아졌어. 너 정말 퇴원해도 되겠다. 니가 병원에 들어오기 전에 무명 소설가였다며? 아직도 구성이나 사건 처리가 미숙하지만 정신이 많이 말짱해진 것 같애. 열심히 써봐, 앞으로 활동 지켜볼게. 곧 퇴원 수속

밟아주지."

　녀석은 빙그레 웃으며 담배에 불을 붙였다. 나는 내 가운에 묻은 커피 방울을 손으로 툭툭 털면서 간호사에게 환자 기록부를 가져오라고 손짓했다.

산문

짧은 여행의 기록
참회록—일기 초
시작 메모·기타
서평

짧은 여행의 기록*

1-1: 출발

나는 지금 떠나고 있다. 휴가는 어제부터 시작되었다. 월요일 하루를 그냥 버린 셈이다. 잠과 혼미한 각성도 하루 만에 권태로 판가름 났다. 오랫동안 참기 어려웠고 참아왔으므로 며칠간의 자유가 허용되었을 때 예상대로 당황하였다. 8월 2일 화요일 오후 3시 30분에 강남고속버스터미널에 닿았다.

어디로 가야 할지도 몰랐다. 마음 같아서는 제일 먼저 광주로 해서 해남, 혹은 순천 쪽으로 가고 싶었다. 그러나 날씨는 무더웠고 남도행이 무의식적으로 장마와 함께 떠올라왔던 터였다. 그래서 대구로 가기로 했다. 그곳에는 장정일이라는 이상한 소년이 살고 있다. 대구는 중간 내리기 말고 두 번 간 적이 있다. 한 번은 81년 초여름 내가 군입軍入하기 직전 S와 H 그렇게 셋이서 부산으로 무작정 여행길에 올랐다가 반나절을 보냈을 때였는데, 그때 당시 나에게 수십 통 편지질을 하던 여대생 H를 불러내 '레테'다방에서 장난을 쳤었다. 매우 더웠던 느낌만이 남아 있다. H는 그날 오후 부산까지 부득불 따라왔었는데 광복동 쪽에 자신의 문우文友들이 많다고 그리로

---

* 이 글은 '1988년 8월 2일(화요일) 저녁 5시부터 8월 5일(금요일) 밤 11시까지 3박 4일간의 짧은 여행의 기록'이라는 메모가 적혀 있는 노트의 전문이다.

우릴 이끌었었다. 우리가 그 번잡하고 무덥고 짠 거리에 갔을 때 H의 친구들은 어느 카페에도 없었다. H는 갑자기 대구로 돌아가겠다고 했고 나와 S, H는 그녀를 터미널까지 바래다주었다.

그녀는 매우 쓸쓸한 얼굴을 하고 대구로 돌아갔는데 그게 내가 본 처음이자 마지막 H의 모습이었다. 나는 본래 뚱뚱한 여자들을 쫓아다닌 적이 없었고 그래서 그녀와의 해후는 준비되지 않았다. 지금 그녀를 만나면 H구나 할 수 있을까.

1-2: 대구행

대구행 고속버스 안이다. 생각보다 차체가 많이 흔들리고 신제품이라는 이 필기구는 말을 잘 안 듣는 편이다. 몹시 담배가 피우고 싶었다. 좌석 붙박이 휴지 상자를 열어보니 담뱃재가 가득하였다. 안심하고 담배를 꺼내어 몇 모금 피우다 꺼버렸다. 연기가 너무 많이 났기 때문이다.

버릇인데, 글을 쓰려고 하면 너무 많은 생각들이 떠올라 나는 공포에 질리곤 한다. 한 가지 생각만이 주어진다면 나는 그것에 대해서 아주 분석적이고 통찰력이 가득 찬 문장으로 쓸 자신이 있다. 그러나 내 정신은 너무 얇고 힘이 없어 떠오르는 생각들을 허겁지겁 따라가기만 하는 것이다. 아침에 늦잠을 잤다. 오후 2시쯤 여행 가방을 싸기 시작했다. 최대한 줄이려고 했는데 여벌의 바지, 티셔츠 각각 1착과 속옷을 넣고 카메라를 챙기니 벌써 가방이 무거웠다.

책장 앞에서 한참을 망설이며 짧게 절망했다. 결국 W. 페이터의 문예비평서 『르네상스』, 그리고 장 그르니에의 산문 『카뮈를 추억함』과 『일상적 삶』, 이렇게 세 권을 가방에 넣었다. 터미널에서 반팔 흰색 티셔츠를 샀다. 케네디 스타일의 칼라가 눈을 끌었기 때문이다. 면도기와 칫솔 등속도 구했다.

그리고 신문을 산 것이다. 성실함이라는 것이 얼마나 통속적인 미덕인가. 스낵 코너에서 밥을 먹으며 신문을 6개나 읽고 쓰레기통에 넣었다. 대구행 버스는 저녁 5시 25분에 떠나기로 되어 있었다. 시간이 너무 남아 욕탕에 가서 찬물 속에 한참을 지냈다. 그리고 창가에 앉아 불편하게 왼손으로 노트를 받치고 이 글을 쓴다.

나는 왜 이 노트를 샀나. 내 습관이 여전하다면 이 노트는 여행의 종료와 함께 고의적으로 분실될 것이며 나는 마찬가지로 이번 여행을 잊을 것이었다. 어쨌든 나는 여행을 떠나고 있다. 대구에 가서 무엇을 할지 나는 모른다. 아마도 장정일 소년에게 전화를 걸 것 같다. 안 걸 수도 있다.

1-3: 희망에 지칠 때까지

사실 이번 휴가의 목적은 있다. 그것을 나는 편의상 '희망'이라고 부를 것이다. 희망이란 말 그대로 욕망에 대한 그리움이 아닌가. 나는 모든 것이 권태롭다.

차라리 나는 내가 철저히 파멸하고 망가져버리는 상태까지 가고 싶었다. 나는 어떤 시에선가 불행하다고 적었다. 일생 몫의 경험을 다했다고. 도대체 무엇이 더 남아 있단 말인가. 누군가 내 정신을 들여다보면 경악할 것이다. 사막이나 황무지, 그 가운데 띄엄띄엄 놓여 있는 물구덩이, 그렇다. 그 구덩이는 어디에서 왔을까. 내가 아직 죽음 쪽으로 가지 않고 죽은 듯이 살아 있는 이유를 그 물구덩이에서 볼 수 있을 것 같았다. 어쨌든 희망을 위하여 나는 대구행 첫 차표를 끊은 것이다.

두번째 내가 대구에 간 것은 83년 여름(혹은 82년)쯤이었다. 친구 B가 대구에서 카투사로 복무하고 있었다. 그때는 안양에서 사귀었던 친구 S와 H(이니셜이 우연히도 첫번째 대구 동행자들과 같다)와 함께였다. 밤차 완행으로 도착해 중앙공원 벤치에 누워 잠을 잔 기억이 있다. B를 불러내 밥을 먹고 커피를 마셨다. 미군美軍 막사에도 들어갔었던 것 같다. 흑인 병사들이 대부분이었는데 그들이 카지노를 할 때 우리는 둥근 라켓으로 핑퐁을 했었다. 서울로 오는 길에 입석 칸을 떠나 특실 빈자리에 앉았던 기억도 난다.

그때의 대구도 폭염이었다. 그리고 대구는 나에게 대통령을 뽑은 무서운 도시, 시인들만 우글거리는 신비한 도시, 그리고 폭염의 도시로 달려들었다. 이성복, 이하석, 이태수, 장정일, 구광본, 그리고 김춘수, 한때의 이문열, 그리고 작가 석경 고향도 그곳이었다. 버스는 금강 휴게소에 잠시 멎었다. 강가에 붉고 푸른 텐트들과 벗은 사내들이 가득하였다. 담배 한 대를 피우고 버스는 대구로 갔다.

비가 왔으면 싶다. 희망은 있는가, 있을 것이다. 그것이 없다면 이 도저한 삶과 삶들, 이해할 수 없는 저 사람들은 오래전에 나에겐 부재不在했을 것이다. 나에게 지금 희망은 어떤 모습일까? 한때 나는 그것을 문학이라고 생각하였다. 한때라니? 그랬다. 나는 더 이상 시에 접근하지 못한다. 나는 그것을 안다.

시는 어쨌든 욕망이었다. 그러나 나에게는 지금 욕망이 사라졌다. 그건 성聖도 아니다. 추악하고 덧없는 생존이다. 어쨌든 나는 오래도록 기다려왔던 탈출 위에 있다. 나는 부닥칠 것이다. 공허와 권태뿐일 것이다. 지치고 지쳐서 돌아오리라.

1-4: 장정일 소년

대구에 도착하였다. 밤 9시 20분. 버스터미널은 환하였다. 예상했던 막막함이 덮치듯 나를 마중하였다. 먼저 내일 떠날 전주행 차편을 수소문해보았으나 실패했다. 그러나 나는 내일 전주로 떠날 것이다.

장정일에게 전화를 걸었다. 그는 집에 있었다. 10시에 대구백화점 앞에서 그를 만났다. 푸른 체크무늬 와이셔츠를 입은 짧은 머리의 소년. 우리는 가까운 호프로 가서 한잔하였고 내가 시끄러운 곳을 싫어하는 줄 그는 금방 눈치챘다. 연전에 원재길이, 그 후에 박인홍이, 그리고 달 전에는 박기영, 박덕규가 대구에 왔었다고 했다. 나에게 왜 술을 많이 안 하느냐고 그는 물었다. 나는 그와 이것저것 이야기했다. 그는 자신은 직업으로 시를 쓰고 그것으로 생계를 유지한다고 했다. 열음사에서 포르노소설 나는 아무것도 모른다, 아니 나도 그것을, 아니 『그것은 나도 모른다』(1천 매)가 곧 나올 거라고 했다. 서울서 봤을 때는 말이 없었는데 대구라 그런지 말을 많이 하였고 발랄했다. 나는 그에게 전화할 때 중앙이다라고 했다. 그가 『문학정신』에 발표한 「중앙과 나」를 빗댄 것이었다. 그는, 중앙이요? 하다가 웃었다. 누구세요? 중앙이라고요. 나는 말했다. 그는, 기형도 형이군요, 했다. 호프집에서 나와 원저궁窟을 본뜬 지하 레스토랑에서 장정일 소년과 나는 맥주를 시켰고 「파리 텍사스」 「베티 블루」 등의 영화 이야기, 세기말 이야기를 했다. 그는 뮤지컬 드라마 「지저스 크라이스트 수퍼스타」에서 막달라 마리아가 부른 「I don't know how to love him」 이야기를 했다. 지금까지 해온 섹스 방법(편안한)으로는 그를 사랑할 수 없어 절망하는 한 여인의 이야기를 그는 했고 요즘 젊은 시인들 이야기를 했다. 그는 솔직히 말해 이윤택, 김영승, 윤성근의 시가 싫다고 했고 이문재의 초기 시는 너무 아름답다고 했으며 그러나 이문재는 더 이상 시를 못 쓸 것 같다며 진심으로 슬퍼했다. 그는 내 시를 좋아한다고 했다.

1시쯤 우리는 그곳을 나왔고, 그는 원재길과 시인들을 재워준 곳이라며 무슨 여관으로 나를 끌고 갔다, 방 앞에서 안녕히 주무시라고 이야기한 뒤 도망치듯 뛰어나갔다. 왜 대구에 왔느냐고, 휴가 때 그 좋은 도시 다 버리고 하필이면 대구에 왔느냐고 그가 물었을 때, 나는 아무 곳이든 서울만 벗어난다면, 떠나고 싶었다고 했다. 전주에는 약속 시간을 정하고 가느냐고 그가 물었을 때 나는 절이 그곳에 있다고 말했다.

장정일은 책은 지문 묻을까 봐 손을 씻은 뒤 읽으며, 초판만 읽지 재판은 읽지 않으며, 책에는 볼펜 자국을 남기지 않으며, 한번 본 시들은 모두 외우다시피 한다고 내게 이야기했다.

대구는 크고 넓었다. 밝고 우글거렸다. 장정일은 대구는 부산의 절반도 안 된다고 했다. 나는 그에게 내 고통의 윤곽을 조금 말해주었다. 그는 묵묵히 고개를 끄덕이며, 맥주만 마시니 기분이 이상하다고 중얼거렸다. 대구에서의 일박은 이렇게 지나갔다.

2-1: 지리를 지나며

버스는 이제 지리智異를 지나고 있다. 대구를 떠난 지 벌써 2시간이 지났다. 고속버스 안은 참을 수 없을 만큼 뜨겁다. 차창 밖으로 보이는 지리산은 역시 험준하기 이를 데 없고, 겹쳐져 멀리 물러난 산과 산들은 아득한 백색의 산이며, 구름으로 된 파도들이다. 입산자들의 성산聖山, 잠든 사나운 산, 산 위의 밭들을 본다. 산 아래 풀들을 본다. 어제 대구로 가는 낙동洛東의 산에서는 나뭇잎들 사이로 마을

이 보였고 저녁 안개가 희부윰하였다.

　지금은 오후 4시 30분의 폭염. 정치부 있을 때 취재차 잠시 들러보았을 뿐 전라全羅는 나에게 미지의 땅이다. 어제 정일 군은 그랬다. 광주에 못 갈 것 같다고. 지금 성지 순례의 땅이 돼버린 광주로 가는 길이 무슨 속죄의 길이 되는 것 같은 느낌 때문이라고. 그는 단 한 번도 광주로 가지 않았다. 나 역시 전주와 광주는, 나이 30세에, 초행길에 다름 아니다. 지리를 지나며 이 불볕더위를 잠시 '시련이다, 가혹한 대가다'라고 생각해보았다. 옥수수밭을 지나고 그리고 남원이었다. 춘향과 몽룡의 그림을 오려 붙인 나무 입간판을 지난다. 이제 한의 땅, 설움의 땅이라는 이곳을 나는 가고 있다. 나는 우리 국토를 너무 몰랐다. 차선은 대구서부터 줄곧 2차선이다. 냉방이 되어 있다지만 이건 말씀이 아니다.

　끓는 물에 적셨다 꺼낸 종이처럼 옷들이 고통스럽다. 나의 첫 남도행이 무슨 고행의 제의를 의미하는 것일까. 내 감정은 지극히 평온하고 특유의 격정도 물 밑에 모두 가라앉아 있다. 버스는 이미 국도로 접어들었는지 흙먼지들이 자주 차창을 더럽히고 도로 양편으로는 공사 진행을 알리는 손수건만 한 삼각 붉은 깃발들이 소스라치며 튀어나온다.

　어젯밤은 잠 못 들었다. 대구의 밤공기는 신경이 예민한 사람들에게는 몹시 해로웠다. 선풍기를 틀고 잠을 청했는데 깨어보면 선풍기가 멎어 있고 1시간 남짓한 토막 잠들을 몇 편 잤다. 동대구버스터미널에 도착했을 때는 오전 11시 30분이었는데 전주행 버스는 2시 10분 차가 남아 있었다.

　길옆으로 흰 약 가루를 뒤집어쓴 듯한 개망초꽃들이 한창이다. 버스는 오수라는 마을을 지났다. 10세가량의 소년이 붉은 꽃무늬가 어지러운 흰빛 양산을 쓰고 지나간다. 소읍들이 늘 그렇듯이 자전거포 집, 우체국, 화장품 대리점 등이 있는데 얼마 전 장마를 기억하게 해주는 듯 상점 유리마다 말라붙은 흙탕들이 굵은 파리 떼처럼 가득하다. 내 옆자리에는 30대 후반의 몸집 좋은, 그러나 마음씨가 고와 보이는 여자와 그의 딸로 보이는 네 살쯤 되는 소녀가 탔다. 이 계집아이는 아주 말을 안 듣는 편으로 어린아이의 것으로 상상하기 어려운 굵고 짜증스러운 음성을 갖고 있다. 차체가 약간만 흔들려도 여자의 굵은 팔뚝이 닿는다. 두툼하고 말랑말랑하게 잘 구워진 빵 같다. 그랬다. 나는 '이제는 희망을 노래하련다'라고 생각했다. 이를테면 창밖에 내리는 비를 보며 몇 시간이고 견뎌낼 수 있는 것이다. 도로 사정이 엉망이다. 전주 24km. 도로와 나란히 협궤열차가 지난다. 호남정유라고 쓴 검은 쇠 원통 화차들이 느리게 엇갈렸다.

나는 이제 다르게 살고 싶다. 그럴 경우 모든 굳은 체념들이 살아날 것이다. 어차피 존재들은 유한하다면 인식의 바꿈을 통해 나는 두 배의, 아니 그 이상의 삶을 살 수 있다. 전주에 닿으면 강義 선생에게 전화해야 한다. 산으로 갈 수 없어도 나는 여전히 좋을 것이다.

2-2: 서고사 가는 길

서고사西固寺는 후백제를 창건한 견훤이 지은 네 개의 절 중 하나라고 한다.

전주에는 6시에 내렸다. 전화를 넣으니 강석경 선생이 크게 기뻐하셨다. 수박 한 덩어리와 복숭아, 그리고 담배 몇 갑을 사고 황방산(누런 삽살개가 달을 보고 짖는다는 산 이름) 서고사를 향해 택시를 탔다. 운전기사가 공부하러 가느냐고 물었고 나는 공부하는 분을 찾아간다고 말했다. 택시로 20분 못 가 길모퉁이에서 소매 없이 헐렁한 셔츠에 밀짚모자를 쓴 강 선생이 튀어나왔고 나도 택시에서 내렸다. 절로 올라가는 길에 전주대 국문과에 다닌다는 청년 선혜善慧 법우를 만나 동행했다. 그도 서고사에 거하고 있다고 한다. 서고사 가는 길은 복숭아밭과 개망초, 그리고 이름 모를 꽃들과 풀들, 나무들, 옥수수와 담배밭, 고구마밭으로 가득하였다. 복숭아들은 가지가 휘어져 여러 개가 땅속에 반쯤 묻혀 있었고, 크고 단단한 바위들이 길을 막았다. 절에 도착해서 의성懿星 스님(30대 초반의 비구니 주지 스님)과 상좌 스님, 그리고 보살님과 절에서 사는 소녀 하욱夏旭 등을 만났고, 보살님 아들인 서울서 숭실대 공과대 다닌다는 청년과도 인사를 나누었다. 얼굴을 씻고 절 옆에 있는 커다란 바위에 올라가 강과 이것저것 이야기를 했다. 박생광朴生光 선생 이야기, 그리고 소설 『가까운 골짜기』 이야기. 사진도 여러 장 찍었다.

바위에서 바라다보이는 들판은 거대한 바다로 보였다. 먼 데 호수가 있었고 농가들과 송전탑이 내려다보였다. 태양도 싸늘히 식은 붉은빛으로 대지 위에 떨어지는 중이었다. 구름들이 가득했다. 바람이 불어왔고 어느덧 7시 40분이었다. 대웅전 옆방에서 비빔국수를 들었다. 강 선생이 사는 방은 나한상을 모신 곳 바로 위쪽이었는데 조금만 바람이 불어도 뒤집혀질 것처럼 종이갑으로 만든 쪽배 같았다. 들창을 여니 커다란 두꺼비가 있었고 언젠가 귀신이 우는 소리를 들었다는 말을 강 선생이 또 해주었다.

식사를 마치고 평상 위에 앉아 의성 스님 등과 함께 작설차(참새의 혀처럼 조그만 풀잎)와 솔차(솔잎과 설탕을 버무려 쪄낸 것)를 들고 이런저런 인생살이 이야기를 했다. 스님은 참 매력 있는 분이었다. 그는 근심이 없는 사람처럼 보였고, 그가 부러워 나는 슬퍼졌다. 조용조용 이야기하는 것을 즐겼으며 중앙일보 출판국 안길모安佶模 차장 이야기를 했다. 안순희 선생의 무기巫氣 이야기. 눈이 점점 감겨져 큰일이라고 이야기했고, 분청사기 굽는 법도 화제에 올랐다. 밤 10시 가까이 지나 스님과 봉숭아 물들이느라고 한껏 들떠 있던 하욱도 잠자리에 들고, 나와 강 선생, 숭실대 학생, 선혜 법우와 넷이서 종교에 관해 의견을 나누었다. 선혜 법우가 동사섭同事攝을 말해주었고 가식과 욕망을 없애고 진실을 향해 사는 삶을 이야기했을 때 나는 그것을 행복, 자기 구원으로 깊이 인식하였고 감동했다. 그리고 나는 '종교가 공포에서 비롯된 스스로 성자聖者 되기의 길'임을 조심스럽게 말했고 '욕망과 망집이 없는 평정된 삶은 어쩌면 불행한 삶일 것'이라고 피력함으로써 의심이 많은 자 특유의 '혼란과 쟁투, 근심에의 탐닉을 통한 유한자로서의 생 읽기'의 버릇을 드러내고 말았다. 밤은 깊었고 이미 해가 진 뒤 오래였으니 하늘엔 별이 총총했다. 유성 두 개가 너무도 길게 떨어져 우리 모두 탄성을 질렀지만 칠흑 같은 어둠 속에서 비행기의 굉음이 터져 나와 모두 크게 웃고 말았다.

  속세란 무엇이며 욕망이란 무엇인가. 욕망이 없는 삶은 이미 속세가 아니고 욕망과 화해하고 싸우는 자가 수도자가 되는 길은 속세를 버리는 길이다. 속세 속에서의 구원의 몸짓은 자기 구원이 아닌 가식으로 가득 찬 이웃 구원일 것이다. 서고사의 밤은 깊고 어디선가 소쩍새들이 끊임없이 울었다. 복순이라는 이름의 통통한 강아지는 코언저리가 불에 탄 듯 검댕이었고 해탈이와 다롱이로 불리는 고양이들은 밤중에도 자꾸만 바빠 움직였다. 의성 스님이 겨울 눈밭 위에서 잠자던 고집쟁이 산토끼 이야기를 했었다. 낙천주의자 토끼, 두고 온 서울이 너무 멀다.

나는 너무 좁다. 처음 대구에 내렸을 때나 전주에 내렸을 때 감당하기 힘들었던 막막감. 그토록 증오했던 서울, 내가 두고 온 시간과 공간의 편안함에 대한 운명적 그리움. 난 얼마나 작은 그릇이냐. 막상 그 작은 접시를 벗어났을 때 나는 너무 쉽게 길을 잃는 것이다. 그러나 서고사의 밤은 깊다. 풀벌레 소리 하나만으로 나는 이 밤을 새도록 즐길 수 있다.

3-1: 무등에 가기 위하여

이제 광주로 간다. 방금 전 강 선생과 헤어졌다. 땡볕이 내리쪼이는 전주터미널. "내가 내 생生에 얼마나 불성실했던가, 생을 방기했고 그 방기를 즐겼던가를 서고사 일박을 통해 깨달았다"고 터미널 층계를 내려오면서 강 선생에게 고백하였다.

노트를 펼치다가 놀랐다. 표지에 HOPE라고 씌어 있었다. 내 여행이 '지칠 때까지 희망을 꿈꾸기' 위해서였다면 이 노트 또한 내 의지를 돕고 있었던 것이다. 나는 죄인이다. 나는 앉아서 성자 되기를 기다렸다. 그러나 그 누구도 나에게 경배하러 오지 않았다. 오히려 내 육체에 물을 묻히고 녹이 슬기를 기다렸다. 서울에서의 나의 행복론은 산산조각 나고 있다. 내가 거듭 변하지 않는 한 아무것도 변하지 않을 것이다. 거듭 변하기 위해 나는 지금의 나를 없애야 한다. 그것이 구원이다.

새벽 4시 상좌승의 예불 소리에 잠을 깼다. 2시 가까이 잠들었으므로 몹시 머리가 아팠고 한없이 슬프고 무서운 예불 소리에 섞여 아침 9시까지 잤다. 서고사의 아침 9시는 벌써 오전 일과가 한창이었다. 보살님과 의성 스님은 법의를 삶고 있었고, 숭실대 청년 한진

군과 선혜 법우는 감잎차 썰기, 마당 쓸기에 한창이었다. 세수를 하고 강 선생을 깨워 무소륵스키의 곡을 팝아트로 편곡한 「전람회의 그림」을 들었다. 아침은 거르고 11시에 전주 시내로 가는 버스를 탔다. '신라당'이라는 전주 시내 빵집 종업원이었다는 상좌승 얘기를 듣고 '사연이 곧 번뇌'라고 생각했다. 의성 스님과 강 선생 그리고 피아노 치러 학교 갔던 하욱과 나 이렇게 넷이 국일관에서 백반을 먹었다. 역시 전주의 반찬은 엄청나게 많았다. 식사 후 국일관 옆 카페 '빈센트 반 고흐'에 들렀다. 스님의 단골 다방이었다. 곰팡이 냄새가 났고 어두웠는데, 천장에는 수십 개의 사기컵들이 매달려 있다. 밖으로 나와 문방구에 들러 색연필, 노트 등을 사서 하욱에게 주었다. 그녀는 이제 열 살, 초등학교 4학년인데 콩나물을 미칠 듯이 좋아했다. 세 자매 중 막내인데 부모가 셋 모두를 버리고 이혼했으며 세 자매 모두 갈가리 찢어졌다. 하욱은 그러나 구김살이 없다. 가끔 일기장에 '엄마가 왜 날 버렸을까요?'라고 쓴다.

말 그대로 광활한 곡창 지대다. 버스는 적당히 흔들리고 있다. '밭 가운데 숲'들이 있고 망초들은 흐드러졌다. 산들은 얕고 공손하다. 서고사의 옆 언덕에서는 언제나 해 지는 것만 볼 수 있다. 서고사의 하늘은 서역西域이고 그 길은 인도印度로 뻗어 있다. 서고사에는 해가 뜨지 않는다. 그곳에 서면 한없이 위축되고 겸허해지는, 그래서 오히려 조금은 속세를 향해 우쭐할 수 있는, 검고 넉넉한 바위들, 의성 스님이 법의를 삶기 위해 군불을 때면 하욱은 그네를 탔다. 의성 스님은 동국대 대학원에서 불교 미술을 공부했다고 한다. 힘차게 뻗은 콧날과 눈빛, 입술의 그윽함과 섬세함이 얼핏 잘생긴 남성을 연상케 하는 의성 스님은 불교에서 도度는 이치를, 도道는 길을 의미한다고 말해준다. 노장老莊에서의 도道가 불가에서는 도度라는 것이다. 서고사의 빽빽한 나무들은 별빛이 가득한 한밤중에 딱딱하게 굳은 먹물처럼 보였다.

필름 한 통을 쓰고 이제 광주로 간다. 그곳에서 나는 무엇을 볼 수 있을까. 그곳은 십자가로 만든 땅인가, 넋들 위에 솟아난 도시인가. 나는 아무런 감정도 예감도 없이 무등無等으로 가고 있는 것이다.

3-2: 제3묘원에서 만난 사람

무등은 날이 흐려서 잘 보이지 않았다. 가까운 검은 산들을 거느리고 회색의 구름 숲속에 무등은 있었다. 나는 지금 충장로와 중앙로를 가로지르는 금남로 3가와 4가 사이 '충금'다방 2층에 앉아 있다. 광주고속터미널은 내가 본 그 어느 대도시 터미널보다 초라하고 궁핍했으며 무더웠고 지친 모습이었다. 땀이 폭포처럼 옷 사이로 흘러내렸다.

지금은 저녁 6시. 광주에 도착한 지 2시간이 흘렀다. 터미널에서 부산이나 해남 혹은 이리 방면의 차표를 끊으려 예매처를 기웃거렸으나 너무 혼잡하고 더러워서 터미널을 버리고 길을 건너 신문들을 한 뭉치 샀다. 내가 써두고 온 기사가 나와 있었다. 갑자기 욕지기가 치밀었다. 슈퍼마켓에 들어가 필름 한 통을 샀다. 어디로 갈 것인가. 보도 블록 위에 주저앉았다. 황지우黃芝雨 형에게 전화를 넣을까 하다가 그만두었다. 시간은 많다.

망월동 공원묘지를 찾아갈 결심을 하였다. 그러나 이 사람 저 사람에 물어도 망월동행 차편을 모른다고 했다. 나는 이해할 수 없었다. 물어물어 25번 버스가 간다는 걸 알 수 있었고 25번 버스를 타기 위해 현대예식장으로 택시를 타고 갔다. 이 사람들이 모두 죽음의 공포를 겪었던 사람들일까. 어찌 보면 그랬다. 어두웠고 희미하였다. 거리는 복잡했지만 힘이 없이 늘어져 있었다. 망월동까지 버스는 달렸고 그곳은 외곽 지대였다. 버스 기사는 나에게 내려서 걸어가라고 했다. 가겟집 아낙네는 1시간을 걸어야 한다고 무덤덤하게 이야기했다. 망월동 삼거리에 봉고차가 있었다. 공원묘지까지 운행하는 셔틀버스였다. 차가 왔다. "묘지 가실랍니까?" 그는 시내로 퇴근하는 길이었는데 나 때문에 한 번 더 운행하겠노라 했다. 땀이 비 오듯 흘러내렸다. 가겟집에서 산 카스테라와 비비콜을 먹으며 나는 봉고차에 혼자 앉아 묘지로 갔다. 가는 도중 묘지에서 내려오는 한 떼의 대학생들을 보았다. '가자 북으로! 오라 남으로' 플래카드를 든 방송대 학생들이었고 봉고차는 이윽고 묘역에 도착했다. 나는 가지 말라고 당부하고 제3묘원을 올랐다. 만장 같은 격한, 그러나 햇빛에 바삭바삭 마르고 있는 수십 개의 붉고 검고 흰 현수막들과 무덤들이 있었다. 나는 꽃 한 송이 소주 한 병 없이 무덤 사이를 거닐었다. '여보 당신은 천사였소, 하늘나라에서 만납시다' 무명 열사의 묘, 박관현의 묘, 묘비명 사이를 걸으며 나는 몇 장의 사진을 찍었다. 묘원은 아무도 없었고 나 혼자였으며 열사熱沙였다. 너무 뜨거워 화상처럼 달구어진 내 얼굴 위로 땀이 사납게 흘러내렸고, 그것들이 내 눈 속에 들어갔다. 나는 눈물을 닦는 사람처럼 자꾸만 눈가의 땀들을 닦아냈고 그것은 매우 고통스러웠다. 마른 꽃다발과 뜨거운 술병, 금이 간 성모聖母상들을 넘어 간이 화장실을 들렀다. 변기 속에는 죽은 구더기들이 가득 차 있었다.

제3묘원을 나와 기다리고 있던 봉고차에 탔을 때 50대 후반(혹은 40대 후반)으로 보이는 아낙네가 서너 살 되어 보이는 소녀와 함께 봉고차에 올랐다. 파마머리에 찌든 얼굴, 갈라진 두툼한 입술, 넓적

한 코, 초점이 흐린 눈동자, 검게 탄 피부, 가는 몸매, 흰 반팔 남방, 갈색 면바지, 굽 없는 흰 샌들을 신은 촌부였다. "앞에 타세요." 운전사가 말했다. 50대로 보이는 기사가 나를 보며 말했다. "이한열李漢烈이 어머니예요." 나는 좌석 앞으로 옮아갔다. 여인이 힘없이 인사를 했다. "묘지 다녀가세요?" 나는 "한열이 선뱁니다. 연세대학교 선배예요"라고 말할 수밖에 없었다. "좋은 학교 보내면 뭘 해요. 이렇게 돼버렸는데." 여인은 말했다. "이따금 이곳에 다녀갑니다." 늙고 지친 얼굴이었다. 파마머리의 절반이 백발이었다. "한열이 누이의 딸이에요." 봉고차는 그녀와 나만을 싣고 달렸다. "시내로 곧장 들어갈랍니다. 오늘은 퇴근하는 길이에요." 기사가 말했다. 삼거리에 차가 닿았을 때 서너 명의 대학생들로 보이는 청년들이 소리쳤다. "묘지 갑시다!" "이런, 난 시내로 퇴근하려 했는데……" 기사가 나를 쳐다보았다. "저희가 내리지요. 저들을 태워주세요." 나와 한열이 어머니는 내렸다. 봉고차는 또다시 묘지로 갔다. 우리는 25번을 기다렸다. 내가 가게에 들어가 음료수 캔 세 개를 샀을 때 버스가 왔고 나는 스트로도 받지 못하고 허둥지둥 버스로 올랐다. 나뭇가지처럼 깡마른 여인이 있는 곳으로 갔다. "이것 드세요." 나는 어쩔 줄 모르고 캔을 내밀었다. 고맙다고 했다. 나도 말이 없었고 여인도 침묵이었다. 지치고 피곤한 얼굴, 누군가 건드려도 곧 울음을 터뜨릴 것 같은, 햇빛에 검게 탄 촌부. 치산동에 산다고 했다. 버스가 서방시장에 섰을 때 한열이 어머니가 인사를 했다. 안녕히 가시라고. 나는 손녀딸의 손을 한 번 잡아주었다. 그들이 내렸고 버스 문이 닫혔다. 갑자기 창밖에서 한열이 어머니가 난처한 얼굴로 소리쳤다. 버스는 떠나고 있었다. 그와 함께한 소년이 승강구 부분에서 무엇인가 주워 창밖으로 던졌다. 흰색 맥고모자를 썼던 한열이 조카의 앙증맞은 고동색 샌들

한 짝이었다.
 버스는 달렸고 나는 금남로 입구에서 내렸다. 햇볕은 여전히 뜨거웠지만 무등은 구름 속에서 솟아 잘 보이지 않았다. 나는 비 오듯 땀을 흘리며 걸었다. 어깨에 둘러멘 가방이 대리석처럼 무거웠다. '충금'다방에 들어서자마자 나는 가방을 던졌다. 커튼은 햇빛에 바랜 핏빛이었다. "1년 전이지요. 7월 5일이에요. 3남매 중 큰아들이지요." 한열이 어머니는 한숨을 토하듯, 그러나 힘없이 중얼거렸지만 멋모르고 캔만 빨아 먹는 어린 손녀딸의 손을 힘들여 쥐고 있었다. 그럴 수도 있다. 우리 어머니의 뒷모습과 너무 흡사했고, 그것은 감상感傷도 계시啓示도 아니었다. 망월동 공원묘지 제3묘원은 찌는 듯이 무더웠고 그것은 고의적인 형벌 같았다. 나는 아무런 감정의 변화도 없이 묵묵히 묘원의 인상만 자신 없이 기억 속에 집어넣었다. 광주의 충장로와 금남로 교차로에 있는 이곳 '충금'다방에서 광주와의 첫 만남을 적는다.

3-3: 무진으로
 황지우 형은 집에 없었다. 그는 2, 3일 전 문득 단식하러 들어간다고 말하고 주인집을 나갔다고 한다. 5일쯤 있다가 돌아오겠다고 했다 한다. 광주의 태양은 샛노란 빛이었다. 송수권宋秀權 씨에 연락을 넣을까 하다가 생각을 거두고 광주역으로 갔다. 문득 순천이 눈에 들어왔고 김승옥金承鈺과 김현 생각이 났다. 열차는 0시에 있었다. 셈을 해보았다. 결론은, 시외버스 공용터미널이었고 밤 8시에 광주발 순천행 직행버스에 올랐다. 순천은 나에게 무엇인가. 안개와 병든 지성의 도시, 부패하고 끈끈한 항구, 그리로 가기 위해 나는 광주를 떠난다. 4시간 만에 나는 광주를 도망치고 있다. 유령의 도시 광주, 그러나 화산의 도시 광주여, 잘 있거라. 소금의 도시 순천을 향해 무작정 나는 떠난다. 망월동 묘역만을 둘러본 것으로 나의 유적지 순례는 끝을 낸 것인가. 금남로의 몇 구역을 걸었던 기억만으로 나는 광주를 기억할 수 있을까. 때 묻은 낡은 간판들이 비닐처럼 흘러내리는 상점들을 지나, 조선대의 소금 기둥 같은 거대한 석조를 지나, 검푸른 은행나무 가로를 지나, 안경집 유리창에 걸린 저 커다랗고 둥근, 놀란 두 개의 눈동자를 노려보면서, 남자들보다 여인들이 몇 배나 많은 더러운 골목을 비껴가며, 무등의 권태로운 잔등 아래로 외곽을 벗어나는 버스 안에서 돌아본 광주는 어두워지며 밀려드는 는개 속에서 땅속 아득히 꺼져가고 있다. 아무도 몰래 틈입해 한 아낙네를 만나고 밀사密使처럼 혹은 무숙자無宿者처럼 이 도시에서 도망치고 있다. 산 바로 밑까지 밀고 들어간 짙푸른 논을 지나 이 버스는 순천으로 가고 있다. 나 태어나 한 번도 사진조차 구경 못 한 도시 순천으로, 막막한 절망과 음습한 권태가 안개처럼 부두와 상점과 낡은 건물들을 감싸고 있을 도시로 나는 잠시 피난을 떠난다.

그러나 아니다. 나는 광주에서 그 이상한 청년을 만난 것이다. 어쩌면 전혀 예기치 못했던 역사를 만나고, 그 역사의 허망함에 눈뜨고, 지상을 떠난 청년들이 묘역에 잠들어 있다. 나는 무엇인가. 가증스러운 냉담자인가, 나에게 있어 국토란 무엇인가. 내가 탐닉해 온 것은 육체 없는 유령의 자유로움이었다. 지금 이곳의 나는 무엇인가. 너 형이상학자, 흙 위에 떠서 걸어 다니는 성자여. 어두워진다. 나의 희망은 좀더 넓은 땅을 갖고 싶다. 이 게으른 손들.

순천으로 가는 국도는 울창한 숲이다. 어둠 속으로 원추리꽃들이 지나간다. 먼 산을 둘러싸고 있는 하늘은 구정물처럼, 폭풍을 기다리며 공포에 질린 빛깔이다. 순천에 도착하면 어쩌면 나는 사나운 빗줄기를 만날 것 같다.

밤 8시 50분. 차창에 빗방울 튕기기 시작하다. 소낙비 들이치다. 여행을 떠난 후 순천행 남도길에서 처음으로 비를 만난다. 예감은 어김없었다.

밤 9시 25분. 이 서늘하고 캄캄한 순천행을 나는 오래도록 아름다운 기억으로 간직할 것이다. 비는 그쳤고 밖은 칠흑처럼 어둡다. 마주 오는 차들의 헤드라이트들만이 유일하게 움직인다. 운전기사가 이 어둠 속에서 몇 번이나 위험한 추월을 하였다. 어둠 속에서 그의 속력이 나는 조금 두렵다. 멀리 불빛 몇 점이 보인다. 순천이다. 나는 내리고 이 차는 여수로 갈 것이다.

3-4: 물고기들은 순천에서 썩는다

'어서 오십시오. 살기 좋은 순천입니다.'

표지판을 지나 버스는 밤 9시 40분 순천에 멎는다. 택시를 타고 역으로 가면서 운전기사에게 바다를 물어보았다. 가장 가까운 바다가 5km, 전망 좋은 여천 바다가 15km이며 이 시간에는 택시 대절밖에 없다고 한다. 나는 손쉽게 순천 바다는 포기하였다. 도시 가득 소금기 섞인 해풍이 군림하고 있다. 예상보다 규모가 크고 번화한 도시였으나 네온사인을 켠 건물들이 거의 없었다. 검고 낮은 콘크리트 건물들이 삐죽삐죽 솟은 가운데 무슨 여관의 간판들만 허공 간간이 빛을 발하고 있어 그로테스크한 느낌을 주었다. 벌써 손끝에 끈끈한 자국이 있다. 역으로 가서 새벽 2시 30분발 부산행 통일호 표를 샀다. 이미 자리는 없고 입석으로라도 가야 했다. 순천에서의 일박은 의미가 없었다. 주어진 시간은 약 4시간. 그 시간은 순천에 대한 나의 이상한 애정을 충분히 보상할 것이다. 나는 역 부근 식당에서 백반을 시켜 먹으며, 다짐을 입속에서 우물거렸다. 창밖으로는 시장통이다. '해동'다방 2층, 마담과 여급 두엇이 무료하게 TV를 보고 있다. 그렇다. 순천은 나에게 음습한 도시다.

  버스를 타고 몇 정거장 가서 내리니 개천이 흐르고 있다. 순천 시내를 길게 가로지르고 있는 개천 위로 검고 길다란 콘크리트 다리 풍덕교가 놓여 있다. 사람들이 자전거를 타고 지나가고 근처 수산물 창고에서 물고기 썩는 냄새들이 풍겨온다. 사내들은 러닝셔츠 바람으로 검은 바지를 입고 불량하게 아스팔트 위를 어슬렁거린다. 소금기 가득하다. 하천 밑으로 내려가 흐르는 검은 물을 본다. 멀리 불빛들이 물 위에 길게 몸집을 늘이고 공지 천변에는 몇 개의 텐트가 쳐 있다. 만나는 모든 사람들이 무뚝뚝하다. 경관 한 명이 청과물 상점 가판대 위에 앉아 하품을 한다. 자전거를 탄 사람이 유독 많다. 그렇다. 건물들은 모두 다 숨어 있다. 낮고 고집스러운 단단한 건물들이 불을 끄고 어둠 속에 웅크리고 있다. 어둡다. 끈끈한 바람들이 허공에서 뒤엉키고 불을 켠 건물들은 거개가 여관일 뿐이다. 내게 주어진 짧은 순천의 야경은 쓸쓸하고 부랑자의 그것이었다. 누구든지 몇 달만 이곳에서 산다면 쉽게 권태와 체념에 길들여진 욕망을 체질 속에 받아들일 것이다. 불만으로 가득 차 보이는 눈동자들, 무릎까지 바지를 걷고 다니는 사내들의 느릿한 보행. 이 도시는 짧은 시간의 여행자에겐 쉽사리 경계를 풀지 않는 것이다. 사내들은 두서넛씩 모여 무슨 이야기들을 하고 있으나 가까이 가도 무슨 내용인지 잘 알아들을 수 없었다. 소리를 내지 않고 말하는 사내들. 흐릿한 하늘엔 한 점의 별도 보이지 않는다. '해동'다방 2층, 이젠 일어서자. 풀기 묻은 바람이 횡행하는 거리로 나는 나갈 것이다. 나는 이 도시를 내 몸의 일부분처럼 느낀다.

4-1: 부산에서

거진 거렁뱅이가 다 되었다. 옷은 남루하고 더러웠으며 육체는 제 멋대로였다. 순천에서의 깊은 밤 탑승. 부산까지의 객차는 지저분했다. 땀 냄새와 젖은 옷 냄새, 오랫동안 닦지 않은 손발이 부패하는 냄새로 가득했고 새벽 2시 반부터 7시까지 나는 궤짝처럼 객실 바닥 한 귀퉁이에 처박혀 헐떡였다. 창밖에는 캄캄한 소음밖에 없었고 하동, 진주, 마산, 삼랑진 등 이름만 낯익은 고장들이 스쳐갔다. 팔과 다리, 허리, 목, 엉덩이들은 조금만 자세를 바꿔도, 조금만 자세를 고정시켜도 비명을 질러댔다. 고개를 숙이고 잠을 여러 번 청했지만 그것도 내 의지와는 무관한 것이었다. 너, 피곤에 지친 탐미주의자여. 이것도 형벌이다, 소리쳤지만 고통은 마찬가지였다. 불면으로 아우성치는 머릿속으로 여러 사람들의 얼굴이 지나갔다. 부산에 닿았을 때 나는 오래되어 굳은 먼지들을 닦아낸 손수건처럼 더러웠다.

부산. 나는 왜 이곳에 또 왔던가. 너무 많이 온 곳. 활기찬 곳, 이곳에선 사소한 절망을 과시할 수 없다. 이 도시는 탐미적 딜레탕트들을 경멸한다. 힘으로, 건강함으로 들끓는 도시. 나는 이 도시에서 가장 추악한 방랑자의 모습을 하고 해운대로 갔다. 아침 해운대에는 벌써부터 피서객들에 의해 침범당하고 있었다. 하의를 걷어붙이고 해변을 걸었다.

8시의 햇볕은 벌써 뜨거웠고 나처럼 아무런 목적도, 즐거움도, 그리움도 없이 걷는 사람은 아무도 없었다. 애초 송정松亭의 달맞이꽃을 보러 갈 예정이었으나 눈꺼풀이 너무도 무거웠고 비참했다. 택시를 타고 번화가인 충무로를 향했다. 가까운 목욕탕에 들어갔다. 동물처럼 깊은 잠에 떨어지고 싶었다. 그러나 순간의 깜짝깜짝하는 잠만 몇 차례 나를 도와주었고 나는 다시 거리로 나왔다. 나는 철저한 이방인이었다. 이윤택李潤澤 형에게 전화를 걸어볼까 했으나 그만두었으며 태종대 바위로 가리라던 계획도 물거품처럼 터졌다. 지갑에 남은 수표 한 장을 환전하여 나는 천천히 서울로 돌아갈 준비를 했다. 결국 부산에도 비는 오지 않았다. 이곳은 레스토랑 '황태자'. 나는 지친 거지의 모습이다.

4-2: 신神이 아닌 자의 집

검은 새 흰 새 난다. 강 옆의 마을, 해는 뉘엿뉘엿 지고 새들은 물 위를 걸어 다니다 옥수수밭으로도 날아온다. 작은 쇠배들이 지나고 강물들은 황금빛 태양의 부스러기들을 마음대로 흘리고 있다. 강 옆의 마을, 흰 수건을 쓴 중년 아낙네가 허리쯤 차오르는 갈대밭을 헤치며 가고 있고, 나는 기차를 타고 서울로 간다. 낙동강이다. 강 건너 마을 뒷산엔 무덤들과 나무들이 섞여 있다. 사과나무 잎새들이 잠시 햇살을 묻히고 흘려버린다. 모래톱 부근에 떠 있는 포크레인으로도 새들은 날아간다. 혼자 떨어져 사색에 잠긴 목이 긴 새들도 많다. 먼 들판에서 흰 연기가 솟아 강물 위를 흘러가고 사내들은 내의를 벗고 물속으로 갔다. 산들은 지는 해의 빛 속에서 흰 먼지 덩어리처럼 솟아 있는데 기차는 달리고 있다. '유천'이라는 작은 간이역을 지난다. 흰 자갈밭, 얕은 강물, 원족 나온 행락객들의 모습이 아름답고 눈물겹다.

산에는 무덤이 너무 많다. 죽은 자들은 국토國土에 깊다. 살기 좋은 낙동강변 마을이다. 수면도 아니고, 몽상도, 명상도 아닌 가수假睡의 상태가 1시간 이상 흘렀다. 밤 10시, 열차는 이미 대전을 지났다.

나는 돌아가고 있는 것이다. 나를 기다리고 있는 일상들을 향해 기차는 전속력으로 달린다. 물 밑에 가라앉아 있던 것들이 다시 너절하게 떠오르리라. 그렇다면 너 지친 탐미주의자여, 희망이 보이던가. 귀로에서 희망을 품고 걷는 자 있었던가? 그것은 관념이다. 따라서 미묘한 흐름이다. 변화다. 스스로 변화하기. 얼마나 통속적인 의지인가. 그러나 통속의 힘에서 출발하지 않는 자기 구원이란 없다. 나는 신神이 아니다. 차창 밖 국도에 붉은 꼬리등을 켠 화물 트럭들이 달린다. 멀리 보이는 작은 불빛 하나하나마다 일생一生의 일가一家를 이루고 있다. 흘러가버린 나날들에게 전하리라. 내 뿌리 없는 믿음들이 지금 어느 곳에서 떠다니고 있는가를.

영등포역에 내리다. 밤 11시. 또다시 움직이는 세계. 낮게 소리 없이 서울에 섞여든다. 축복의 나날들을 내 스스로 피워내기 위하여, 모든 가식과 허위를 버리고, 이 짧은 여행에서, 만났던 사람들을 기억하며, 서울에서 나는 멎는다.

참회록[*]
── 일기 초

1981. 3. 9.

지금은 약간 편안하다. 일곱 개의 수강표 중 세 개를 철회하였다. 현대 서양 국제정치사, 정치학 방법론, 고대·중세 정치사상. 흰색 수강표가 가져다주는 안도감의 이유는 무엇인가. 굳이 철회의 절차를 필요로 하지 않았음에도 불구하고 군입軍入을 위한 정리라는 의미에서 그것은 대학 생활에 남은 관례적인 나의 흔적을 완벽히 없애고 싶었던 때문이었던 것 같다. 처음엔 공허 아니 진공 상태에 빠진 환자의 심리 상태였던 것 같다. 장학금 25만 원이 주는 경제적 유혹이, 그러한 소속감 없는 불안 상태와 결합하여 등록도 하지 않은 채 진희의 설득에 따라 수강 신청을 한 후, 다음 날로 휴학계를 냈던 나였다. 수강한 날 밤 나는 몹시 후회했다. 후회는, 오랜 시간의 결정 혹은 비슷한 결심이 순간적 충동에 의하여 그 시간적 경과를 쉽사리 부술 수 있다는 심리적 불안감, 다시금 시간과 법칙이 일치하지 않는다는 판단이 서자 더욱 커졌고, 급기야 다음 날로 부랴부랴 휴학계를 냈던 것이다. 지금은 이제 나의 시간이 아닌 서정갑 교수의 정

---

[*] 이 글은 1981년부터 1982년까지 쓴 일기에서 추린 것이다. 군입대와 휴학, 전역, 복학 등의 과정이 그려져 있다.

치학 방법론 시간이다.

　전부터 정외과 과우들에게 내가 느꼈던 '속물근성'이라는 속성은 조금 수정, 아니 묵살되어야 함을 느낀다. 그것은 속물근성이 아니다. 일종의 단순성이랄까. 아니, 그것도 모두 나의 주관적, 아니면 나의 연구 콤플렉스, 더 깊이, 나의 승부 근성에서의 패배주의의 논리적인 합리화에 가까웠던 그릇된 선입관 때문이었던 것 같다. 그것은 애초부터 내가 포기했던 고시考試라는 구체적 사실에 접근해볼 때 나의 승부 콤플렉스에 대한 보상으로서, 처음부터 원했던 문학文學으로 더 열성을 쏟았던 듯싶다.

　그러면서도 그들을 '속물근성'으로 몰아붙인 것은 나의 이기利己이다. 그것은 그들의 문제가 아니다. 과우들에게 내가 휴학했다는 소문이 퍼졌다. 나는 일언반구도 없었음에도.

　아아, 사실 소속감이 없다는 것(어쩌면 이 말 자체도 나의 주관이다. 여기엔 바로 내가 그 소속감을 나에게 부여하지 않으려는 의지가 보인다)은 참으로 불쾌한 일이다. 그저께 웅춘 군 집에 가면서 내가 절실하게 느낀 것은 내가 외로움을 무서워한다는 사실이다. 아닌데, 외로움은 잘 견디는 '편'이다. 외로움 속에 있을 때는 오히려 나는 외로움을 방해하려는 요인을 배격하는 편이다. 그렇다면 나는 그 외로움의 상태로까지 가는 과정을 두려워한다는 결론이다. 그건 사실이다. 어쩌면 보편일 것이다. 인간의 '적응성'이라는 것이 이 말을 입증한다. 사람들이 탈선이나 파행, 변화를 두려워하는 것은 그러한 세계의 속성 때문이 아닌, 그러한 차원에 이르는 과정에 대해 본능적인 두려움을 갖기 때문이다. 그러나 이러한 보편이 나에게 하나의 안도감도 주지 못한다. 오히려 나는 다시 위의 보편이라고 결정해버린 논리를 부정한다. 나의 외로움 그 가운데 있을 때, 내가 외롭지 않앉을 때의 즐거움이나 쾌락에 대한 보상적 요소가 나의 외로움 속에 숨어 있다. 책이나 잠, 고민 등이 그것이며, 고통이 따르는 외로움의 보상은 인간에게 숨어 있는 마조히즘을 일깨운다. 그렇다면 무엇인가, 절망이란. 아니 내가 무서워하는 것은 무엇인가. 아아, 수정하자. 사람들은 전혀 보상 행위가 없는 다른 상태의 공포에 대한 예비 공포를 그 이행 과정에서 느낄 뿐이다. 사실 보상 행위가 있는 '혼자 있음'(외로움의 의미보다 정확한 뜻인 것 같다)의 과정은 약간의 망설임이 있을 뿐 그렇게 무섭지 않다. 문제는 그 보상이다. 나의 휴학, 소속감 상실에 따르는 심리적 보상은 무엇인가. 막연한 기다림인가. 생명조차 자아에서 타아로 전가하고 지극히 유물론적인 기계로의 변이 그것인가.

원재길 군에게서 내가 자주 느끼듯이 나의 생활, 앞으로의 생활을, (재길 군이나 나는) 문학을 위한 직접적 접촉을 통한 경험, 즉 단적으로 말해 '소재'로서 여기고 있다는 점을 나는 부인할 수 없다.

김용배 씨와 함께 군대와 방위 관계로 밤새도록 이야기했던 일이 생각난다. 그때 나는 다소 감상적이었지만 방위를 마다하고 굳이 군 입을 주장했던 이유는 비교적 확연한 것이었다. 골자는 '적의' '무력한 학업 상태'와 '지친 학구욕' '현실 도피' '남아 근성' '노동으로 얻는 정신적 휴식'(물론 나의 에고ego를 거의 완전히 포기할 각오는 서 있다) '활력 습득' '정상적 한국인으로서의 성장' 등의 이유를 내세웠었지만, 또 하나 감추었던 이유는 문학적인 것으로서 여러 가지 확인, 문학의 소재로서의 병사의 절망, 집단과 개인, 나의 인내와 그 한계를 확인하고 싶은 것이었다. 이것은 지극히 비논리적인 객기일 수 있으며, 이것을 이해해주지 못할 때 나를 느끼는 김용배 씨의 '치기'로서의 이해가 나는 두려웠었다.

지금은 밤 11시 30분이다. 오후 4시경까지 문학실에서 신입생들과 얘기를 나누었고 원재길 군과 함께 '캠퍼스'에 들렀다. 예상대로 봉희, 진희, 재길, 병탁, 석제, 경준을 만났다. 탁구를 치고 재길, 병탁과 신촌시장 '형제집'에서 소주 한 병, '대화'다방에서 커피, 재길과 비교적 많은 얘기를 나누었다.

내가 말했다. "행동이란 자기 확인이야. 자신의 관념을 실체로서 확인하려는 것이지."

재길, "그 행동이 거짓일 수도 있어."

나, "그것은 자신의 진실 문제야. 그러나 행동은 언어보다는 비교적 진실해."

이야기 도중에 병탁이 말했다.

"형도는 훌륭했어. 상황에 비해서."

물론 시점은 대학 1년부터 지금까지이다. 상황?

나는 문득문득 내가 다분히 여성적 사랑관(통념상으로)을 갖고 있는 것이 아닌가 한다. 에리히 프롬의 말대로 '사랑하는 방법을 모르며 익히려고도 하지 않으며 다만 사랑받기 위한 본능적인 치장(이것은 심리적으로 정신적 미화와 통할 것 같다)만 갖추려는' 사람인지 모른다. 나는 거의 모든 사람에게 사랑받기를 원한다. 내 맘에 드는 사람이건 그렇지 않은 사람이건 대개의 경우, 사람들의 사랑을 받고 싶어 한다. 보편일까? 성석제 군은 이런 나의 속성을, 자신의 예민한 판별력을 자만하며, 나에게는 유년 시절 열등의식이 있었다고 성급히 판단을 내린 적이 있다. 그의 말은 일리가 있는 대신 너무 일원론적이다. 열등의식의 의미를 방대히 포괄적으로 이해한다면 가능하지만 그것은 성급하다. 이 문제는 차츰 생각하기로 하자.

독산동에서 거의 마지막 388번 버스가 왔다. 뛰어올랐다. 시각은

10시 40분경으로 추정. 안내양 낯이 익다. 그저께 토요일 정오 무렵 기아대교에서 독산동까지 388번을 탔을 때의 일이다. 그때 난 점심 대용으로 '보름달'빵(정가 150원)을 버스 안에서 먹었다. 독산동에서 내리려고 문 앞에 서서 65원을 내고 앞 좌석 남자의 팔목을 흘끔 보았다. 시간을 보기 위해서였다.

"시간 가르쳐드려요? 12시 55분예요."

안내양이 웃으면서 나의 시선을 가로챘다. 웃어서 눈이 잘 안 보였다.

"집이 여기 아니세요?"

"왜요?"

"왜 식사를 빵으로 하시죠?"

"……"

"안녕히 가세요."

그 안내양이었다. 차비를 받으러 오고 있었다.

"안녕하세요?"

나는 65원을 주며 말했다.

"안녕하세요?"

그녀는 앵무새처럼 따라 하며 중심을 잡으려 주춤거리며 승강구로 가더니 곧 되돌아왔다. 웃지 않으려 애쓰며 그녀는,

"차비 안 받을게요" 했다.

"왜요?"

"그냥요."

그녀가 60원을 내밀고 이번에는 반듯하게 안내양석으로 되돌아갔다. 나는 되돌아오지 않은 5원의 상징적 의미를 추적하다가 곧 포기했다. 그것은 의미 없는 추적이었으므로. 안내양은 날 사랑하는

걸까? 얼굴만 좀 예쁘면 연애 걸 수도 있겠는데.
 사랑의 방법, 그런데 불현듯 이런 생각이 든다. '사랑'이란 내 스스로 거부한 '자괴적인 내 상황에서의 작위적 주관적 패배'가 아니었을까. 승부를 걸기 이전에 패배하고 있는 페시미스트 pessimist?······ 휴학(3월 6일 금요일)은 나에게 무중력 상태를 몰아왔다. 그것은 불안하면서 홀가분하다. 엄마가 방금 잠에서 '손안 가득 개구리가 쥐여 있었다'고 묘한 아포리즘적 묘사를 하시곤 다시 아무 일 없다는 듯이 잠들었다.

1982. 6. 1.
 ─또 하나 내 청춘의 필름이여. 유리컵 속으로 곧게 뿌리를 내린 둥근 파의 유약함이여─

 기차 소리여, 나는 아예 네 앞에서 소리 죽여 울고 있는 캄캄한 정전의 필라멘트였지. 아니 하나의 전율로서 소스라치는 일년초 식물이었는지 몰라. 언제나 곁에서 셀로판지처럼 구겨지는 나의 어깨를 무겁고 쓸쓸한 너의 소리가 장중히 손바닥을 짚을 때마다 나는 왜 그리 슬프고 황량한 마음이었을까. 그것은 아마도 나의 선천적인 소극성 때문이었으리라. 처음부터 떠나기 저어했던 나는 가장 힘없고 곤고한 자에게 마지막 탈출의 기회를 적재하던 너를 나의 한 가지 궁핍으로서 남아 있어야 하는 역설적 변명으로 시도하며, 나의 유약함을 흔들어 네가 멀리 골목을 돌아 굴다리를 스쳐 소리만 남기고 사라진 후에야 조용히 귀로하던 내 오랜 습성을 너는 알리라.
 지금은 오히려 나를 가두는 것이 외부적 굴레에 있음을 역설적으로 고마워하며 필연을 합리화하는 낡은 수단은 나의 해묵은 방어적 폐쇄성을 극복하는 변명으로 방풍림을 치고 있다. 아, 안개 가득한 선변 옆으로 온통 무채색으로 휘날리는(유채색도 무채색으로 보이는 착시 현상을 알겠지) 코스모스 더미 곁으로 질주하던 나의 희미한 심상. 그리하여 오랫동안 꾹꾹 눌러 참아온 나의 눈물의 끝. 그 감상을 조심스럽게 펄럭이며 산보할 뿐이었지. 떠남의 정의定義. 그것은 누구에게나 간절한 상식의 굴레. 진부한 일상에서 결별을 선언하는 일밖에 아무것도 남아 있지 않은 가난한 패배주의자에게 허용되는 순간적 환상이리라. 그렇다면 떠남이란 또 다른 착지着地, 미지의 세계와의 우연한 해후. 그것을 바라는 여행자의 감상感傷, 그 당연한 상식의 간절한 깊이. 황량한 역사 앞으로 거대한 물결처럼 뒹굴어가는 낯선 군상과 그들이 지나간 자리마다 속절없이 나부끼는 휴지 조각의 역 광장에 섰을 때 우리는 우리가 기대한 운명과의 만남이 싸늘한 추위와 그 환멸이라는 사실을 짓씹어야 하리라. 또 다른 우리의 비극주의에 배반당하는 핏빛 각인— 나는 지금 석수동 철로 변에 있는 시장통 안의 '희망'다방 안에서 이상하게도 한 컵의 희망을 마시고 있다. 미지의 미스 리(나는 그녀가 이李라고 생각한다. 그러나 그녀가 다른 성을 가졌어도 무방하리라. 나 역시 아무런 주저 없이 그렇게 불러줄 것이므로)는 달걀 노른자만큼의 희망의 덤을 서비스한다. 덤. 희망은 무수한 안개꽃 망울마다 하나하나 가볍고 경쾌한 바람의 낱알처럼 피어오르는 것인가. (아, 마침내 나는 영락하였다. 마침내 영락하고 말았다. 끝없는 자폐증에의 오랜 기다림. 그 마조히즘의 몽상이여. 금치산자처럼 허우적거리며 방황하는 현자의 어리석은 꿈이여.)

 이 다방은 너무 조용하다. 그만큼 쓸쓸하다. 쓸어내리면 주르르 흙이 쏟아질 것 같은 종이벽하며, 가느다란 링거 병의 호스를 통해서 떨어지는 한 방울씩의 증류수처럼 공허한 전자오락의 울림. 스산한 대화. 좁고 더러운 테이블. 낡은 의자의 네 개의 다리. 세상에 대한 나의 총포는 무엇인가. 나의 허약한 논리와 철학은 은어 비늘 한 개만큼의 각질도 아닌 부스럼 같은 더러운 것이었고 또한 나의 이 선험적인 감상은 무수히 은빛 갈기를 칼날처럼 번득이는 수만 평 갈대밭을 헤쳐나가는 빈자의 허기만큼의 값어치도 없는 것을. 문학이 나에게 구원이 되기에는 너무도 요원하고 아득한 수평선임을. 또한 나에게 경멸의 대상이 되기에는 아으, 나보다 먼저 읊고 있는 두뇌와 영감의 판관들에게 굴복당하고 '탄생치 않음의 인정'을 용납해야 하는 나의 기가 막히는 자존심 따위. 그렇다면 나의 문학적 근거는 무엇이었는가? 절망…… 세상에 대한 내부의 복수심? 만약 그렇다면 오, 나의 유년, 사춘기의 아득한 절망과 그 서열의 약藥. 이 단단한 세상에 대한 나의 대리석 같은 가면과 그 대리석 기둥 속에서 마모되어지고 균열되어지는 낡은 판화 조각[石版] 같은 나의 약점에 대한 반발의 덮개는 무엇으로 설명될까. 끝없는 비상, 환상과 상상력 속으로 도피하는 백치의 모습이여. 어쩌면 그것은 18세기 영국풍의 안개 낀 세인트 폴 광장의 검은 박쥐우산 속의 해쓱한 청년의 잿빛 눈빛 혹은 호밀분 날리는 광막한 겨울 러시아 평원을 달리는 두툼한 외투 속에서 희미한 향수의 빛을 뿌리는 젊은 백작의 마상馬上의 얼굴.

―다른 얘기. 미스 리(후에 나는 그녀가 미스 장이라고 알게 되었다. 내가 그녀에게 한 권 시집 속에 담긴 내 젊은 날 20대의 무분별한 영혼의 편린을 건네줄 때), 운명이라는 게 있다면, 또한 그것이 우연한 상황 속에 내던져진 칼뱅Calvin의 조우 속에서 적극적으로 손길을 건네는 동작이라면 인간의 운명이란 분명히 다소 양자의 주관적이고 능동

적인 행위 이념의 충동적 속성을 띠고 있는 법. 나는 운명에 끌려왔다. 고? 운명을 기피하는 비등점도 등점도 아닌 상태의 안타까운 수액으로 떠돌았던가. 빗방울처럼 아아, 이 우울하고 음침한 북구의 하늘 같은 나의 몽상이여. 공원의 낡은 목조 팔걸이 의자 위로 힘없이 뒤집히는 신문지 조각같이 서럽게 또다시 천천히 땅의 동맥을 관통하며 지나는 기적 소리여. 나는 언제부터 이따위 시시한 감상주의자였을 건가. 이 둔감한 나의 지성과 딱딱한 빵 껍질처럼 굳어 더 이상의 탄도를 잃고 쓰러진 용수철 같은 완고한 철학과 언어여. 공격적 성품 오우, 펜촉이 날카로운 이유를 나는 왜 납득하려 하지 않았을까. 나는 운명과 사내를 기피해온 일개 무숙주의자였으며 현명한 무숙주의자가 되기엔 또 얼마나 현실적 사고의 그래프에 따라 좌표를 이동하였던가. 아아, 나는 마침내 또다시 영락하고 말았음을 확인하였다.

　귀로. 또다시 꿈의 빗장을 여는 미망의 문이여.
　이제는 다시 떠나든 잠들든 해야 할 때이다. 그런 뜻에서 인간이 사회적 동물이 되어가기 시작했던 신석기 시대 이래 우리는 누구에게나 각자 생존 양태에 따라 신데렐라 콤플렉스(외부의 규제가 내부의 저항을 압도적으로 능가할 때 무의식적으로 반응하는 무저항적 귀소본능이라고 정의를 내려보는 것을 허용한다면)를 갖고 있음을 나는 느낀다. (각자의 한쪽 유리 구두는 쓸쓸한 거리에 눈뜨고 있으리라.) 내가 그것을 알고 있음에랴, 그대가 그것을 또한 느끼고 있음에랴. 누가 누구를 긍휼히 여길 수 있으며 누가 누구의 생애를 경배하여왔을 것이며 또한 진실로 경배해갈 것이냐.

1982. 6. 16.

— 전정剪定: 그 찬란한 합리주의자의 가장 비합리적 모순이여.

I. 전정: [농] 과수 재배에 있어서 균일한 발육과 수형樹形의 정리를 목적으로 가지의 일부를 잘라내는 일. [트리밍trimming]

II. 네번째 참회: 나는 이 짧은 글에서 병준의 군입軍入(6. 14)과 관련된 나의 격리(잠적)에 대하여 잠시 언급하려 한다. 언젠가 다시 나의 잠적에 대하여 자세히 정리할 일이 있겠지만 우선은 전정(가지치기)과 맥락을 잇는 비유적 추상 수법의 한 단면으로서 다룬다. 참회의 대상자는 일단 준으로 가정한다.

III. 준. 드디어 자네는 군에 입대하였구나. 네가 떠나버린 동숭동에는 이제 어떠한 의미가 남겠는가. 6월 13일 한낮 내내 너의 집 부근 마로니에 광장에서 마른 빵을 헝겊처럼 구겨 넣으며 바람으로 자꾸만 꺼지는 담뱃불을 그어대며 배회했던 일을 자네는 알고 있었을까. 그동안 너와 나의 언쟁의 초점이었던 10개월(81. 8. 15~82. 6. 15) 동안 너의 심경의 추이와, 네가 끝끝내 유추로써만 파악했고 성급히 네 주관으로써만 결론을 내림으로써 이상해진 우리의 종식적 관계를 또다시 부활시키려 했던 자네의 배려에 나는 조용히 감사드린다. 전정이라는 말을 언젠가 한 적이 있다. 과수 재배에 있어서 균일한 발육과 수형의 정리를 목적으로 가지의 일부를 잘라버리는 일이 그것이다.

인간에게도 누구나 잎이 주렁주렁 달린 가지가 서너 개 이상 있다. 그 개별적 가지들은 시간의 묶음이며 그 시차의 공간인 가지 안에는 썩은 잎부터 부활해가는 잎, 돋는 잎 등이 달려 있다. 그 잎들은 나무의 물관·체관의 관다발로부터 양분 및 수분을 공급받으며 또 외적인 요소, 즉 햇빛을 이용하여 녹색 동화작용을 일으켜 내적 에

너지를 확충한다. 고로 잎은 나무[自我]와 햇빛[外界]의 유기적 매체媒體이다. 개별 인간과 보편 세계의 이질성을 이어주는 것은 '동일인으로서의 인칭'이다. 우리는 그러한 인칭을 흔히 2인칭화(사랑, 친구, 가족)한다. 그러나 과수뿐 아니라 인간의 사육 기간 중에서 우리의 관계들 속에는 엄연히 칼날 같은 전정이 가해진다. 그것은 소극적으로 타의에 의한 단절의 전정과 적극적(주관성) 전정으로 구분한다.

그러나 소극적(피동적) 규제 전정은 '나'의 의지로써 대개는 극복되거나 외부로의 투사 과정을 통해 제거, 전위轉位된다. 하지만 개인이 스스로 가하는 능동적 전정은 스스로에게 일반적 마조히즘으로 작용되는, 일테면 '상쾌한 허무' 끝에 오는 '맑은 힘'을 사랑하는 가학성 변증 상태로서, 스스로의 관계 함정에서 벗어 나오지 않는 한 전정 부분의 모든 기억이나 가치는 일시적이든 혹은 영구적으로 소멸되어진다. 나는 그러한 마조히즘의 일환으로 군 입대의 잠적을 감행한 것은 아닌지 모르겠다. 상쾌한 허무를 맛보았던 것도 같고……내가 먼저 쉽게 느낄 수 있었던 관념의 복병은 상식적 권태의 늪이었는데, 그것은 안양 '수리'인의 만남으로 외형적으로 손쉽게 극복되었다. 그다음으로 내게 다가온 것은(사실 나는 별로 죄책감을 느끼지 않았다) '외형적 관계 단절로써 내면적 자기감정 통제로 이어지는 무감각'을 이끌어내는 것이 얼마나 어려운 것이냐 하는 것이었고, 그 결과 나의 전정은 합리적으로 내면 통제하는 주관적 '환상', 즉 관념의 유희뿐이 아닌가 하는 것이었다.

물론 나는 그러한 환상과 부딪칠 줄 예견했고 그 환상이란 '마치 오른팔이 잘린 듯한 환상으로 몇십 년을 산 후에 정작 오른팔을 쓸 수 없는' 것처럼 이용되어 나는 나의 주관적·심리적 의지로써 나의 환상(백 보 양보했을 때) 전정을 무감각화함으로써 신경마비 된 나의 환상의 가지를 볼 수 있으리라는 관념상의 방패를 들 자신이 있었다. 그런데 꺾이지 않고 오히려 자가 동력으로 점점 살이 쪄 오르는 가지들이 내게 보여준 실상은 내가 그토록 혐오했던 관계상의 믿음이나 관심같이 소중한 것들이었다. 병준, 상현, 곧이어 석제로 이어지는 부활의 전정 하나하나마다 나는 무심결 식은땀이 흐르곤 했다. 나는 부분 노출 후에도 상당히 그들에 대한 발악과도 같은 무감각에의 지향적 민감성을 다족류 곤충처럼 보여왔었다. 그러면 나의 전정에 있어서 수형 정리는 실제 삶과 무슨 관련이 있는가.

오, 나는 실상 신촌으로 부활해야 하는 필연성이 있었고, 따라서 수도승이나 은자처럼 24개월만큼의 망각을 요구함으로써 내적인 충일과 변모, 그리고 그때 가서의 외적인 일그러진 변형 간의 충격과 신선한 긴장을 요구한 것이리라. 지속의 지속성은 부분 간의 불연속선, 그 긴장의 구멍이 필요하다고 나는 보았으므로 지속의 연속은 지겨웠다. 병준, 네가 걸핏하면 얘기했던 기형도 그는 이미 내 절망 안의 한 부분이다,라는 이유와 내가 너에게 떠벌린 "진열장 유리가 달린 내부의 속, 그 역逆의 개념으로 '서로가 흔하지 않은 동료임을 확인할 때(수긍), 그 관계는 운명적인 것이어서 그 지속이 증오든 사랑이든 끊어지지 않는다'라는 낭만주의적 견해"는 나의 역설과 혼돈 속에서 왕래하던 합리주의자의 가장 비합리적인 환상 전정임을 너는 윤곽이나마 짚고 있었는지.

(잠시. 하루 지났다. 6. 17. 김대규 선생과 신화, 사조思潮, 그 속에서 예술의 본질에 대해 길모퉁이 카페서 담화. 순창, 재복, 동석.) 분명하다. 병준, 내가 네게 느낀 하나의 빈 공간(쓸쓸함의 원규)은 너는 너의 제1의 사랑의 여력으로, 즉 사랑의 여과된 감정상의 찌꺼기로 나를 대해온 것이 아닌가 하는 불만감이었고, 가끔씩 네가 진실로 던진 애착의

시위는 나의 자존심이나 교만이라는 습성적 바리케이드를 뚫지 못했음을 느낀다.

또한 네가 언제나 소망했던 나의 정열에의 기대는 나의 기질성의 재고 기질이나 중요한 부분은 숨기는 유약성(따라서 가끔은 오발탄처럼 우습거나 감상적으로 부분 노출됨)이었음에 또한 나의 그러한 '식음'의 결핍증은 언제나 신경안정제처럼 풀어져 나는 너에게 권태를 이식했고 냉정과 오만을 주사했으며 너는 나에게 지겨운 정열이나 습한 애정의 부산물을 던져왔음. 오오, 얼마나 눈물겨운 일이냐. 느끼면서 서로 충분히 급부 의식의 정당성을 알면서 상황을 핑계 삼아 반대급부의 착란 속으로 왔던 우리의 역설. 이제는 너도 떠나고 내가 좀더 시간이라는 냉정한 판관 앞에 가깝다. 완벽한 외형적 분리 속에서 나는 우리 사이 얽힌 끈의 매듭을 풀어야 하리라. 나는 이제 내 환상 전정의 끝을 분명히 보았다. 땅에 톱밥과 같이 떨어지는 가지보담 먼저 급속도로 돋는 새순의 아픔.

자네가 보여준 믿음이나 우려는 정말 값진 것이므로. 너와의 가지는 나의 전정이 환상 그 밖으로의 소멸임을 내가 인식함으로써 톱날의 부위에서 벗어나야 함을 안다. 이러한 또 하나 나의 성찰이 순간적 긍휼이나 동정의 잔해로써 기억되지 않아야 함을 기원한다. 병준, 자네는 나의 절망의 한 부분이며 이미 살아온 내 짧은 생애 속 따뜻한 한 개의 나이테 눈금으로 새겨져 있음에랴. 그것을 네가 그리고 내가 안다면 우리 말대로 서로는 가장 비슷한 개별 언어 종족임을 확인하고 확인받아야 되리라.

1982. 6. 26.

권진희 씨에게 전화. 반가웠다. 첫마디가 '네가 나를 현혹시켜놓고 입대한 지 1년하고도 얼마냐.'

여전히 숨이 막히듯 아슬아슬한 웃음의 이어짐.

조성용 형. 올여름 바다에서 자살自殺했다는 소식 듣고 우울. 지금 생각해보면 조금 걸맞았던 형의 행동반경. 어른스럽던 형이었기에 내가 1학년 때 무척 따라다녔던 생각. 대천 수양회의 추억. 비지스Bee Gees. 당구장. 포항. 밤바다. 모래. 문득 '햇빛의 숯'이란 단어가 생각났다. 처음 입대하고 온 편지 서두가 "나는 지금 막 죽음으로 탈출한 한 젊은 전우의 몸을 알코올로 씻어내고 흰 시트를 그의 전신에 덮어주었다"로 시작되었댔다. 안녕히. 형의 죽음이 나의 생활에 단순히 아름다운 추억으로만 간직되어질 수 있는, 혹은 예술적 체험 세계의 확장으로 이용되지 않기를 바란다. 안녕히. 진실로 명복을 빈다. 올여름에는 너무도 많이 헤어지는구나. 아, 그만큼 너무도 쉽사리 없어지는 사람들.

1982. 8. 27.

제대병, 나는 비로소 제대하여 민간인으로 복귀하였다.

결론적으로 이렇게 비참한 기분은 내 일생 몇 번 되지 않는 독특한 감동으로 기억되리라. 주마등처럼 스쳐 지나가는 추억들. 또한 보병 제51사단 포병연대 예민과원들(예민과장 최용달 휘하 부사수 김기홍, 고영호 이병 등)에 대한 나의 심려 역시. 그러나 참아내리라. 시련이다. 그것은 너희들 일생을 좌우하는 것들, 중의 하나, 즉 프론티어리즘frontierism으로 작용할 것이다. 해제증을 받아 들고 위병소를 내려오다 부대 진입로 앞에 앉아 허리를 꺾고 약간 눈물을 흘렸다. 이제 안녕히. 나의 성숙에 또 하나 자양분으로 쌓여 있을 군대 생활이여. 떠남이란 것이 허무하면서 또한 아름다움으로 기억되리라는 것은 속박에서의 탈출이 빚어내는 암울한 자유 때문일 것이다. "나는 마치 새장에 오랫동안 갇혀 있었던 새와 같다. 어느 날 주인집 꼬마 소녀가 장난 삼아(오! 운명이란 것이란) 새장 문을 열고 나는 자유로운 몸이 되었다. 날아야지. 오, 아뿔싸, 이미 나는 나는 법을 잃어버린 새였다." 혹은 "어쩌면 미국 남부 켄터키주쯤의 농장에서 노예로 있는 검둥이. 드디어 계약이 끝나고 사슬을 풀고 목책을 지나 광활한 평원을 바라볼 때 문득 뒤돌아본 철문 닫히는 소리와 그 은은하고 쓸쓸한 석양, 그 막막한 자유!"— 부대를 나와 '태양'다방에 들렀다. 계급장과 부대 마크는 위병소에서 떼어버리고, 「제대병」이란 시 한 편 완성. 오후에 양석이 이병과 함께 제대 기념 환송회를 '샘물'술집에서 가졌다. 기쁜 일은 장장 19명이 나와주었다(훗날 기쁨을 확인하기 위해 기록: 나, 양석이, 윤여백, 고영호, 김기홍, 백종화, 엄윤명, 남건현 하사, 박재옥 병장, 최종진 일병, 인사과 이희정, 박병철, 방동수, 원호승, 정작과 서호석, 김민호, 562BN 백승오, 강동기, 김신철).

    나는 좀 과음(소주 1병)했고 다소 감상적이었다. 그들에게 마지막 유언(?) 시간 때 나는 다음과 같이 말하였다. "군에서의 인내심이란 개성이나 자존심의 붕괴 과정을 내면적으로 다스리는 힘이 아니라 자기 자신이 싸워 이겨야 할 그 긴 타율적 시간과의 지리한 싸움에서의 극복 의지"라고…… 허망하였다. 그리고 나 또한 그 허망한 비참성이 단순히 내 젊음의 한 토막을 호계동 부대에 끊어주고 나온 것에 기인하는 것이 아님을 명백히 알고 있다. 단지 나는 이러한 비참성이 '잠재적 기쁨의 자유'가 스스로 '슬픔이란 감동의 굴레'를 쓰고 미화하는 사치품이 아니기를 논리적으로 되묻는 자세만을 생각하였다. 떠남이 허망할진대 만남 또한 허망하다는 단세포적 논리는 지극히 염세주의적인 황폐한 것이라고 되묻는 자세만을 생각하였다. 건강하고 생산적인 마주침. 먼 훗날 다시 내부에서 희미한 윤곽으로만 정리될 제대 유감有感을 감상적이지만 솔직하게 기록해본다.

1982. 8. 28.
—시화전 '안개는 들의 아래로' 시작.
○○과 만나 이별의 암시를 했다. 그리고 그녀에게 내가 대했던 많은 대화들에 대하여 그녀의 슬픔이라는 몇 줄의 눈물로 보상받는 꼴이 되고 말았다. 오, 또 이렇게 되었다. 언제나 나는 진실로 연애다운 사랑을 할 것인가. 통나무집에서 그녀가 키스를 요구했지만 나는 그러고 싶지 않았다. 병신 같은 계집애.
"먼 훗날 당신의 첫 남자가 깨끗한 추억으로 서 있기를…… 당신의 성숙기에 한 개의 방향 표지처럼 서 있는 나"를 기억해달라고 했다. 어차피 헤어질 우리라면 네가 가까이 올수록 나는 접근할 수 없다고. 나에게서 어떠한 확신(키스거나 밀어)을 얻으려는 너의 태도는 네가 아주 자신감이 없거나 성급히 우리 관계의 어떠한 결말을 재촉하는 것이 된다고 했다. 혐오감과 동정심.

지난 81년 겨울 '하얀집'(라면집)의 김○○ 씨가 생각났다. 나에게 파카를 벗어준 머리가 길고 담배를 즐겨 피우던 키 큰 여자. 추호의 더러움도 느낄 수 없는 여자. 추워서 남쪽으로 내려왔다던 여자. 봄이 되면 다시 서울로 올라가겠다던 여자. 그리고 그해 겨울이 막 시작될 때(12월 20일경) 말없이 라면집을 그만둔 여자. 그래서 내가 그 후로 못 만난 여자.

"옷 주셔야죠?"

"아, 그렇군요. 너무 따스해서 나는 내 살인 줄 알았어요."

그 여자. 내가 지금 추억만으로써도 충분히 사랑할 수 있는 상현달 같은 여자.

1982. 9. 1.

시화전, 어제로 끝. 재복 탈퇴. 집에서 돼지 우리 손질. 상·하수도 공사로 9월 한 달은 집에서 은둔 생활 해야겠다. 판넬 「삼촌의 죽음」은 내 사랑하는 부사수 고영호 군에게, 「포도밭 묘지」는 훗날 누구든지 주려고 내가 집에 들고 왔다.

1982. 9. 4.

병준. 카투사에서 외출. 만나서 술 한잔. 대구 카투사 이삿짐 센터로 보직 받았다고, 호텔 버금가는 군인 아닌 군인. 반가웠다. 정말. 니힐리스트는 그 기대치를 언제나 최소한으로 추정한다. 너는 너무 요구하는 것은 아니냐? 우리는 한 사람이 어떠한 기대를 가졌을 때 우리가 그 기대를 메워주지 못할 것이라는 불안감에 시달린다. 결국 병준은 사람 하나하나 만나 기대를 충족시켜가고 그 대상의 사람들(나 역시)도 다른 사람들에게 병준을 인계하고(내 경우는 K에게 배턴을) 하경下京, 좀더 튼튼해지길 바란다. 성장이란 외로움을 타개해나가는 속에서 스스로 슬기를 얻어나가는 과정이리라.

1982. 9. 14.

즐거운 추억들. 한 사람 또 군입. 30개월 시한부.

홍순창 군. 평택 집결 08:00.

어제 순창과 카페→Düng→통나무→순창네(진형과 합류)→자고 오늘 아침 순창 모母와 진형, 나 셋이 배웅.

홍종헌 예편 중령. 준이 보낼 때만큼 오히려 더 암울한 별리. 그 담담한 녀석도 끝내는 목이 메어 경중경중 뒤도 안 보고 평택기공 운동장 안으로 사라져버렸다. 갑자기 막막한 슬픔 또 한 번.

헤어짐에 너무도 익숙해 직업화된 나라고 스스로 자처하는 바이지만 또 하나의 친구와의 이별은 새로운 슬픔으로 내 가슴을 쳤다. 얼마나 헤어져야 내가 단단해질 수 있겠느냐. 재복, 복영은 나오지도 않고 문득 순창과 '안양'과의 관계가 한꺼번에 허물어지는 듯하여 그가 갑자기 불쌍해 보였다. 염려 마라. 안양에 기형도가 버티고 있는 한 '수리'는 끄떡없다고 말하는 내 목소리는 너무도 인위적이었다. 진형과 안양 도착, 비참한 기분. 재학, 진형, 나 셋이 남았다. 최후의 3인.

여러 가지 생각으로 피곤하고 우울하였다. 그토록 군대 가기 싫어했던 순창. 그는 참 편한 친구였다. 소중한 문우文友. 열심히 적응해가거라. 그가 떠나고 나자 갑자기 모든 것이 불편해졌다. 그리하여 나는 대낮부터 다음 날 늦은 아침까지 계속해서 잤다. 물론 꿈 한 조각도 꾸지 않았다. 악몽과 비참뿐일 것 같아 꿈을 꾸었다 하더라도 나는 강력히 부정했을 것이다. 안녕, 순창.

1982. 9. 22.

어제는 웅춘 군 방문.

오늘 연세문학회 방문.

새로운 확인. 나의 완벽 콤플렉스에 대한 스스로의 공포. 재확인 해버린 자폐증 환자. 신촌에 내리는 것. 정문 들어설 때, 아는 사람 만날까 봐 무서웠다. 내적으로 자기 방어기제가 약하거나(대인공포증) 지나칠 정도의 결벽주의. 무곤이 시詩가 좋아졌고 재길 군의 권위주의(다소 완곡해진)에도 좀 지겨웠다. 나는 시종일관 낄낄거리는 웃음으로 일관했고 문학회 신입생들은 모두 바보 같았다. 좀더 나 스스로 공부하고 실력을 쌓아야겠다. 나의 전통적 수비형 의식 상태 재확인. 나의 이러한 이율배반적 충동 심리(누군가에게 눌려 논리나 감성 면에서 나를 능가하여 내가 배울 수 있기를 희망하는 의식과 내가 우월감을 동원하여 지도하고픈 욕망, 즉 이 양자가 마찰을 일으켜 두 개의 의식 모두 불투명하고 허약한 내면적 아노미 상태)의 근거는 내가 지극히 경쟁적 심리를 선험적으로 보유하고 있는 듯한 까닭인 것 같다. 왜냐하면 내가 경쟁 심리를 버리고 추종 심리에 서서 그 상대를 대립에서 제거시켰을 때 나는 다소 그들의 권위나 논리에 대하여 순응하거나 동조하는 보수주의자였던 것 같다. (혹은 그러한 순응 뒤에서 나의 비판력이 그들의 허약한 권위를 내면적으로 눌러버릴 때 은밀히 기뻐하는 행위도 엄밀히 경쟁 심리일지도. 그렇다면?) 예외적으로 석제가 있는데 그는 나와 약간 예외적인 경우로 경쟁도 추종도 얕봄도 아닌 공존 상태라 생각한다. 가끔 그의 시니컬이 거슬릴 때도 있지만 그는 내가 가끔씩 상실하는 장황하고 유장한 사변력을 보유하고 있는 반면에 나는 그가 허술히 보존하는 치밀한 감각과 냉철한 감수성이 살아 있다고 확인한다. 물론 서로가 논리나 감수성 면에서 수준 이하는 아니므로 적어도 나는 석제와 서로를 약간씩 존중해주는(경멸치 않는) 편인 것 같다. 그래서 갑자기 석제와 봉희(선배이면서도 언제든지 공박할 수 있는)가 그리워졌다. 문학회 후배들에게 '선배를 이용'하라고 뺑 큰소리 쳤지만 솔직히 귀가 도중 내가 계속 연세문학회를 전같이 사랑할 수 있을 것인가 하는 깊은 회의에 빠져버렸다. 언젠가 석제의 편지에서처럼 "그들(문학도)이 추구하는 예술적이라고 착란하는 언어 조립 상태가 갖는 함정—즉 사이비 문학으로서—삶의 허약성을 환상적으로 보상하는 수단으로서의 시"일지도 모른다는 생각. 본질의 문제와 감동의 문제가 계속해서 내 가슴을 쳤다. 나는 요즈음 엘리엇 T. S. Eliot의 주지적 계몽성이 기교와 문체로서 은닉되어진 삶의 처절한 음성을 그리워하거나 워즈워스 Wordsworth류의 낭만적·신비적 목가주의의 유연하고 풍요로운 감성을 사랑한다. 시란 본질적으로 낮은 목소리로 누군가[人間]에게 생의 비밀이나 투시력 혹은 인간을 선하게 이끄는 온갖 에스프리, 생을 풍요롭게 하는 상상력을 제공하는 일인바, 감동이 수반되어야 한다는 계몽적 생명(생활—리얼리즘+인상주의—로서의) 유파에 빠져 있다. 대학생들의 아카데미즘이나 귀족주의 aristocratism, 혹은 언어 심미주의, 사이비 철학 변용주의 등을 혐오한다. 또 하나, 기형도 자네는 말을 아껴라. 너의 감상感傷은 시詩로써 족하다. 왜냐하면 시적 감상은 최소한 적어도 절제로써 은폐된 것으로 감동을 위한 매개체이므로. 허나 대화에 있어서의 감상은 그 발언자의 허약성이나 진지함에 대한 회피가 될 수 있음으로 하여 사회학, 심리학, 미학, 문예사조, 정치학 등 폭넓게 공부하고 산재해 있는 나의 잡화상 같은 지식 따위에 좀더 체계적 정리가 필요하다. 나의 문학은 어디로 갈 것이뇨?—오, 분명한 것은 나는 지극히 둔재라는 말이고 둔재라는 말에 의심을 품을 경우에는 진실로 그 언어에서 풀려나지 못하리라.

1982. 9. 25.
밤 1시. 시는 인간을 구원할 수 있는 것일까. 그것은 우문愚問이다. 구원할 수 '있다' 혹은 '없다'의 구분은 이미 시에 기능이나 효용의 틀을 뒤집어씌운다. 따라서 어떠한 예술 장르가 최초에 성립되었을 때 본연적으로 갖는 기능이란 두말할 필요 없이 '있음'에 귀착한다. 따라서 이러한 질문은 그 질문이 던져져야 하는 상황과의 투쟁을 의미한다. 그것은 이미 '시'의 왜소화, 편협화, 무기력화의 원인을 규명하는 일일 것이다. 한때는 시가 공동 집단의식의 대변 언어로서 회자한 적이 있었다. 지금 시의 기능은 분화되어 고도의 예술성(문학주식회사 내에서 통용 가능한 악화惡貨나 천박한 감상주의) 등으로 쪼개져 모든 인간에게 부수적 수요 자재가 되어버린 것이다. 그것은 시가 갖는 본래적인 기능이 다른 예술, 아니 틀렸다, 다른 사물에게 치환되었음을 의미한다. 그렇다면 시가 '구원'으로서 군림해야 할 지금의 위치는? 그 설정 방향은? 이렇게 생각하다 보면 따분하고 졸릴 뿐이다. 그런데 평자들이나 고고한 시인들은 이러한 문제를 끝까지 물고 늘어진다(지식에, 논리에 굶주린 불도그buldog 같다). 사회학, 철학, 심리학, 심지어 컴퓨터까지 동원하여. 시는 시다. 그리고 말이다. 그리고 누군가가 얘기하고 듣는다. 그리고 감동한다. 감동? 감동……

시작 메모·기타

당선 소감*

당선 연락을 받는 순간 그 어둡고 길었던 습작 시절이 한꺼번에 내 의식 속을 비집고 들어왔다. 내 뒤에 있는 캄캄하고 필연적인 모종의 힘에 떠밀려 나는 복도로 걸어 나가 차가운 유리창에 이마를 대고 한참 동안 서 있었다. 눈[雪]이 내리고 있었다. 동지冬至였고 어두웠다. 도시는 흑백사진처럼 펼쳐져 있었고 많은 사람들이 어지럽게, 그러나 각자 확실한 직선을 그으며 걷고 있는 것이 보였다. 그 속에는 나도 보였다.

기쁨이 채 가라앉기도 전에 모든 사물들이 무겁게 보인다. 내 약시弱視의 문학을 격려해준 많은 분들께 일일이 사랑과 고마움을 표현할 수 없음이 안타깝다.

좀처럼 열릴 것 같지 않던 문門의 열쇠를 쥐어준 동아일보와 심사위원 선생님들께 감사드린다.

---

* 1985년 동아일보 신춘문예 시 부문 당선 소감.

시작 메모*

또 겨울이다.

오랫동안 글을 쓰지 못했던 때가 있었다. 이 땅의 날씨가 나빴고 나는 그 날씨를 견디지 못했다. 그때도 거리는 있었고 자동차는 지나갔다. 가을에는 퇴근길에 커피도 마셨으며 눈이 오는 종로에서 친구를 만나기도 했다. 그러나 시를 쓰지 못했다. 내가 하고 싶었던 말들은 형식을 찾지 못한 채 대부분 공중에 흩어졌다. 적어도 내게 있어 글을 쓰지 못하는 무력감이 육체에 가장 큰 적이 될 수도 있다는 사실을 나는 그때 알았다.

「밤눈」은 그즈음 씌어졌다. 내가 존경하는 어느 교수님이 말씀하셨다. 삶과 존재에 지칠 때 그 지친 것들을 구원해줄 수 있는 비유는 자연自然이라고.

그때 눈이 몹시 내렸다. 눈은 하늘 높은 곳에서 지상으로 곤두박질쳤다. 그러나 지상은 눈을 받아주지 않았다. 대지 위에 닿을 듯하던 눈발은 바람의 세찬 거부에 떠밀려 다시 공중으로 날아갔다. 하늘과 지상 어느 곳에서도 눈은 받아들여지지 않았다.

그러나 나는 그처럼 쓸쓸한 밤눈들이 언젠가는 지상에 내려앉을 것임을 안다. 바람이 그치고 쩡쩡 얼었던 사나운 밤이 물러가면 눈은 또 다른 세상 위에 눈물이 되어 스밀 것임을 나는 믿는다. 그때까지 어떠한 죽음도 눈에게 접근하지 못할 것이다.

「밤눈」을 쓰고 나서 나는 한동안 무책임한 자연의 비유를 경계하느라 거리에서 시를 만들었다. 거리의 상상력은 고통이었고 나는 그 고통을 사랑하였다. 그러나 가장 위대한 잠언이 자연 속에 있음을

---

* 「밤눈」의 시작 메모.

지금도 나는 믿는다. 그러한 믿음이 언젠가 나를 부를 것이다.

나는 따라갈 준비가 되어 있다. 눈이 쏟아질 듯하다.

작가의 말*

가끔씩 어떤 '순간들'을 만난다. 그 '순간들'은 아주 낯선 것들이고 그 '낯섦'은 아주 익숙한 것들이다. 그것들은 대개 어떤 흐름의 불연속선들이 접하는 지점에서 이루어진다. 어느 방향으로 튕겨 나갈지 모르는, 불안과 가능성의 세계가 그때 뛰어들어온다. 그 '순간들'은 위험하고 동시에 위대하다. 위험하기 때문에 감각들의 심판을 받으며 위대하기 때문에 존재하지 않는다.

비트겐슈타인은 이렇게 말했다. "내 책은 두 부분으로 이루어졌다. 이 책에 씌어진 부분과 씌어지지 않은 부분이 그것이다. 그리고 정말 중요한 부분은 바로 이 두번째 부분이다…… 우리는 말할 수 없는 것에 대해서는 침묵해야 한다." 그러나 우리가 '말할 수 없는 것'에 관해 말할 수밖에 없는 것은 거의 필연적이며 이러한 불행한 쾌락들이 끊임없이 시를 괴롭힌다.

* 「어느 푸른 저녁」의 시작 메모, 『문학사상』 1985년 12월호.

서평 물에서 태양으로[*]

I

1980년대 벽두 우리 시단에 새로운 시인들이 무리를 지어 나타났다. 벌써 10년 전 이야기다. 그들이 세상에 꺼내 보인 것은 상상력의 힘이었다. 그들이 내놓은 상상력에 관한 주장은 어쩌면 너무도 낡은 이야기였지만 80년대 전체를 통과해온 피의 날씨들, 그리고 대항 문학으로서의 도덕주의적 구호 속에서 그들의 상상력은 매우 신선하고 전위적인 모습으로 받아들여졌다.

80년 제1집을 상재한 이후 지금까지 열한 권의 동인지를 펴낸 '시운동'이 그들이다. 나는 여기서 '시운동'의 80년대적 위상과 시사적 의미를 자세히 분석하고 싶은 욕구를 스스로 자제하고자 한다. 다만 나는 그들이 보여주었던 현란한 수사학과 이미지, 우리 시사에서 찾아보기 힘들었던 상상 공간들을 확장해온 열정적인 시정신들이 이 땅의 억압적 상황 때문에 상대적으로 평단으로부터 방치되어왔다는 점을 지적하고 싶다.

그러나 '시운동'에 가해진 몇 안 되는 중요한 평론들로는 정과리

[*] 『현대시세계』 1989년 봄호.

의「소집단 운동의 양상과 의미」, 채광석의「부끄러움과 힘의 부재」, 이윤택의「언어의 연금술」등의 글이 있음을 밝혀둔다.

  80년대가 끝나가는 지금 '시운동'은 이전처럼 '무책임한 몽상가' '무국적 수사학자' 등의 비난을 더 이상 일반적으로 뒤집어쓰지는 않는다. 이는 이 땅의 정치 상황과 문학 상황의 변화와 관계가 있다 (이 같은 판단은 자칫 경솔한 것으로 지적될 수도 있겠으나 이 짧은 글에서는 더 이상의 설명을 생략하고자 한다). 그러나 한편으로 그 때문에 '시운동'은 소외됨으로써 오히려 빛났던 유·무형의 자리를 상대적으로 잃고 있는 것도 사실이다. 이러한 때 하재봉이 문단 데뷔 9년 만에 첫 시집 『안개와 불』을 묶어냈다.

II

  들어가는 글이 생각 외로 길어지는 것 같아 나는 다소 당황하고 있다. 나는 개인적으로 하재봉의 시들을 좋아한다. 그러나 내가 그의 시에 대해 말할 수 있는 분량이, 나의 그의 시에 대한 애정과 비례하지 않는다는 생각이 어느 정도 나를 편안하게 한다. 다른 동인들에겐 조금 미안한 말이지만 '시운동'을 이야기할 때 자연스럽게 떠오르는 첫번째 시인이 하재봉이다. '시운동'은 지금까지 모두 열한 권의 동인지를 묶어내는 동안 20명 가까운 시인들이 활동했다. 그러나 나는 지금도 '시운동' 동인들을 떠올릴 때 5~6집 멤버였고, 이른바 '시운동 1세대'라고 명명되었던 하재봉·안재찬·박덕규·남진우·이문재·이륭을 생각한다(이 자리에서 논의될 바는 아니나 7집 이후부터 참가하기 시작한 장정일·황인숙·박상우 등은 엄격한 의미에서 '시운동주의'와는 조금 그 성격이 다르다고 본다). 1세대 여섯 명 중 안재찬은 현재 시 쓰기를 하지 않고 있으며 이륭은 다른 쪽으로 갔다. 박덕규와 이문재가 이미 시집을 낸 바 있으나 하재봉의 『안개와 불』이 묶여져 나옴으로써 이제 '시운동'의 80년대가 본격적으로 정리되고 있다는 느낌을 받은 사람은 나뿐만은 아닐 것이다. 그만큼 하재봉에게는 어떤 문인이 장난스럽게 별명 붙였듯이 '시운동의 교주'로서의 인상이 자신의 의사와는 관계없이 붙어 있다. 그는 안재찬의 신비, 박덕규의 탄력성, 이문재의 신新서정, 남진우의 신화 등과 때로는 섞이고 분리되면서 독특한 몽상의 시학을 전개해왔다(또 괄호를 쓰고 있다. 곁생각들을 과감하게 밀쳐두는 용기가 나에게는 부족하다. 안재찬이 절필한 후 하재봉이 「푸른 비」「태양의 집」 등의 시에서 안재찬의 세계관과 만나고 있음은 흥미롭다).

  나는 하재봉의 시들을 읽으면서 그의 시적 계보를 생각한다. 그가 시집 곳곳에서 '나는 세계의 적'이라고 진술한 것은 낭만주의적·대립적 세계관을 일반적으로 대변하고 있는 것처럼 읽히나 그의 몽상적 시세계는 우리 문학사에서 매우 희귀한 것이 아닐 수 없다. 굳이 말하자면 서정주의 「질마재 신화」 쪽을 떠올릴 수도 있으나 그보다는 발레리, 말라르메 등의 프랑스 상징시와 가깝다. 좀더 들어가면 릴케의 내면적 수사학과 로트레아몽의 동물적 수사학을 자연스럽게 연상시키고 있으며 '리얼리즘은 현실의 타락'이라고 말한 월리스 스티븐스까지 이어진다. 이 같은 진술은 하재봉의 시가 무국적 시인의 그것이라는 통속적인 비난을 하기 위해 사용된 것이 아니다. 말하자면 하재봉은 소중한 전형적인 '음유시인'인 것이다.

III

　김현이 '서정적 서사 구조'라고 말한 이성복의 『남해 금산』처럼 하재봉의 『안개와 불』 시편은 시인의 서사 구조적 지향성에 맞게 배열되어 있다. 하재봉의 서사 구조는 강江(안개)→숲(나무·동굴)→사막(저녁)→구름→태양으로 수직적으로 상승한다. 하재봉의 시는 매우 난해하다고 알려져 있으나 '달―물―안개―밤나무―까마귀―흑장미―모래―구름―불―태양' 등 '의외로 제한적인' 상징 언어들을 갖고 있으며 상징 언어들이 빚어내는 시간과 공간의 중층적 확장면으로 들어가는 길은 난해한 만큼 신비롭다. 그 세계의 지향점은 '불을 사육하는 단 하나의 신, 태양'이다. 그 태양은

　　그것은 잊을 수 없는 지상의 빛
　　어떤 불가능한 사랑을 꿈꾸는 자들이
　　저녁 들판에서 새벽의 강물에 이르도록 찾고 있는
　　유일한 등불의 흔적

이며(「태양을 위하여」), 나를 완성하는 절대(「태양으로 가는 길」)이다. 그에게 있어 지상은 태양이 잠들어버린 "낡고 더러운 혼돈의 땅"이며 죽음과 안개가 가득 찬 저주받은 곳이다. 숙명적으로 죽음을 그 속에 품고 있는 생명은 물을 찾아 끝없이 뿌리를 뻗는데, 물은 죽음의 자궁이며 죽음의 물이 넘치는 세상은 공격하지 않으면 안 될, 자신을 낳아준 적이다. 그가 오래도록 거닐었던 숲은 세상의 다른 이름이지만 그 캄캄한 숲은 시인이 태양으로 가기 위해 반드시 통과해야 하는 곳(「저녁의 숲」「몽상의 숲」)이다.

김훈은 시집 해설에서 하재봉을 '밀교의 사제'라고 불렀는데 나는 그 밀교가 '배화교'의 그것에 가깝다고 생각한다. 하재봉의 방대한 이미지 순례는 이 같은 태양 숭배의 수직적 상상력이 야기시킨 불의 파편(원형과 무한성)을 향한 순례에 다름 아니다. 여기서 우리는 피를 만난다.

하재봉의 피는 그의 시를 이해하는 중요한 단서가 된다. 그의 피는 지상의 기운인 물(생명인 동시에 죽음)의 속성을 지녔다. 그러나 그 피는 '불로 된 물'이다(빈혈은 그러므로 죽음이다). 그가 물이 흐르는 숲에서 잠들면서도 태양을 미친 듯이 그리워할 수밖에 없는 이유가 여기에 있다. 불의 파편인 피는 숙명적으로, 역동적으로 불을 꿈꾼다. 그 불은 태양이다.

저주받은 그는 "나는 죽고 싶다"고 절규하지만 "새로운 태양이 보이고/지상의 양식이 충분해지고/죽은 나무가 파랗게 빛을 발"할 때까지(「추방」) 그는 절대로 죽을 수 없다! 그가 살육과 처형의 땅(「저저녁」「검은 저녁」)에서 영원히 추방당하고 싶으면서도 추방에 "현상학적 괄호"를 칠 수밖에 없는 이유는 그의 피가 물에서 태양으로 미친 듯이 방황할 수밖에 없는 이유와 동일하다.

그의 시가 '무국적 몽상'이라는 의미상의 혐의에서 벗어날 수 있는 단서가 여기서 발견될지도 모른다고 나는 생각해본다. 그는 이같은 서사 구조를 통해 80년대적 피의 현실을 독특하게 수용해온 것이 아닐까. 그의 시가 숲을 떠나 사막과 저녁으로 옮아가는 과정을 나는 주목한다. 사막은 숲(세상)의 다른 이름이며 사막의 신기루는 태양의 다른 이름이다. 하재봉의 태양은 그러므로 "신인 동시에 신기루"이다. 그의 태양 숭배의 비극성은 처음부터 예기된 것이었고 따라서 그 비극이 강렬할수록 태양에 이르고자 하는 열망은 피투성이처럼 치열했다. 나는 나의 이 같은 분석 방법이 하재봉 시의 상상 공간을 기계적으로 축소·왜곡하는 것임을 잘 알고 있다. 그러나 그의 시를 일방적으로 '외계인의 몽상'이라고 비난하는 시각은 옳지 않다고 나는 믿는다(그리고 또한 나는 하재봉 시가 순수 몽상 그 자체라고 해도 무방하다고 생각한다).

그의 시 「귀향」은 하재봉이 드물게 자신의 시학을 성서적 세계관으로 패러디한 것이다. 사람들은 시인에게 천상적 기질을 요구하며 조롱하지만 시인은 "그러나 집으로 돌아가/어머니 손을 만지고 싶다"고 진술함으로써 지상으로 내려온다. 하재봉의 예수는 신(태양)의 아들인 동시에 사람(물)의 아들인 것이다. 신과 사람들 사이에는 쿵쿵거리며 피가 난다.

IV

좋은 시들 상당수가 글쓰기 의도와 맞지 않게 분석이 생략되었다. 하재봉 시 독자로서 나는 특히 그의 시의 '상상력의 역동적 구조'를 상세히 분석한 글을 다른 사람들에게서 기대한다.『안개와 불』은 80년대의 중요한 시집이다. 글쓰기를 희망하는 사람들에게는 값진 수사학 사전으로 읽힐 수 있다. 이 같은 미덕 위에서『안개와 불』은 시작된다.

서평 '낭만적 인문주의자'의 현실 시각*

원재길의 시를 읽고 난 후 얼핏 떠오른 독후감은 그의 시들이 서투른 전투주의에서 멀리 벗어나 있다는 생각이다. 그의 시들은 삶에 쉽게 노여워하지 않으며(쉽게 노여워할 때 그 노여움은 깊이가 없기 십상이다) 쉽게 예언의 몸짓을 보여주지 않는다(쉬운 예언은 도덕적 편의주의와 통한다).

"차(비극)에 치일 위험이 가장 많은 건 차(비극)를 피한 바로 그 순간이다." 서문에서 보듯이 원재길의 세계관은 비극 자체보다는 비극에 대한 인식 태도에 긴장한다. 이러한 긴장이 문학 속에 스며들 때 그의 시들은 비극의 '통제된 상상력'으로 나타난다. 이는 80년대 대부분의 시인들이 민중과 해체를 격렬하게 양식화, 전투 혹은 모험의 부피로 쏟아내고 있을 때 그는 묵묵히 혼자서 삶을 읽고 그것을 진지하게 기록해왔다는 점과 닿아 있다. 그에게 중요한 것은 인식이며, 그 인식은 낱낱의 시편에 시인의 '발언'보다는 시인의 '시선'을 실어주고 있다. 그는 주장하지 않는다. 그는 동시대 문인들과 마찬가지로 억압으로부터의 해방을 꿈꾸지만 자신의 '발언' 역시 억압의 일종으로 기능할 수 있음을 경계한다. 그만큼 그의 시들은 신중

* 『출판저널』 34호, 1989. 1. 20.

하며 서투른 모험을 배격한다.

그의 시는 아름답다. 그 아름다움은 그가 '서정의 힘'을 신봉하는 데서 비롯되나, 비극을 깨끗한 빨래처럼 조형한다는 점에서 일상적인 아름다움과 다른 길을 걷는다.

그의 시들은 상당수가 나무·비·길·새·들풀·구름·물언덕·별빛 등 자연적 이미지를 통한 서정적 잠언으로 끝맺음하고 있으며, 이 같은 잠언들은 궁극적으로 고단하고 억압적인 현실이 다다라야 할 '따뜻한 세상'을 지향한다. 우리는 원재길의 세계관을 '낭만적 인문주의자'의 그것이라고 부를 수 있을 것이다. 이 경우의 인문주의는 대개 '비유화된 이성'으로 나타난다. 결국 그의 시가 동시대 젊은 시인들의, 힘으로 밀어붙이는 문학으로부터 분별성을 획득하고 개성적 세계를 구축하는 힘은 여기에 있다.

그러나 다음과 같은 지적도 하고 싶다. 우선 그의 지나치리만큼 절제된 형식 미학은 엄격한 문학 수업을 거친 자에 대한 신뢰감을 주는 동시에 비극적 상상력의 파장을 규격화하는 데 쓰이기도 한다. 또한 그의 신중한 세상 읽기는 윤리적 통념과 결합할 때 엄숙주의로 나타나며, 그러할 때 그의 시는 이따금 신선감을 잃는다. 이 같은 지적은 인문주의가 빠질 수 있는 일반적인 함정과도 관계한다.

『지금 눈물을 묻고 있는 자들』은 그의 첫 시집이다. 그의 시들은 위험하다고 고함치는 대신 위험 앞에서 방심하고 있는 우리들의 팔을 잡아준다. 따뜻한 나라를 꿈꾸는 것은 고함이 아니라 낮은 목소리이다. "갑시다/어디든/못 이르겠어요"(p. 51) 이 구절은 어쩌면 이 시집 전체를 요약해주는 대목일 것이다. 그러나 '어디'가 아니라 '어디든'이며, '어디든'을 단순한 낙관주의로 해석할 때 우리는 원재길의 시를 오독하기 쉽다.

「설원雪原 속으로」「라스트 신」「문간門間을 바라보며」「벌침針」「일가一家」「폭발주의보」「잠깐의 평화」「그들도 피할 수 없는 게 있다」 등은 세밀하게 분석하고 싶은 시들로 특별한 주목을 요한다.

자료

기형도 연보
발표 시 연도 및 출전
미발표 시 창작 연도
참고 문헌

기형도 연보

1960년
3월 13일(음력 2월 16일) 경기도 옹진군 연평리 392번지에서 출생. 3남 4녀 중 막내. 부친 기우민의 고향은 연평도에서 건너다보이는 황해도 벽성군인데 6·25를 만나 당시 황해도 피난민의 주이동로인 연평도로 건너왔다. 면사무소에 근무해 전쟁이 끝난 후에 대부분의 피난민이 섬을 떠난 것과는 달리 이곳에 정착했다.

1964년
일가족이 연평을 떠나 경기도 시흥군 소하리(현 광명시 소하동 701-6)로 이사. 소하리는 급속한 산업화에 밀린 철거민·수재민들의 정착지가 되기도 했고, 도시 배후의 근교 농업이 성한 농촌이었다.

1967년
시흥초등학교 입학. 상장을 라면 박스에 담을 정도로 많이 탄 그의 성적은 늘 최상위권이었다.

1968년
부친이 직접 지은 집에서 가족이 살게 됨. 부친은 마을 개발에 앞장서는 한편, 성실히 농사를 꾸려나가 집안은 유복한 편에 속했다.

1969년

부친이 중풍으로 쓰러짐. 얼마 없던 전답은 약값으로 남의 손에 넘어가고 모친 장옥순이 생계 일선에 나서다.

1973년

신림중학교 입학. 3년 내내 최상위권의 성적.

1975년

5월, 바로 위 누이가 불의의 사고로 죽음. 이 사건이 깊은 상흔을 남기다. 이 무렵부터 시를 쓰기 시작했다.

1976년

2월, 신림중학교 졸업. 졸업생 대표.
3월, 중앙고등학교 입학. 교내 중창단인 '목동' 2기의 바리톤으로 활동. 문학 서클에는 들지 않았으나 백일장에서는 여러 번 상을 받았다.

1979년

2월, 중앙고등학교 우등 졸업.
3월, 연세대 정법대 정법계열 입학. 교내 문학 서클 '연세문학회'에 입회, 본격적인 문학 수업 시작.
12월, 교내 신문인 『연세춘추』에서 제정·시상하는 '박영준문학상'에 「영하의 바람」으로 가작 입선.

1980년

3월, 정법계열에서 정치외교학과로 진학. '80년의 봄'이 시작됨. 철야 농성과 교내 시위에 가담하고 교내지에 「노마네 마을의 개」를 기고했다가 형사가 찾아오는 등 조사를 받기도 했다.

1981년

3월, 병역 관계로 휴학. 대구·부산 등지로 여행.

7월, 방위 소집되어 안양 인근 부대에서 근무. 안양의 문학 동인인 '수리'에 참여, 동인지에 「사강리」 등 발표. 시작에 몰두, 초기작의 대부분을 이때 쓰고 습작을 정리했다.

1982년

6월, 전역. 양돈 등 집안일을 도우면서 창작, 독서에 몰두. 「겨울 판화」「포도밭 묘지」「폭풍의 언덕」 등 다수의 시, 소설을 이때 썼다.

1983년

3월, 3학년 1학기로 복학.

12월, 교내 신문인 『연세춘추』에서 제정·시상하는 '윤동주문학상'에 시 「식목제」로 당선. 신춘문예에 응모하여 최종심에 오르내리다.

1984년

10월, 중앙일보사 입사.

1985년

1월, 동아일보 신춘문예에 시 「안개」로 당선.

2월, 연세대학교 정치외교학과 졸업. 신문사에서는 수습 후 정치부로 배속.

「전문가」「먼지투성이의 푸른 종이」「늙은 사람」「이 겨울의 어두운 창문」「백야」「밤눈」「오래된 서적」「어느 푸른 저녁」 발표.

1986년

문화부로 자리 옮김. 「위험한 가계·1969」「조치원」「집시의 시집」

「바람은 그대 쪽으로」「포도밭 묘지 1, 2」「숲으로 된 성벽」 등 지속적으로 작품 발표. 문학과 출판을 담당, 관련 인사와 활발한 교유.

1987년
여름에 유럽 여행.「나리 나리 개나리」「식목제」「오후 4시의 희망」「여행자」「장밋빛 인생」 발표.

1988년
여름, 휴가를 이용 대구·전남 등지로 홀로 여행(여행기「짧은 여행의 기록」). 문화부에서 편집부로 옮기다.「진눈깨비」「죽은 구름」「추억에 대한 경멸」「흔해빠진 독서」「노인들」「길 위에서 중얼거리다」「물 속의 사막」「바람의 집—겨울 판화 1」「삼촌의 죽음—겨울 판화 4」「너무 큰 등받이의자—겨울 판화 7」「정거장에서의 충고」「가는 비 온다」「기억할 만한 지나침」 발표.

1989년
「성탄목—겨울 판화 3」「그 집 앞」「빈집」「질투는 나의 힘」「가수는 입을 다무네」「대학 시절」「나쁘게 말하다」 발표. 가을에 시집을 출간하기 위해 준비하다.
3월 7일 새벽, 서울 종로의 한 심야 극장에서 숨진 채 발견되다. 사인은 뇌졸중. 만 29세 생일을 엿새 앞두고 있었음.
3월 9일, 경기도 안성 소재 천주교 공원묘지에 묻힘.
유작「입 속의 검은 잎」「그날」「홀린 사람」 발표되다.
5월, 유고 시집『입 속의 검은 잎』(문학과지성사) 출간.

1990년
3월, 1주기를 맞아 산문집『짧은 여행의 기록』(살림출판사) 출간.

1994년
2월, 5주기를 맞아 미발표작과 문단 동료, 선후배의 추모 작품을 담은 『사랑을 잃고 나는 쓰네』(솔출판사) 출간.

1999년
3월, 10주기를 맞아 앞서 나온 유고 시집과 산문집, 추모 문집을 한데 묶는 한편, 새로 발견된 유고 가운데 시 20편과 단편소설 1편 등을 포함한 『기형도 전집』(문학과지성사) 출간.

2009년
3월, 20주기를 맞아 사후 20년간에 걸친 기형도 시인의 문학적 연대기와 그 시의 현재적 의미를 밝히는 핵심적인 평론들, 그리고 시인의 인간적 면모를 엿볼 수 있는 지인과 문우의 산문들을 한데 묶은 『정거장에서의 충고―기형도의 삶과 문학』(문학과지성사) 출간.

2017년
11월, 기형도문학관(경기도 광명시 기형도문화공원 내) 개관 예정.

발표 시 연도 및 출전

1985년

「안개」(동아일보) ㅣ「전문가」「먼지투성이의 푸른 종이」「10월」「늙은 사람」(『언어의 세계』 4집) ㅣ「이 겨울의 어두운 창문」「백야」(『학원』 3월호) ㅣ「밤눈」(『2000년』 4월호) ㅣ「오래된 서적」(『소설문학』 11월호) ㅣ「어느 푸른 저녁」(『문학사상』 12월호)

1986년

「위험한 가계 · 1969」「조치원」「집시의 시집」「바람은 그대 쪽으로」(『시운동』 8집) ㅣ「포도밭 묘지 1」(『한국문학』 10월호) ㅣ「포도밭 묘지 2」(『현대문학』 11월호) ㅣ「숲으로 된 성벽」(『심상』 11월호)

1987년

「나리 나리 개나리」(『소설문학』 2월호) ㅣ「식목제」(『문학사상』 4월호) ㅣ「오후 4시의 희망」(『한국문학』 7월호) ㅣ「여행자」「장밋빛 인생」(『문학사상』 9월호)

1988년

「진눈깨비」(『문학과 비평』 봄호) ㅣ「죽은 구름」「추억에 대한 경멸」(『문예중앙』 봄호) ㅣ「흔해빠진 독서」「노인들」(『문학사상』 5월호) ㅣ「길 위에서 중얼거리다」(『문학정신』 8월호) ㅣ「물 속의 사막」(『현대시사상』) ㅣ「바람의 집—겨울 판화 1」「삼촌의 죽음—겨울 판화 4」(『문학사상』 11월호) ㅣ「너무 큰 등받이의자—겨울 판화 7」(『80년대 신춘문예 당선 시인선집』) ㅣ「정거장에서의 충고」「가는 비 온다」「기억할 만한 지나침」(『문학과사회』 겨울호)

1989년
「성탄목—겨울 판화 3」(『한국문학』 1월호) ㅣ「그 집 앞」「빈집」(『현대시세계』 봄호) ㅣ「질투는 나의 힘」(『현대문학』 3월호) ㅣ「가수는 입을 다무네」「대학 시절」「나쁘게 말하다」(『외국문학』 봄호) ㅣ「입 속의 검은 잎」「그 날」「홀린 사람」(『문예중앙』 봄호)

미발표 시 창작 연도

『입 속의 검은 잎』

「병」(1979. 10) ㅣ 「나무공」(1980) ㅣ 「사강리」(1981. 2) ㅣ 「폐광촌」(1981. 4) ㅣ 「폭풍의 언덕」(1982. 4) ㅣ 「비가 2」(1982. 6) ㅣ 「겨울 판화」(1982. 7) ㅣ 「소리 1」(1983. 8) ㅣ 「종이달」(1983. 11) ㅣ 「소리의 뼈」(1984. 7) ㅣ 「우리 동네 목사님」(1984. 8) ㅣ 「나의 플래시 속으로 들어온 개」(1984. 8) ㅣ 「봄날은 간다」(1985. 2) ㅣ 「엄마 걱정」(1985. 4)

『사랑을 잃고 나는 쓰네』

「달밤」(1979. 7. 31) ㅣ 「겨울·눈·나무·숲」(1980. 2) ㅣ 「시인 2—첫날의 시인」(1980. 2) ㅣ 「가을에」(1980. 10. 13) ㅣ 「허수아비—누가 빈 들을 지키는가」(1980. 10. 17) ㅣ 「잎·눈·바람 속에서」(1980. 가을) ㅣ 「새벽이 오는 방법」(1981. 3. 19) ㅣ 「쓸쓸하고 장엄한 노래여」(1981. 4~9) ㅣ 「388번 종점」(1981. 5. 6) ㅣ 「노을」(1981. 9. 8) ㅣ 「비가—좁은 문」(1982. 1) ㅣ 「우중雨中의 나이—모든 슬픔은 논리적으로 규명되어질 필요가 있다」(1982. 7. 1) ㅣ 「우리는 그 긴 겨울의 통로를 비집고 걸어갔다」(1982. 겨울) ㅣ 「레코오드 판에서 바늘이 튀어 오르듯이」(1984. 2. 17) ㅣ 「도로시를 위하여—유년에게 쓴 편지 1」(1984. 10. 18) ㅣ 「가을 무덤—제망매가」(연도 미상)

새로 찾아낸 미발표 시

「껍질」(1978. 3) ㅣ 「귀가」(1979. 7) ㅣ 「수채화」(1979. 7) ㅣ 「팬터마임」

(1979. 8) ㅣ 「풀」(1979. 9) ㅣ 「꽃」(1979. 9) ㅣ 「교환수」(1979. 12) ㅣ 「시인 1」(1980. 2) ㅣ 「아이야 어디서 너는」(1980. 3) ㅣ 「고독의 깊이」(1980. 6) ㅣ 「약속」(1980. 11) ㅣ 「겨울, 우리들의 도시」(1981. 4) ㅣ 「거리에서」(1981. 8) ㅣ 「어느 날」(1981. 9) ㅣ 「이 쓸쓸함은……」(1981. 10) ㅣ 「쓸쓸하고 장엄한 노래여 2」(1981. 10) ㅣ 「얼음의 빛―겨울 판화」(1982. 7) ㅣ 「제대병」(1982. 8) ㅣ 「희망」(연도 미상) ㅣ 「아버지의 사진」(연도 미상)

참고 문헌

기형도에 관한 글

강진호, 「문인의 죽음과 문학의 운명: 요절로 문학을 완성한 기형도와 김소진의 문학」, 『문예중앙』, 1997년 가을.

김 현, 「영원히 닫힌 빈방의 체험」, 『입 속의 검은 잎』, 문학과지성사, 1989.

김 훈, 「기형도 시의 한 읽기」, 1989년 4월 시운동 팸플릿.

김경복, 「유배된 자의 존재 시학」, 『문학과 비평』, 1991년 봄.

김동원, 「흔들리는 길: 우리 시대 젊은 시인 9인의 행보」, 『문학과사회』, 1991년 가을.

김승희, 「타나토스, 그 파멸의 성스러움들」, 『현대시학』, 1989년 9월.

김유중, 「세기말의 언어: 기형도론」, 『문학정신』, 1991년 8월.

김정란, 「미완의 테스트락티스, 또는 비어 있는 중심」, 『언어의 세계』, 1993.

김준식, 「무너짐과 견딤의 시학」, 『현대시』, 1992년 6월.

김준오, 「목소리 시대 시의 어조」, 1989년 4월 시운동 팸플릿.

남진우, 「숲으로 된 푸른 성벽」, 『사랑을 잃고 나는 쓰네』, 솔, 1994.

――, 「시인의 죽음, 시의 탄생」, 1990년 봄 시운동 팸플릿.

――, 「신성한 숲」, 『비평의 시대』 1집, 1991.

――, 「유년의 회상에서 환멸의 도시로」, 1989년 4월 시운동 팸플릿.

문관규, 「기형도 시 연구」, 서울시립대 대학원 석사학위 논문, 1997.

문관규, 「기형도 시에 나타난 은유 양상 고찰」, 『서울시립대전농어문연구』, 1997년 3월.

박철화, 「집 없는 자의 길찾기, 혹은 죽음」, 『문학과사회』, 1989년 가을.

박해현, 「정거장에서의 추억: 고 기형도론」, 『문학정신』, 1989년 9월.

반경환, 「시인과 개성」, 『문예중앙』, 1991년 8월.

──, 「절망과 행복」, 『문학정신』, 1990년 6월.

성민엽, 「부정성의 언어, 그 사회적 의미」, 『오늘의 시』, 1989년 하반기.

성석제, 「기형도, 삶의 공간과 추억에 대한 경멸」, 『사랑을 잃고 나는 쓰네』, 솔, 1994.

신범순, 「새로운 육체의 천의 성」, 『현대시학』, 1992년 8월.

연세문학회, 「절망 속으로, 고 기형도 학형의 작품 세계」, 『제44회 연세문학의 밤 자료집』, 1989년 11월.

오생근, 「'집'과 시적 상상력」, 『동서문학』, 1994년 겨울.

원재길, 「대화적 울음과 극적 울음」, 『세계의 문학』, 1989년 가을.

유형희, 「이상과 기형도 시의 작가 의식 비교 연구」, 『대전어문학』 13집, 1996년 2월.

이경호, 「기형도의 시세계 연구 자료 읽기」, 『사랑을 잃고 나는 쓰네』, 솔, 1994.

이광호, 「조로早老, 그리고 세기말적 시쓰기」, 『위반의 시학』, 문학과지성사, 1993.

──, 「묵시默視와 묵시默示: 상징적 죽음의 형식」, 『사랑을 잃고 나는 쓰네』, 솔, 1994.

이남호, 「외로움과 실존의 위기감」, 동아일보, 1989. 3. 22.

이영준, 「유년의 죽음 혹은 공포의 형식」, 1990년 봄 시운동 팸플릿.

이용호, 「폐허 속에서의 꿈꾸기」, 『문학과 의식』 34호, 1996년 10월.

임태우,「죽음을 마주 보는 자의 언어」,『작가세계』, 1991년 가을.
장석주,「길없음의 시학」,『한국문학』, 1989년 4월.
─────,「기형도 혹은 길 위에서의 중얼거림」,『현대시세계』, 1989년 가을.
─────,「빈집의 시학」,『현대시세계』, 1992년 여름.
장정일,「기억할 만한 질주, 혹은 용기」,『사랑을 잃고 나는 쓰네』, 솔, 1994.
정현종,「견디기 어려운 삶」, 1990년 봄 시운동 팸플릿.
정효구,「기형도론」,『현대시학』, 1992년 2월.
─────,「죽음이 살다 간 자리」,『작가세계』, 1989년 가을.
조남현,「신예들의 저력과 가능성」,『문학사상』, 1988년 6월.
최동호,「80년대적 감성의 자리 잡기」,『문학사상』, 1988년 12월.
황인숙,「이 세상에 같은 사람은 없네」, 1989년 4월 시운동 팸플릿.
─────,「내가 아는 기형도」,『현대시학』, 1989년 9월.

기형도를 모티프로 삼은 시

김영승,「희망 913」,『사랑을 잃고 나는 쓰네』, 솔, 1994.
나희덕,「그 말이 잎을 물들였다」,『사랑을 잃고 나는 쓰네』, 솔, 1994.
남진우,「심야상영관」,『죽은 자를 위한 기도』, 문학과지성사, 1996.
박덕규,「심장이 큰 남자」, 1990년 봄 시운동 팸플릿.
성석제,「파리는…… 찾아다닌다」,『낯선 길에 묻다』, 민음사, 1991.
송재학,「정거장에서」,『사랑을 잃고 나는 쓰네』, 솔, 1994.
심재상,「숨바꼭질―기형도에게」,『누군가 그의 잠을 빌려』, 문학과지성사, 1995.
양선희,「그날」, 1990년 봄 시운동 팸플릿.
엄원태,「잠겨진 문」,『소읍에 대한 보고』, 문학과지성사, 1995.

오규원, 「그 까페—기형도 시인에게」, 『사랑을 잃고 나는 쓰네』, 솔, 1994.
원재길, 「안성 공원묘지에서 서울 사이」, 1990년 봄 시운동 팸플릿.
이문재, 「두 사람의 척탄병」, 『사랑을 잃고 나는 쓰네』, 솔, 1994.
이상희, 「짧은 회상」, 1990년 봄 시운동 팸플릿.
──, 「귀로」, 『사랑을 잃고 나는 쓰네』, 솔, 1994.
임동확, 「고의적 형벌—짧은 여행의 기록에 답함」, 『사랑을 잃고 나는 쓰네』, 솔, 1994.
장석주, 「기형도 시집을 읽는 오후」, 1990년 봄 시운동 팸플릿.
전연옥, 「안개—기형도의 「빈집」을 위하여」, 1990년 봄 시운동 팸플릿.
조병준, 「물에 대한 추억—형도에게」, 『사랑을 잃고 나는 쓰네』, 솔, 1994.
채호기, 「기형도」, 『슬픈 게이』, 문학과지성사, 1994.
최승호, 「그로테스크한 죽음 앞에서」, 1990년 봄 시운동 팸플릿.
황인숙, 「진눈깨비 1, 2—죽은 벗에게」, 『우리는 철새처럼 만났다』, 문학과지성사, 1993.